Die Haftung für Entwicklungsrisiken
im deutschen Kaufrecht

Europäische Hochschulschriften

Publications Universitaires Européennes
European University Studies

Reihe II
Rechtswissenschaft

Série II Series II
Droit
Law

Bd./Vol. 3258

PETER LANG
Frankfurt am Main · Berlin · Bern · Bruxelles · New York · Oxford · Wien

Petra Brockmann

Die Haftung für Entwicklungsrisiken im deutschen Kaufrecht

Eine Untersuchung zur haftungsrechtlichen Bewältigung von sich erst nach Vertragsdurchführung realisierenden Entwicklungsrisiken

PETER LANG
Europäischer Verlag der Wissenschaften

Die Deutsche Bibliothek - CIP-Einheitsaufnahme

Brockmann, Petra:

Die Haftung für Entwicklungsrisiken im deutschen Kaufrecht : eine Untersuchung zur haftungsrechtlichen Bewältigung von sich erst nach Vertragsdurchführung realisierenden Entwicklungsrisiken / Petra Brockmann. - Frankfurt am Main ; Berlin ; Bern ; Bruxelles ; New York ; Oxford ; Wien : Lang, 2001
(Europäische Hochschulschriften : Reihe 2, Rechtswissenschaft ; Bd. 3258)
Zugl.: Bremen, Univ., Diss., 2000
ISBN 3-631-38377-0

D 46
ISSN 0531-7312
ISBN 3-631-38377-0

www.peterlang.de

Meinen Eltern

Vorwort

Die vorliegende Arbeit ist im Rahmen des Graduiertenkollegs zum Thema „Risikoregulierung und Privatrechtssystem" an der Universität Bremen entstanden. Sie wurde im Juli 2000 vom Promotionsausschuß der Universität Bremen angenommen. Für das gewährte Stipendium bin ich der Deutschen Forschungsgemeinschaft zu besonderem Dank verpflichtet.

Gedankt sei darüber hinaus namentlich den Veranstaltern des Graduiertenkollegs, Herrn Prof. Dr. Gert Brüggemeier, Herrn Prof. Dr. Reinhard Damm, Herrn Prof. Dr. Dieter Hart, Herrn Prof. Dr. Christian Joerges und Herrn Prof. Dr. Eike Schmidt, die mich über Jahre begleitet und in unterschiedlicher Art und Weise gefördert haben. In diesem Zusammenhang gebührt mein Dank auch den Kollegiatinnen und Kollegiaten sowie den Mitarbeiterinnen des Kollegs.

Besonders möchte ich meinem Doktorvater Herrn Prof. Dr. Dieter Hart danken, der die Arbeit initiiert hat und der mir nicht nur in fachlicher Hinsicht jede erdenkliche Unterstützung zukommen ließ. Ohne ihn wäre diese Arbeit nicht entstanden. Herrn Prof. Dr. Eike Schmidt danke ich besonders für die Erstellung des Zweitgutachtens, seine stetige Diskussionsbereitschaft und seine konstruktive Kritik.

Frau Dr. Kathrin Becker-Schwarze und Frau Dr. Christine Schnieders standen mir stets mit Rat und Tat und als kompetente Diskussionspartnerinnen zur Seite. Sie gaben mir den nötigen Rückhalt. Herrn Dipl.-Volkswirt Frank Kühn bin ich für seine wertvollen Anregungen zu den ökonomischen Fragestellungen zu Dank verpflichtet.
Für die Korrekturarbeiten sei nicht zuletzt Frau Ruth Pfeiffer und Frau Sabine Blode gedankt.

Weyhe, im Juni 2001 Petra Brockmann

Inhaltsverzeichnis

Abkürzungsverzeichnis

a.A.	andere Auffassung
a.a.O.	am angegebenen Ort
ABl.EG	Amtsblatt der Europäischen Gemeinschaft
Abs.	Absatz
AcP	Archiv für zivilistische Praxis
a.F.	alte Fassung
AG	Amtsgericht
AMG	Arzneimittelgesetz
Anh.	Anhang
Anm.	Anmerkung
AnwBl.	Anwaltsblatt
ARS	Arbeitsrechtliche Sammlung
Aufl.	Auflage
BAGE	Entscheidungen des Bundesarbeitsgerichts
BAnz.	Bundesanzeiger
BB	Betriebsberater
Bd.	Band
Beil.	Beilage
BfArM	Bundesinstitut für Arzneimittel und Medizinprodukte
BGA	Bundesgesundheitsamt
BGB	Bürgerliches Gesetzbuch
BGBl.	Bundesgesetzblatt
BGH	Bundesgerichtshof
BGHZ	Entscheidungen des Bundesgerichtshofes in Zivilsachen
BImSchG	Bundesimmissionsschutzgesetz
BVerfG	Bundesverfassungsgericht
BVerfGE	Entscheidungen des Bundesverfassungsgerichts
bzw	beziehungsweise
ChemG	Chemikaliengesetz
c.i.c.	culpa in contrahendo
c.p.c.f.	culpa post contractum finitum
DB	Der Betrieb
ders.	derselben
d.h.	das heißt
DVBl.	Deutsches Verwaltungsblatt
Einl.	Einleitung
EMF	Elektromagnetische Felder
EuZW	Europäische Zeitschrift für Wirtschaftsrecht
f(f.)	(fort)folgende
Fn.	Fußnote

FS	Festschrift
GefahrstoffVO	Gefahrstoffverordnung
gem.	gemäß
GenTG	Gentechnikgesetz
HRR	Höchstrichterliche Rechtsprechung
h.M.	herrschende Meinung
Hrsg.	Herausgeber
IheringsJ	Ihering`s Jahrbücher
insb.	insbesondere
i.S.	im Sinne
i.V.m.	in Verbindung mit
JA	Juristische Arbeitsblätter
JR	Juristische Rundschau
Jus	Juristische Schulung
JW	Juristische Wochenschrift
JZ	Juristenzeitung
KE	Kommissionsentwurf
KosmetikVO	Kosmetikverordnung
KJ	Kritische Justiz
KritV	Kritische Vierteljahresschrift für Gesetzgebung und Rechtswissenschaft
Kza.	Kennziffer
LG	Landgericht
LZ	Leipziger Zeitung für Deutsches Recht
m.a.W.	mit anderen Worten
MDR	Monatsschrift für Deutsches Recht
m.E.	meines Erachtens
m.w.N.	mit weiteren Nachweisen
n.F.	neue Fassung
NJW	Neue Juristische Wochenschrift
NJW-RR	Neue Juristische Wochenschrift - Rechtsprechungsreport
NVwZ	Neue Zeitschrift für Verwaltungsrecht
OLG	Oberlandesgericht
OLGZ	Entscheidungen der Oberlandesgerichte in Zivilsachen
ORDO	Jahrbuch für die Ordnung von Wirtschaft und Gesellschaft
OVG	Oberverwaltungsgericht
PCP	Pentachlorphenol
PER	Perchlorethylen
PHI	Produkthaftpflicht international
ProdhaftG	Produkthaftungsgesetz
pVV	positive Vertragsverletzung
RabelsZ	Rabels Zeitschrift für ausländisches und internationales Recht

RAG	Reichsarbeitsgericht
RdE	Zeitschrift für Energiewirtschaft
Rdn.	Randnummer
RG	Reichsgericht
RGZ	Entscheidungen des Reichsgerichts in Zivilsachen
Rspr.	Rechtsprechung
S.	Seite
Sp.	Spalte
str.	streitig
StrRG	Strafrechtsreformgesetz
Teilb.	Teilband
u.a.	unter anderem
UPR	Umwelt- und Planungsrecht
Urt.	Urteil
usw.	und so weiter
UTR	Umwelt- und Technikrecht
u.U.	unter Umständen
UWG	Gesetz gegen den unlauteren Wettbewerb
vgl.	vergleiche
z.B.	zum Beispiel
VersR	Versicherungsrecht
VG	Verwaltungsgericht
Vorbem.	Vorbemerkung
VuR	Verbraucher und Recht
WarnRspr.	Warneyers Rechtsprechung
WiSt	Wirtschaftswissenschaftliches Studium
WM	Wertpapier-Mitteilungen
WuM	Wohnungswirtschaft und Mietrecht
WRMG	Wasch- und Reinigungsmittelgesetz
ZgS	Zeitschrift für die gesamte Staatswissenschaft
ZHR	Zeitschrift für das gesamte Handels- und Wirtschaftsrecht
ZIP	Zeitschrift für Wirtschaftsrecht
z.T.	zum Teil
ZUR	Zeitschrift für Umweltrecht

Einleitung - Ziel und Gegenstand der Untersuchung

Die zivilistische Haftung für Produktgefahren, die im Ausgangspunkt nach dem „Stand von Wissenschaft und Technik" nicht bekannt und erkennbar sind (Entwicklungsrisiken), ist ein Problemkomplex, dem erst in den letzten Jahrzehnten vermehrt nachgegangen wurde. Entwicklungsrisiken sind nun auch eher ein neuzeitliches Problem, das sich erst im Zuge zunehmender Technisierung und Innovationstätigkeit einstellte und für das es entsprechende haftungsrechtliche Bewältigungsmöglichkeiten erst noch zu sondieren und zu entwickeln galt.

Das zivilrechtliche Schadensersatzrecht einschließlich seiner richterlichen Konkretisierung sah denn auch bis Anfang der 80er Jahre haftungsrechtliche Bewältigungsmöglichkeiten für sich nach Vertragsdurchführung realisierende Entwicklungsrisiken nicht vor. Das deliktische wie das vertragliche Sorgfaltsprogramm stellte für die Sicherheitsbeurteilung ausschließlich auf den Zeitpunkt des Inverkehrbringens des Produktes bzw. des Gefahrübergangs ab, so daß eine Haftung immer dann nicht in Betracht kam, wenn sich die Erkenntnismöglichkeit erst nach diesem Stichtag einstellte. Eine Pflicht der Produzenten, ihr Wissen an dem fortschreitenden Erkenntnishorizont anzupassen und ihre Wissensstände fortlaufend zu aktualisieren, war in dem rechtlichen Sorgfaltsprogramm bis dahin nicht vorgesehen. Die entscheidende Neuerung brachten erst die „Apfelschorf"-Entscheidungen[1] aus dem Jahre 1981. In den Entscheidungen „Derosal" und „Benomyl" nahm der BGH erstmals eine Pflicht der Produzenten zur nachmarktlichen Produktbeobachtung an. Damit sollten zugleich die Voraussetzungen der Haftung für sich verwirklichende Entwicklungsrisiken geschaffen sein.[2] Dem Geschädigten steht seitdem zumindest dann ein Schadensersatzanspruch aus § 823 Abs. 1 BGB zu, wenn der Produkthersteller seinem Obligo zur Nachmarktbeobachtung nicht nachgekommen ist und bei Einhaltung dieser Sorgfaltsanforderungen die Rechtsgutbeeinträchtigung seitens des Käufers vermieden worden wäre. Damit wird es allerdings regelmäßig auch schon sein Bewenden haben.[3] Denn das ProdhaftG schließt eine Haftung für Entwicklungsrisiken insoweit aus, als dem Hersteller der Nachweis gelingt, daß die Gefahr zum Zeitpunkt der Inverkehrgabe nicht erkennbar war, § 1 Abs. 2 Nr. 5 ProdhaftG. Vertragshaftungsrechtliche Ansprüche scheitern regelmäßig daran, daß Vertragspartner des Ge-

---

[1] BGHZ 80, 186 ff., „Derosal", BGHZ 80, 189 ff., „Benomyl". Ansätze lassen sich allerdings schon in der „Bremsen I"-Entscheidung ausmachen, vgl. RGZ 163, 21 ff.

[2] Daß sich auch das (deliktische) Produktbeobachtungskonzept in verschiedener Hinsicht defizitär und demzufolge überarbeitungs- und erweiterungsbedürftig darstellt, ist ein Gesichtspunkt, der sich noch im Laufe der Untersuchung herauskristallisieren wird.

[3] Möglich erscheint in diesem Zusammenhang natürlich darüber hinaus eine Haftung aus § 823 Abs. 2 BGB in Verbindung mit einem Schutzgesetz.

schädigten ein Händler ist, an den bislang nur verminderte Sorgfaltsanforderungen gestellt werden; eine Zurechnung fremden Verschuldens wird von der Rechtsprechung und ganz überwiegenden Meinung in der Literatur bislang abgelehnt. Das neue Produktsicherheitsgesetz (ProdSG), das seit dem 1.8.1997 in Kraft ist, sieht selbst keine Haftungsregeln vor.[4] Nur das übrige öffentliche Produktsicherheitsrecht beinhaltet partiell eine Haftung für Entwicklungsrisiken. So ordnet beispielsweise der § 84 S. 2 Nr. 1 AMG eine Haftung für Konstruktions- und Fabrikationsfehler an[5], die zum Zeitpunkt des Inverkehrbringens nicht entdeckt bzw. bekannt waren. Nach der allgemeinen Gefährdungshaftung des § 32 GenTG haftet der Hersteller für sich realisierende Entwicklungsrisiken bei Produkten, die auf gentechnischen Arbeiten beruhen.[6]

Die vorliegende Arbeit nimmt sich der Begründung eines adäquaten *kaufvertraglichen Haftungskonzeptes* zur Bewältigung von Entwicklungsrisiken an, ein Ansatz, der seit der grundlegenden „Hühnerpest"-Entscheidung[7] und der judiziellen Absage an vertragsrechtliche Lösungsansätze bisher nahezu in Vergessenheit geraten ist bzw. in der Rechtsprechung und Rechtswissenschaft kaum mehr Beachtung findet. Dabei ist gerade im Zuge zunehmender Globalisierung der Märkte und zunehmender Konzentrationstendenz ein vertragsrechtlicher Lösungsansatz heute mehr denn je gefordert. Insoweit wird mit dem Versuch der Begründung einer kaufvertraglichen Haftung für Entwicklungsrisiken zu einem Gutteil auch ein verbraucherschutzbezogenes Anliegen verfolgt. Denn für den Fall einer Vertragshaftung müßte sich der Geschädigte nicht auf die Anspruchsverfolgung gegen einen u. U. anonymen und räumlich weit entfernten Produzenten verweisen lassen, was oftmals zu einem praktischen Verfolgungshindernis führt; der Käufer könnte sich dann direkt an seinen Verkäufer als Haftungsadressaten halten. Anders als das deliktische Haftungsrecht eröffnet das Vertragsrecht hier entsprechende Zurechnungsmöglichkeiten fremden Fehlverhaltens bzw. Verschuldens. Zur Überwindung der vor allem durch die räumliche Distanz geschaffenen Durchsetzungsbarrieren behilft sich die Rechtsprechung bislang mit der Erweiterung ursprünglich ausschließlich als „herstellerspezifisch" gedachter Sorgfaltspflichten auch auf andere als Hersteller-Unternehmen. So werden „Produzentenpflichten" auf inländische Importeure erstreckt, um dem Geschädigten auf diese Weise praktisch zu einer durchsetzbaren Anspruchsposition zu verhelfen. Entsprechend begründete der BGH in der „Gewindeschneidemittel I"-Entscheidung die Produktbeobachtungspflicht einer alleinvertriebsberechtigten Importeurin u. a. mit der Erwägung,

---

[4] Insoweit ist der Rückgriff auf die allgemeinen Haftungsvorschriften erforderlich, vgl. dazu speziell Nickel/Kaufmann, VersR 1998, 948 (950 f.); Wagner, BB 1997, 2541 ff.

[5] Vgl. dazu z. B. Pfeifer, Produktfehler oder Fehlverhalten des Produzenten, S. 94 ff.

[6] Hirsch/Schmidt-Didczuhn, Gentechnikgesetz, § 32, Rdn. 13 m. w. N.

[7] BGHZ 51, 91 ff.

daß es sich bei dieser schließlich um das Bindeglied zwischen dem deutschen Verbraucher und dem ausländischen Hersteller handele.[8] Vertragliche Haftung ist insoweit wirksamer Verbraucherschutz, als der Käufer unmittelbar seinen Vertragspartner in Anspruch nehmen kann, soweit die Haftungsvoraussetzungen gegeben sind. Untersuchungsgegenstand werden nur diese *Verbraucher*verträge sein, also Kaufverträge mit privaten Endabnehmern[9], die sich zudem gegenständlich auf den Erwerb von Massengütern in der Form von Produkten beziehen. Ziel der Untersuchung wird es sein auf der Basis und Analyse der bei den Entwicklungsrisiken anzutreffenden spezifischen (Schutz-)Problematik ein problemkomplementäres vertragliches Haftungskonzept zu entwickeln und zu begründen.[10]

Entsprechend den möglichen unterschiedlichen Zeitpunkten der Realisierung von Entwicklungsrisiken[11] lassen sich allgemein die Fälle unterscheiden, in denen vor, während oder nach Vertragsdurchführung die Erkenntnismöglichkeit eröffnet ist. Im vorliegenden Zusammenhang wird nur letzteren Fällen nachzugehen sein, denjenigen also, bei denen die Schädlichkeit erst nach Vertragsabschluß und Gefahrübergang erkennbar wird. Die sicherheits- und integritätsschutzbezogene Bewältigung dieser Konstellationen ist in der Rechtswissenschaft bislang noch nicht eingehender untersucht worden.

Die vorliegende Arbeit stellt einen Haftungsansatz vor, der *de lege lata* schon über die Rechtsprechung realisierbar ist, der sich *de lege ferenda* aber auch in eine künftige Neufassung des nationalen Kaufrechts bzw. BGB-Schuldrechts integrieren ließe. Insoweit will die Arbeit gerade auch einen Beitrag liefern, der im Rahmen der Neugestaltung des BGB-Schuldrechts Berücksichtigung finden könnte. Denn im Zuge der Transformation der erst kürzlich verabschiedeten EG-Richtlinie über den Verbrauchsgüterkauf und der Garantien für Verbraucher (Richtlinie 1999/44/EG)[12], die sich zwar nur auf die *primären* kaufrechtlichen Gewährleistungsrechte bezieht, bietet sich für den Gesetzgeber zugleich eine *Neufassung des allgemeinen und besonderen Schuldrechts einschließlich der vertraglichen Scha-*

---

[8] BGH NJW 1994, 517 (519), vgl. auch § 5 I. 2. der Arbeit.

[9] Vgl. zum Begriff des Verbrauchers auch Art. 1 Abs. 2 Buchstabe a) Richtlinie 1999/44/EG (EG-Richtlinie zum Verbrauchsgüterkauf und der Garantien für Verbraucher).

[10] Untersuchungsgegenstand sind also nicht die auf den Ausgleich des Äquivalenzinteresses ausgerichteten Rechtsbehelfe. Zum einen grenzt sich die vorliegenden Arbeit auf dieser Weise von denen ab, die sich namentlich auch mit der Integration von Sicherheitserwartungen auf der primären Qualitätsebene beschäftigt haben (so vor allem K. Meier, Ökologische Aspekte des Schuldvertragsrechts, 1995). Zum anderen ist die Begründung einer Schadensersatzhaftung für sich realisierende Entwicklungsrisiken die aus Käuferschutzgesichtspunkten eigentlich bedeutsame Konstellation.

[11] Vgl. auch J. Schmidt, KritV 1991, 344 (350).

[12] ABl.EG Nr. L 228, 24.

densersatzhaftung an.[13] Grundlage dafür könnte der schon ausgearbeitete Vorschlag der Schuldrechtskommission aus dem Jahre 1991 sein.[14] Das hier vorzustellende Konzept fügt sich problemlos in diesen Regelungsvorschlag ein, auch wenn die Kommission die Entwicklungsrisikothematik - soweit ersichtlich - selbst nicht zur Kenntnis genommen hat.[15] Lediglich aus Gründen der Klarstellung ließe sich an einige punktuelle Ergänzungen des Gesetzesvorschlags denken.[16]

Die Arbeit gliedert sich in 3 Teile. Teil 1 der Arbeit nimmt sich zunächst der Bestandsaufnahme und den Perspektiven der vertragshaftungsrechtlichen Bewältigung von Entwicklungsrisiken an. Teil 2 der Untersuchung wird sich sodann mit der Begründung der zuvor nur einigermaßen grob skizzierten möglichen Sicherheits- und Schutzausgestaltung beschäftigen, während der letzte 3. Teil dem Inhalt und der Durchsetzbarkeit des Schadensersatzanspruchs nachgehen wird.

---

[13] Zu den verschiedenen gesetzgeberischen Alternativen zur Umsetzung der EG-Richtlinie: Schäfer/Pfeiffer, ZIP 1999, 1829 ff.

[14] Abschlußbericht der Kommission zur Überarbeitung des Schuldrechts, herausgegeben vom Bundesminister der Justiz, 1992.

[15] Lediglich bei der Frage der Verjährung wurde das Problem verborgener Spätschäden erörtert, vgl. den Abschlußbericht der Kommission zur Überarbeitung des Schuldrechts, S. 60 f.

[16] Vgl. dazu § 3 III., § 6 III.

Teil 1: Bestandsaufnahme und Perspektiven vertragshaftungsrechtlicher Bewältigung von Entwicklungsrisiken

Ziel des 1. Teils der Arbeit wird es zunächst sein, die erforderlichen Grundlagen zu legen (§ 1) und das mögliche zur Bewältigung von Entwicklungsrisiken geeignete Haftungskonzept zu sondieren (§ 2), dessen Fundierung und Konkretisierung sodann Gegenstand des 2. Teils der Untersuchung sein wird.

§ 1 Grundlagen

Die Untersuchung der vertragshaftungsrechtlichen Möglichkeiten zur Bewältigung von Entwicklungsrisiken erfordert zunächst einige einführende Bemerkungen zum Untersuchungsgegenstand - dem Entwicklungsrisiko. Der Abschnitt I. wird sich deshalb zunächst mit dem Begriff des Entwicklungsrisikos und den untersuchungsrelevanten Fallkonstellationen beschäftigen. Da es im vorliegenden Kontext ausschließlich um kaufrechtliche Haftung für sich realisierende Entwicklungsrisiken gehen wird, nimmt sich der Abschnitt III. einer ersten - und im weiteren Verlauf der Arbeit nochmals zu präzisierenden[17] - Skizzierung der kaufrechtlichen Sicherheits- und Schutzdimension als vorliegendem Untersuchungsrahmen an (III.). Darüber hinaus werden einige von den Gerichten behandelte und aktuell diskutierte Beispiele unter II. der Illustration des Themas dienen.

I. Der Begriff des Entwicklungsrisikos und die untersuchungsrelevante Fallkonstellation

Moderne Gesellschaften werden oftmals als „Risikogesellschaften“[18] bezeichnet. Risiken[19] lassen sich im wesentlichen als Folge *technologischen Fortschritts* und

[17] Vgl. dazu unter § 2 I. im Zusammenhang mit der Frage der Reaktionsfähigkeit der kaufvertraglichen Rechtsbehelfe auf nachträgliche Schädlichkeitserkenntnisse.

[18] Geprägt im wesentlichen von Beck, Risikogesellschaft. Auf dem Weg in eine andere Moderne, 1986.

[19] Vgl. zur Herkunft des Risikobegriffs ausführlich Luhmann, Soziologie des Risikos, S. 16 ff.

einer dadurch bedingten Komplexitätszunahme begreifen.[20] Ganz allgemein sind sie aber zudem Konsequenz des mit der zunehmenden Ausdifferenzierung von Wissenschaft einhergehenden „Wissens um das Nichtwissen"[21]. *Köck* spricht in diesem Zusammenhang von dem „wachsenden Bewußtsein um die Uneindeutigkeit der Beurteilung der Sachverhalte"[22]. Auch Entwicklungsrisiken erscheinen im Lichte des Wissens um die Ungewißheit und sind in einer längerfristigen Perspektive geradezu *fortschrittsinduziert.*[23] Der kaum noch überschaubaren Risikodiskussion lassen sich auch im Hinblick auf das Begriffsverständnis des Entwicklungsrisikos weitergehende zentrale Aussagen entnehmen (1.).

Entwicklungsrisiken können sich grundsätzlich als *produkt-, dienst-, miet- oder werkleistungsbezogene*[24] Gefährdungspotentiale präsentieren, die dann in entsprechenden schuldrechtlichen (kauf-, dienst-[25], werk-[26] oder mietvertraglichen[27]) Zusammenhängen wiederkehren. Untersuchungsgegenstand werden hier nur *Produktrisiken/-gefahren* sein und zwar solche, die sich durch einen „ex ante" zu bestimmenden schädlichen Wirkungszusammenhang kennzeichnen (sog. Sicherheitsdefizite). Da zudem negative Beschaffenheitsabweichungen (Qualitätsdefizite im engeren Sinne)[28] der Entwicklungsrisiko-Thematik unterfallen, bedarf es insoweit einiger einordnender und abgrenzender Bemerkungen (2.).

---

[20] Köck, Risikoregulierung und Privatrecht - eine einführende Problemskizze, in: Jahrbuch Junger Zivilrechtswissenschaftler 1993, S. 11.

[21] Luhmann, Soziologie des Risikos, S. 37/38, der davon spricht, daß die moderne Risikogesellschaft nicht nur ein Resultat der Wahrnehmung von Folgen technischer Realisation ist, sondern sie schon im Ausbau der Forschungsmöglichkeiten und des Wissens selbst angelegt ist. So auch Damm/Hart, Einleitung - Rechtliche Regulierung von Gesundheitsrisiken, in: Damm/Hart (Hrsg.), Rechtliche Regulierung von Gesundheitsrisiken, S. 7 (8). Allgemein in bezug auf die wissenschaftlich-technische Realisation: Nicklisch, NJW 1986, 2287 (2288).

[22] Köck, Risikoregulierung und Privatrecht - eine einführende Problemskizze, in: Jahrbuch Junger Zivilrechtswissenschaftler, S. 11. Mit anderer Akzentuierung Damm/Hart, KritV 1987, 183 (184), die davon sprechen, daß das Auseinanderdriften von wissenschaftlich-technischer Erkenntnis und gesellschaftlichem Erfahrungshorizont verantwortlich für die Orientierungsverluste sei.

[23] Siehe auch Ladeur, BB 1993, 1303 (1305).

[24] Ebenso Hart, KritV 1991, 363 (366).

[25] So ist etwa im ärztlichen Behandlungsbereich vorstellbar, daß sich bestimmte - und allgemein anerkannte - Behandlungsstandards nachträglich als schädlich erweisen.

[26] Die „Blasbachtalbrücken"-Entscheidung ist auf dem Werkvertragssektor prominentes Beispiel eines sich realisierenden Entwicklungsrisikos, OLG Frankfurt NJW 1983, 456 ff. Vgl. auch BGH NJW 1984, 2457 ff., „Wärmedämmschutzsystem" und neuerdings BGH NJW-RR 1995, 472 f.

[27] Im mietvertraglichen Kontext hatten sich die Gerichte mit schädlichen Umweltgiften wie Formaldehyd oder Asbest zu befassen, vgl. etwa LG München NJW-RR 1991, 975 f. (Kündigung und Schadensersatz wegen Formaldehyd in Mieträumen); LG Mannheim NJW-RR 1996, 776 f. (zur Mietzinsminderung bei Asbestfaserrückständen).

[28] Auch negative Beschaffenheitsabweichungen können sich als schadensträchtig erweisen.

Wie schon in der Einleitung ausgeführt, wird für die Arbeit des weiteren davon ausgegangen, daß das Sicherheitsmanko zum Zeitpunkt des Vertragsabschlusses und Gefahrübergangs objektiv nicht erkennbar war, sich danach aber die Möglichkeit zur Schädlichkeitserkenntnis einstellt. Diese Fallkonstellation wird in der Rechtswissenschaft bislang kaum erörtert und stellt mit Blick auf die Haftungssituation die eigentlich problematische dar, für die es eine adäquate Lösung zu finden gilt. In diesem Zusammenhang erfolgen auch einige Erläuterungen zum zentralen Beurteilungsmaßstab nicht erkennbarer Produktgefahren - dem „Stand von Wissenschaft und Technik" (3.). Eine zusammenfassende Darstellung schließt sich unter 4. an.

1. Das Entwicklungsrisiko

Nimmt man den Begriff des Risikos näher in den Blick, so präsentiert sich ein breites Spektrum differenter Deutungs- und Definitionsansätze. Ökonomische, soziologische, psychologische, naturwissenschaftliche und juristische Definitionen ergeben hier eine nahezu unüberschaubare Vielfalt möglicher Risikobegriffsinterpretationen. Der Versuch, hier einige wesentliche Grundzüge der Risikodiskussion nachzuzeichnen, ist daher notwendigerweise nur vergröbernd und keineswegs geeignet, auch nur annähernd einen Überblick über die Risikothematik zu liefern.[29] Da sich mit dem Entwicklungsrisiko eine spezifische Risikokonstellation verbindet, werden die Risikobetrachtungen im übrigen insbesondere mit Blick auf diese spezifische (Risiko-)Kategorie erfolgen.

Mit dem Risiko und dessen Deutung hat sich ursprünglich vornehmlich die Versicherungswirtschaft beschäftigt[30], die von je her berufsmäßig mit der Absicherung künftiger ungewisser Ereignisse - per Versicherung - befaßt war. Risiko wird in diesem Zusammenhang als Produkt aus dem Schadensumfang einer Schadensart und der Wahrscheinlichkeit, mit der ein Schaden dieser Art und dieses Umfangs zu erwarten ist, definiert.[31] Diese in rationalistischer Tradition stehende[32] Risikobestimmung und -bewertung ist auch heute noch in weiten Bereichen, vor allem der ökonomischen Wissenschaft[33], vorherrschend. Im Unterschied zu diesem pri-

---

[29] Vgl. auch die Übersicht zur Risikodebatte bei Damm, Risikosteuerung im Privatrecht, in: Hart (Hrsg.), Privatrecht im „Risikostaat", S. 14 ff.

[30] Zu nennen ist hier vor allem die Seeversicherung als ein früher Fall von Risikobewältigung, vgl. Luhmann, Soziologie des Risikos, S. 18.

[31] Köck, KJ 1993, 125 (126).

[32] Luhmann, Soziologie des Risikos, S. 22.

[33] Kritisch gegenüber der Tauglichkeit der Formel aber in betriebswirtschaftlichen Zusammenhängen: Zinkann, Die Reduzierung der Produkthaftungsrisiken, S. 48.

mär quantitativen Begriffsverständnis, werden Risiken dagegen in umgangssprachlicher Terminologie zumeist als mögliche, aber ungewisse Ereignisse, die zu Schäden (Verlusten), aber auch Chancen (Gewinnen) führen können, assoziiert (Doppeldeutigkeit des Risikos).[34] Die noch in dieser Begriffserläuterung anzutreffende Positiv-Komponente, läßt sich allerdings in den meisten Risikodefinitionen nicht mehr antreffen.[35] So wird etwa aus naturwissenschaftlicher Sicht - in eindeutiger Negativausrichtung - von einem Risiko als „Möglichkeit des Eintritts eines unerwünschten Ereignisses" gesprochen.[36]

Risiken und damit auch Entwicklungsrisiken präsentieren sich stets - und dies hat namentlich und vor allem die soziologische Forschung herausgearbeitet - als zukünftige negative Folge gegenwärtig zu treffender Entscheidungen.[37] Dabei sind Entscheidungsalternativität[38] und Gestaltbarkeit der Zukunft durch Entscheidungen[39] gleichermaßen mitgedachte Voraussetzungen des Risikos. So sei etwa von einem Risiko immer dann zu sprechen, wenn der Schaden als Folge einer Entscheidung gesehen, also gewissermaßen auf die Entscheidung zugerechnet werden kann.[40] Als zukunftsorientierte (Schadens-)Folgen von Entscheidungen sind Risiken zudem durch einen Unsicherheitsbezug ausgewiesen. Es geht um Entscheidungen - so *Luhmann* - „obwohl man die Zukunft nicht hinreichend erkennen kann; und zwar noch nicht einmal die Zukunft, die man durch die eigenen Entscheidungen erzeugt".[41] Risiken lassen sich demnach aus dieser Perspektive als *negative (Schadens-)Folgen von Entscheidungen* begreifen, die grundsätzlich *zukunfts-* und *unsicherheitsbezogen* sind.

Dabei kann die Unsicherheit nicht nur die *Unsicherheit des Eintritts bekannter Wirkungen* von Handlungen thematisieren, sondern auch die *grundlegende Unsi-*

---

[34] Köck, KJ 1993, 125 (126).
[35] So auch Köck, der konstatiert, daß der Risikobegriff seine Doppeldeutigkeit schon verloren habe, Köck, KJ 1993, 125 (126), Fn. 5.
[36] Richter, Gentechnologie als Regelungsgegenstand des technischen Sicherheitsrechts, S. 10.
[37] Luhmann, Soziologie des Risikos, S. 3, 21, 25; ders., Das Recht der Gesellschaft, S. 141.
[38] Luhmann, Soziologie des Risikos, S. 25. Nach Luhmann könne nur dann von einem Risiko gesprochen werden, wenn eine Entscheidung ausgemacht werden kann, ohne die es nicht zu einem Schaden kommen könne. Nach Köck entstehe ein Risiko immer dann, wenn starre Zugewiesenheiten durch Möglichkeiten der Entscheidung ersetzt werden, Köck, Risiko-Information im Umwelt- und Gesundheitsrecht, in: Damm/Hart (Hrsg.), Rechtliche Regulierung von Gesundheitsrisiken, S. 215 (216).
[39] Grundlegend Evers/Novotny, Über den Umgang mit Unsicherheit, S. 34 f.; Luhmann, Risiko und Gefahr, in: ders., (Hrsg.), Soziologische Aufklärung, S. 131, 135 ff.
[40] Luhmann, Soziologie des Risikos, S. 30/31, 111.
[41] Luhmann, Soziologie des Risikos, S. 21.

cherheit hinsichtlich der Wirkungen von Handlungen überhaupt.[42] Die Ökonomie hat für die Konstellationen, in denen eine vollständige Spezifizierung des Entscheidungsfeldes nicht möglich ist, den Begriff der „strukturellen Ungewißheit" geprägt („nicht kalkulierbare Unsicherheit").[43] Die „strukturelle Ungewißheit" kennzeichne sich dadurch, daß die möglichen Welt-Zustände oder selbst die Handlungsfolgen individueller Aktivität nicht mehr prognostizierbar seien.[44] Vor dem Hintergrund dieser strukturellen Ungewißheit sind selbst Risikoidentifizierungen und -abschätzungen keine zuverlässige Prognose mehr für künftige Ereignisse. Im Hinblick auf die wissenschaftlich-technische Methode des „risk assessments", die auf einer quantitativen Wahrscheinlichkeitsprognose basiert, hat bereits *Köck*[45] auf die Unsicherheiten bei den Risikobestimmungen aufmerksam gemacht. Entscheidungen können demnach nicht nur unsicherheitsbezogen, sondern solche mit Ungewißheitsbezug sein.

Dieses Ungewißheitsmoment weisen auch die hier interessierenden Entwicklungsrisiken auf. Entwicklungsrisiken thematisieren nicht nur Unsicherheit im Sinne des Nichtwissens des Eintritts bekannter Wirkungen von Handlungen, sondern gerade auch Unsicherheit im Sinne mangelnder Spezifizierungsmöglichkeiten des Entscheidungsfeldes und damit struktureller Ungewißheit. Risikoabschätzungen sind hier im Zeitpunkt der Inverkehrgabe nicht nur deshalb unsicher, weil nicht sicher ist, ob etwaige vorgenommene Identifizierungen möglicher Schadenspotentiale zutreffend sind, sondern auch deshalb, weil unsicher ist, ob die (Un-)Schädlichkeitsprognosen ein vollständiges Bild von den möglichen Schadenspotentialen abzugeben vermögen. So sind es beispielsweise die gefürchteten Langzeitwirkungen von Substanzen, über die kaum eine exaktere Prognose getroffen werden kann, als daß es solche gibt und sie gewissen Produkttypen möglicherweise immanent sind. Entwicklungsrisiken kennzeichnen sich dadurch, daß die von dem Produkt tatsächlich ausgehende Gefahr zum maßgeblichen Stichtag (zumeist der erstmaligen Inverkehrgabe) objektiv nach dem Wissenshorizont und den Erkenntnismöglichkeiten nicht erkennbar und antizipierbar war. Da sich die schädlichen Wirkungen zum Zeitpunkt der Inverkehrgabe nicht prognostizieren lassen, würden sich etwaige Risikoabschätzungen (genauer: Ungewißheitsabschätzungen) stets nachträglich („ex post") als unrichtig und unvollständig erweisen.[46] Entwicklungs-

---

42 Vgl. allgemein zur strukturell bedingten Ungewißheitssituation auch Köck, Risiko-Information im Umwelt- und Gesundheitsrecht, in: Damm/Hart (Hrsg.), Rechtliche Regulierung von Gesundheitsrisiken, S. 215 (217).

43 Gawel, Reguliertes Wissen um Unwissen, in: Hart (Hrsg.), Privatrecht im „Risikostaat", S. 267 ff. m. w. N.

44 Gawel, Reguliertes Wissen um Unwissen, a.a.O., S. 268 f.

45 Köck, KritJ 1993, 125 (128 ff.).

46 Für die Bewältigung von Entwicklungsrisiken hat dies entsprechende Konsequenzen, vgl. näher § 2 II. 1. b).

risiken charakterisieren sich demnach durch eine auf der *Wissensdimension* im Ausgangspunkt vorliegende *strukturelle Ungewißheit.*

Aufgrund der Zukunftsgerichtetheit der Entwicklungsrisiken einerseits und den mangelnden Antizipationsmöglichkeiten schädlicher Eigenschaften andererseits (Ungewißheitsmoment), können Entwicklungsrisiken ganz allgemein als *„Möglichkeit, daß sich ein Produkt als schädlich herausstellt"* definiert werden. Gegenüber der in der Literatur gebräuchlichen Terminologie der „neuen Risiken", mit der zum Teil die neue Qualität von Interessenbeeinträchtigungen unterstrichen wird[47], wird der Begriff des Entwicklungsrisikos hier also mit differenter Konnotation gebraucht. Entwicklungsrisiken sind allgemein *Folge von Produktinnovation* und zunehmender *Komplexität der Produkte* und verweisen insoweit *auf neue komplexitäts- und innovationsinduzierte Gefährdungslagen.* Ihnen liegen Gefährdungspotentiale zugrunde, die nach dem „Stand von Wissenschaft und Technik" nicht bekannt und ermittelbar sind.[48] Nur wenn auf dieser Grundlage die Schädlichkeit nicht erkennbar und ermittelbar war, kann von einem Entwicklungsrisiko gesprochen werden.

Sind Entwicklungsrisiken im Ausgangspunkt zukunfts- und ungewißheitsbezogen, so ergibt sich daraus zugleich, daß eine tatsächlich von einem Produkt ausgehende Schädlichkeit in der Zukunft offenkundig werden kann. Ist ein Produkt tatsächlich mit einem Sicherheitsmangel behaftet, der nur zum maßgeblichen Stichtag noch nicht erkannt werden konnte, so werden sich aussagefähige Erkenntnisse (Wissensdimension) im Laufe der zeitlichen Abfolge (zeitliche Dimension) einstellen. In einem solchen Fall kann von der „Realisierung" des Entwicklungsrisikos gesprochen werden. So können beispielsweise im Laufe des Produkteinsatzes gemachte Erfahrungen die Wissensbasis verändern und näheren Aufschluß über mögliche produktimmanente Risikopotentiale geben.[49] Entwicklungsrisiken charakterisieren sich demnach durch eine (erhebliche) *zeitliche* und *damit korrelierende Wissensdimension (sich verändernde und veränderliche Wissensdimension).* In Extremfällen kann die schadensstiftende Wirkung des Produktes u. U. erst nach Jahrzehnten ermittelbar werden. Der *Zeitfaktor* kann also - je nach Fallkonstellation - erheblich ausfallen. Deutlich wird damit zugleich, daß die terminologische Zu- und Einordnung keine konstante, sondern eine sich verändernde und von dem jeweiligen Erkenntnishorizont abhängige ist. *Entwicklungsrisiken* werden so zu

---

[47] Vgl. z. B. Damm, Risikosteuerung im Privatrecht, in: Hart (Hrsg.), Privatrecht im „Risikostaat", S. 15, 20, der neue Gefährdungslagen für Personalität, Integrität und Identität thematisiert.
[48] Dazu auch näher unter 3.
[49] Vgl. im einzelnen unter § 2 II. 1. a).

Risiken, diese zu einem *Gefahrenverdacht* und dieser wiederum zu einer *Gefahr*.[50] Von einem Risiko wird im folgenden immer dann zu sprechen sein, wenn aufgrund bestimmter Anhaltspunkte, wie z. B. Erfahrungswerte, eine mögliche Schädlichkeit in Bezug genommen wird, aber noch unsicher ist, ob das Produkt tatsächlich schadensträchtig ist.[51] Ein „Risiko" wird als eine *„auf bestimmten Anhaltspunkten beruhende mögliche Schädlichkeit des Produktes"* bezeichnet. Das Produkt ist mit einem Risiko behaftet, wenn eine Schädlichkeit für möglich oder vielleicht sogar für unwahrscheinlich gehalten wird.[52] Dementsprechend wird in der Rechtswissenschaft - und hier vornehmlich im öffentlichen Sicherheitsrecht - das Risiko primär als eine unterhalb der wahrscheinlichkeitsorientierten Gefahrenschwelle angesiedelte Größe betrachtet.[53]
In Anlehnung an den öffentlich-rechtlichen Gefahrbegriff wird im folgenden von einer Gefahr dann gesprochen, wenn Anhaltspunkte dafür vorhanden sind, daß eine Sachlage oder ein Verhalten bei ungehindertem Ablauf des objektiv zu erwartenden Geschehens mit hinreichender Wahrscheinlichkeit ein Rechtsgut schädigen wird.[54] Eine solche Gefahrenprognose setzt entweder *Erfahrungssätze* oder aber entsprechend *gesicherte wissenschaftliche Erkenntnisse* voraus, auf deren Basis sich eine hinreichend wahrscheinliche Rechtsgutverletzung erschließt.[55] Besteht *Unklarheit über die Sachverhaltslage* (bei objektiv bekannter Schädlichkeit) oder aber ist die *Erkenntnislage noch nicht gesichert*[56] und sind daher Kausalitätsprognosen noch unsicher, so wird regelmäßig und im folgenden von einem Gefahrenverdacht gesprochen.[57]

In der juristischen Literatur werden die vornehmlich im deliktischen Kontext verorteten Entwicklungsrisiken als „Gefahr" bezeichnet, „die nach dem Stand von Wissenschaft und Technik zum Zeitpunkt des erstmaligen Inverkehrbringens des

---

[50] Zu den verschiedenen Begrifflichkeiten ausführlich etwa Möllers, Rechtsgüterschutz im Umwelt- und Haftungsrecht: Präventive Verkehrspflichten und Beweiserleichterungen in Risikolagen, S. 55 ff.
[51] Wie gezeigt wurde, ist der allgemeine Risikobegriff auch zukunfts- und unsicherheitsbezogen.
[52] In diesem Sinne auch Möllers, Rechtsgüterschutz im Umwelt- und Haftungsrecht: Präventive Verkehrspflichten und Beweiserleichterungen in Risikolagen, S. 63.
[53] Ladeur, KritV 1991, 241; Pitschas, Staatliches Management für Risikoinformationen, in: Hart (Hrsg.), Privatrecht im „Risikostaat", 217 (218); Scherzberg, VerwArch 84 (1993), 484 (490).
[54] Vgl. Drews/Wacke/Vogel/Martens, Gefahrenabwehr, S. 220 m. w. N.
[55] Besonders deutlich Möllers, Rechtsgüterschutz im Umwelt- und Haftungsrecht: Präventive Verkehrspflichten und Beweiserleichterungen in Risikolagen, S. 58 f.
[56] Dies kann sich auf die erfahrungsbezogene oder aber wissenschaftliche Ebene beziehen.
[57] Drews/Wacke/Vogel/Martens, Gefahrenabwehr, S. 225 ff.; Möllers, Rechtsgüterschutz im Umwelt- und Haftungsrecht: Präventive Verkehrspflichten und Beweiserleichterungen in Risikolagen, S. 60 f.

Produktes nicht erkennbar war".[58] Der ebenfalls gebräuchliche Begriff des „Entwicklungsfehlers"[59] soll ein Produkt kennzeichnen, „dessen objektiv vorhandene gefährliche Eigenschaft im Zeitpunkt des Inverkehrbringens durch keine nach dem Stand von Wissenschaft und Technik möglichen Methoden entdeckbar war"[60], während „Entwicklungsgefahren" ein „nach dem bisherigen Erkenntnisstand gefahrlos geltendes Produkt, das sich unerwartet als schädigend erweist" bezeichnen[61]. *Schrupkowski* spricht von einem Entwicklungsrisiko, „wenn eine Sache oder eine Handlung mit einem nach dem Stand von Wissenschaft und Technik nicht erkennbaren Schadenspotential, sei es ein Fehler oder eine Gefahr anderer Art, zum Zeitpunkt der relevanten Handlung belastet ist."[62] Anders als bei der hier vertretenen Definition wird die Zukunftsgerichtetheit und das Ungewißheitselement bei diesen Begriffserläuterungen jedoch nicht hinreichend deutlich.

In Abgrenzung zu den Entwicklungsrisiken wird in der Literatur von einer „Entwicklungslücke" in den Fällen gesprochen, in denen die Gefahr zum Zeitpunkt der Inverkehrgabe des Produktes bereits bekannt war, aber etwaige Möglichkeiten zu ihrer Abwendung nach dem Stand der Technik noch nicht zur Verfügung standen.[63] Diese Fallkonstellation ist nicht Gegenstand der vorliegenden Arbeit.
Mit der Umschreibung des Entwicklungsrisikos als „Möglichkeit, daß sich das Produkt als schädlich herausstellt", sind aber die möglichen *Ursachen schädlicher Ereignisse* - teilweise auch als Risikoquelle bezeichnet[64] - noch nicht näher benannt.[65]

2. Das Sicherheitsdefizit als untersuchungsrelevante Ursache schädlicher Ereignisse

Integritätsbeeinträchtigungen können generell Folge bestimmter Qualitätsabweichungen oder aber auf sog. Sicherheitsdefizite zurückzuführen sein. Nichts

---

[58] Schwenzer, JZ 1987, 1059 (1061); Schreiber, Produkthaftung bei arbeitsteiliger Produktion, S. 64 f.
[59] Die Begrifflichkeit ist in diesem Kontext schon deshalb mißverständlich, weil sie zu Verwechslungen mit dem kaufrechtlichen Fehlerbegriff des § 459 Abs. 1 BGB führen kann.
[60] Taschner/Fritsch, Produkthaftungsgesetz, Einführung, Rdn. 96; vgl. auch Foerste, in: Produkthaftungshandbuch, § 24, Rdn. 83/84.
[61] Von Hippel, Verbraucherschutz, S. 30.
[62] Schrupkowski, Die Haftung für Entwicklungsrisiken in Wissenschaft und Technik, S. 8.
[63] Schmidt-Salzer, Produkthaftung, Bd. III/1, Deliktsrecht, S. 1045.
[64] J. Schmidt, KritV 1991, 344.
[65] Vgl. auch bereits oben.

anders gilt für die Schadensverursachung durch Entwicklungsrisiken. Entwicklungsrisiken bewegen sich also im Rahmen der herkömmlichen Kategorisierung.[66] Auch die Rechtsprechung[67] sieht von dem Begriff des Entwicklungsrisikos beide Ursachentypen erfaßt. So hatten etwa die werkvertraglichen Entscheidungen „Blasbachtalbrücke“[68] und „Wärmeschutzsystem“[69] ausschließlich *Qualitätsabweichungen* zum Gegenstand, die nach dem wissenschaftlichen Kenntnisstand zum Zeitpunkt der Werkleistung nicht erkennbar waren. Die zahlreichen Umweltgifte wie Formaldehyd, PCP oder Permethrin sind dagegen typische Beispiele[70] für *Sicherheitsdefizite*, die zum Zeitpunkt ihrer erstmaligen Inverkehrgabe objektiv nicht erkennbar waren. Sowohl bei den Sicherheitsdefiziten wie auch bei den reinen Qualitätsfehlern können sich schadensträchtige Weiterungen ergeben, nur sind sie bei den Sicherheitsmängeln *zwangsläufige Folge* der Produktverwendung oder der Art und Weise des Produkteinsatzes. Sicherheitsabweichungen kennzeichnen sich durch einen *schädlichen Wirkungs-* oder - bei sachschützenden Vertragsleistungen - *Nicht-Wirkungszusammenhang*, der „ex ante“ bestimmbar ist. Dagegen stellen sich die schädlichen Ereignisse bei den reinen Qualitätsmängeln nur als mehr oder weniger *zufällige Folge* des Gebrauchs des qualitätsmangelbehafteten Produktes dar.[71] Integritätseinbußen sind in einer „ex ante“-Betrachtung bei den reinen Qualitätsabweichungen zumindest nicht exakt kalkulierbar und vorhersehbar. In den einschlägigen Entscheidungen, die ein Qualitätsdefizit zum Gegenstand hatten, ging es denn auch lediglich um den Ausgleich des Äquivalenzinteresses, etwa um die Erstattung der Mängelbeseitigungskosten.[72] Obgleich daher auch die reinen Qualitätsabweichungen der Thematik der Entwicklungsrisiken unterfallen, werden *Gegenstand der Untersuchung ausschließlich die produktimmanenten Sicherheitsdefizite sein.*[73] Zum einen spielen Qualitätsdefizite hier und namentlich in kaufrechtlichen Zusammenhängen nur eine untergeordnete Rolle; zum anderen besteht gerade bei den Sicherheitsdivergenzen ein gesteigertes Inter-

---

[66] Dementsprechend wird auch im deliktischen Kontext konstatiert, daß es bei den Entwicklungsrisiken um ein Zurechnungsproblem geht, vgl. Rettenbeck, Die Rückrufpflicht in der Produkthaftung, S. 51, Hager, PHI 1991, 2 (6); Böhmeke-Tillmann, Konstruktions- und Instruktionsfehler - Haftung für Entwicklungsrisiken?, S. 4.

[67] Vgl. OLG Frankfurt NJW 1983, 456 ff., „Blasbachtalbrücke", wo es um eine negative Qualitätsabweichung ging, die zum damaligen Zeitpunkt der Erstellung der Brücke nicht erkannt werden konnte (Entscheidung auf dem werkvertraglichen Sektor).

[68] OLG Frankfurt, NJW 1983, 456 ff.

[69] BGH NJW 1984, 2457 ff.

[70] Dazu und zu weiteren Beispielen näher unter II.

[71] So wäre etwa theoretisch vorstellbar, daß das im „Blasbachtalbrücken“-Fall der Brücke immanente Qualitätsdefizit zu einem Einsturz der Brücke und damit zu weitergehenden Schädigungen von Leben, Gesundheit, Körper und Eigentum hätte führen können.

[72] Vgl. OLG Frankfurt NJW 1983, 456.

[73] Allerdings können Sicherheitsdefizite aufgrund des qualitätsorientierten Fehlerbegriffs im Gewande von Qualitätsmängeln erscheinen, vgl. ausführlicher unter § 1 III.

esse an einer haftungsrechtlichen Bewältigung. Im übrigen wird es der Untersuchung nur um den *Rechtsgüter*schutz gehen. Nicht berücksichtigt werden daher solche Fallkonstellationen, in denen der primäre Vermögensschutz in Rede steht.[74]

Sicherheitsmängel können in der Form schädlicher Stoffe oder schlichter Unwirksamkeiten bzw. Unverträglichkeiten bei sog. sachschützenden Leistungen vorkommen. Sie können sich aus dem Produkt als solchem ergeben oder aber Folge der Art und Weise des Einsatzes sein. Ob das Produkt mit einem Sicherheitsmangel behaftet ist, kann des weiteren davon abhängen, zu welchem Verwendungszweck dieses eingesetzt wird. So ist es möglich, daß ein Produkt im Rahmen des allgemein üblichen Gebrauchs völlig unbedenklich ist, bei besonderen Verwendungseinsätzen aber schädliche Wirkungen entfaltet. Praktisch relevant ist dies vor allem bei den typischen Kombinationsprodukten wie etwa Pflanzenschutzmitteln[75] oder technischen Geräten mit Zubehörartikeln. Je nach fortschreitender Wissensbasis kann - in Abstufung des Bekanntheitsgrades der Schadensursachen und Kausalitätsprognosen - zwischen *unbekannten*, *vermuteten* oder *bekannten Sicherheitsdefiziten* unterschieden werden.[76]

Schadensstiftende Produkteigenschaften, die zum Zeitpunkt der erstmaligen Inverkehrgabe nicht antizipierbar waren, sind - entgegen der terminologisch naheliegenden Assoziation (*Entwicklungs*risiko) - keineswegs stets *entwicklungs-* im Sinne von planungs- und konstruktionsbedingt.[77] Den Entwicklungsrisiken können nicht nur Konstruktions- und Instruktions-, sondern eben auch Fabrikationsfehler zugrunde liegen.[78] Fabrikationsfehler sind solche Mängel, die vereinzelten Produkten immanent und durch den Fertigungsprozeß bedingt sind. *Schrupkowski*[79] führt hier als Beispiel den Fall verseuchter Blutkonserven durch das Aids-Virus an. Möglich ist, daß die Konstruktion des Produktes völlig einwandfrei ist, sich

---

[74] Zu den nachvertraglichen Pflichten mit vermögenssorgender Schutzausrichtung näher unter § 2 III.

[75] Vgl. z. B. den „Erdbeerplantagen"-Fall, wo es um die Unverträglichkeit des Pflanzenschutzmittels mit einem anderen Herbizid ging, BGH WM 1977, 1027 ff.

[76] Ähnlich bereits Hart, KritV 1991, 363 (365). Vgl. auch J. Schmidt, der statt von Ursachen von „Risikoquellen" spricht, J. Schmidt, KritV 1991, 344 (345).

[77] A. A. Hager, PHI 1991, 2 (3, 6, 8). Ob für § 1 Abs. 2 Nr. 5 ProdhaftG möglicherweise andere Maßstäbe gelten müssen, kann hier dahinstehen; in diesem Sinne auch Böhmeke-Tillmann, Konstruktions- und Instruktionsfehler - Haftung für Entwicklungsrisiken?, S. 4 ff. (6 f.). Vgl. aber OLG Düsseldorf, NJW-RR 1992, 284 f., wo „Entwicklungsfehler" im Zusammenhang mit der Entwicklungstätigkeit eines Produktes gebraucht wird.

[78] So auch Sack, BB 1985, 813 (814); Rettenbeck, Die Rückrufpflicht in der Produkthaftung, S. 51; Borer, Produktehaftung: Der Fehlerbegriff nach deutschem, amerikanischem und europäischem Recht, S. 74 f. mit weiteren Beispielen und S. 84 f.; a. A. Brüggemeier, ZHR 152 (1988), 511 (516); Hager, PHI 1991, 3, 6.

[79] Schrupkowski, Die Haftung für Entwicklungsrisiken in Wissenschaft und Technik, S. 5.

aber, besonders zu Beginn der Fertigung eines serienmäßig hergestellten Modells, Sicherheitsdefizite einschleichen, die als solche weder bekannt waren, noch mittels der bisher vorhandenen Qualitätskontroll- und Prüfverfahren entdeckt werden konnten.[80] Entwicklungsrisiken können sich demzufolge auch als Fabrikationsfehler präsentieren.[81] In Abgrenzung zu den Entwicklungslücken[82] ist die von dem Produkt ausgehende Gefährdung objektiv nicht bekannt.

3. Die Nichterkennbarkeit des Sicherheitsdefizits nach dem „Stand von Wissenschaft und Technik" zum Zeitpunkt der Inverkehrgabe und des Vertragsabschlusses/Gefahrübergangs

Bei den Entwicklungsrisiken wird der „Stand von Wissenschaft und Technik" zum zentralen Beurteilungsmaßstab für die Erkennbarkeit bzw. Nichterkennbarkeit des Gefährdungspotentials. Er dient der näheren Konturierung des (Sicherheits-)Standards, jenseits dessen die Ungewißheit beginnt und markiert so, gewissermaßen in Negativabgrenzung, den Beginn eines Entwicklungsrisikos.
Der „Stand von Wissenschaft und Technik" wird allgemein, in Abgrenzung zu dem „anerkannten Stand der Technik"[83] und dem „Stand der Technik"[84], als höchste Sicherheitsstufe begriffen.[85] Da der Begriff der „Technik" auch die wissen-

---

[80] Kullmann, in: Kullmann/Pfister, Produzentenhaftung, Kza. 1520, S. 43 mit Verweis auf BGH VersR 1971, 80 (82), „Bremsen III".

[81] Auch der „Mineralwasser"-Entscheidung des BGH (BGH NJW 1995, 2162 ff.) läßt sich Gegenteiliges nicht entnehmen. In der Entscheidung hat der BGH der Sache nach lediglich - und zutreffenderweise - erklärt, daß im Rahmen des § 1 Abs. 2 Nr. 5 ProdhaftG der Ausreißer-Einwand nicht möglich sei. Damit hat der BGH aber nicht gleichzeitig ausgesagt, wie im Leitsatz mißverständlich formuliert, daß die Voraussetzungen für den Entwicklungsrisiko-Einwand des § 1 Abs. 2 Nr. 5 ProdhaftG nicht auch bei einem Fabrikationsfehler erfüllt sein könnten, nämlich einem solchen, der nach dem Stand der neuesten wissenschaftlich-technischen Prüfverfahren überhaupt nicht ermittelbar war. In der Entscheidung ging es nicht um ein Entwicklungsrisiko in der Form eines nach dem „Stand von Wissenschaft und Technik" nicht ermittelbaren Fabrikationsfehlers, sondern lediglich um einen sog. „Ausreißer", so daß der Einwand des § 1 Abs. 2 Nr. 5 ProdhaftG im Ergebnis zu Recht abgelehnt wurde.

[82] Vgl. bereits unter 1. und Schmidt-Salzer, Produkthaftung, Band III/1: Deliktsrecht, Rdn. 4.779.

[83] Vgl. zu den Sicherheitsstufen näher Plagemann/Tietzsch, „Stand der Wissenschaft" und „Stand der Technik" als unbestimmte Rechtsbegriffe, S. 19 ff.

[84] Beim „Stand der Technik" sei - im Gegensatz zum „allgemein anerkannten Stand der Technik" - eine praktische Erprobung und Bewährung nicht erforderlich, vgl. Marburger, Die Regeln der Technik im Recht, S. 163; ebenso BVerfGE 49, 89 (135), „Kalkar".

[85] Vgl. auch allgemein die Übersicht bei Brüggemeier, Deliktsrecht, Rdn. 546 ff. Als unbestimmte Rechtsbegriffe haben die differenten Sicherheitsstufen Relevanz vor allem im technischen Sicherheitsrecht. Als unbestimmte und in den jeweiligen Gesetzen implementierte Gesetzesbegriffe sorgen sie für die nötige Flexibilität und Anpassungsfähigkeit des Norminhalts an den wissenschaftli-

schaftlich-theoretischen Erkenntnisse der Technik mit umfaßt, wird der „Stand der Wissenschaft" in der juristischen Literatur ganz überwiegend nicht auf den Techniksektor bezogen, sondern auf die daneben existierenden weiteren Naturwissenschaften.[86] Der „Stand von Wissenschaft und Technik" bezeichne so den in der Technik und den übrigen Naturwissenschaften existenten letzten gesicherten Forschungsstand.[87] Damit soll es nicht nur auf die Fachkenntnisse der Praxis ankommen, sondern gerade auch auf die neuen wissenschaftlichen Erkenntnisse auf dem Gebiet der Technik und der sonstigen Naturwissenschaften.[88] Dementsprechend führte das BVerfG in der grundlegenden „Kalkar"-Entscheidung aus, daß mit dem „Stand von Wissenschaft und Technik" diejenige Vorsorge zu treffen sei, „die nach den neuesten wissenschaftlichen Erkenntnissen für erforderlich gehalten wird". Die Sicherheitsvorkehrungen seien nicht „durch das technisch gegenwärtig Machbare" begrenzt.[89] Auch nach Foerste[90] würden diejenigen Erkenntnisse den „Stand von Wissenschaft und Technik" bilden, die nach dem letzten, gesicherten Forschungsstand in Technik bzw. Naturwissenschaften die rechtzeitige Wahrnehmung und Vermeidung einer Produktgefahr ermöglichen". Gefährdungspotentiale sind nach dem „Stand von Wissenschaft und Technik" nicht erkennbar, wenn sie nach den neuesten naturwissenschaftlichen Erkenntnissen und den verfügbaren Test- und Prüfverfahren nicht ermittelbar sind. Was schließlich zum „Stand von Wissenschaft und Technik" gehört, wird durch die jeweiligen Naturwissenschaften vorgegeben, ist aber im Ergebnis eine *rechtlich-normative* Frage nach dem abverlangten Erkenntnisstand.[91]

Nach langläufiger Auffassung seien bei der Ermittlung des „Standes von Wissenschaft und Technik" zudem grundsätzlich nur solche Wissenschaftsinformationen zu berücksichtigen, die einen gewissen Öffentlichkeitsgrad erreicht haben. Dies ist insoweit unbedenklich, als es um private Veranstaltung von Forschung geht und solche Forschungsergebnisse, die bislang nirgendwo veröffentlicht wurden.[92] Problematisch erscheint es dagegen, wenn aus dem geforderten Öffentlichkeitsgrad zugleich auch räumliche Beschränkungen des weltweiten Maßstabes hergeleitet

---

chen Erkenntnisfortschritt, vgl. zu dieser Thematik: Marburger, Die Regeln der Technik im Recht, S. 158 f.; Vieweg, Jus 1993, 894 (896).

[86] Foerste, in: Produkthaftungshandbuch, § 24, Rdn. 15.

[87] Foerste, in: Produkthaftungshandbuch, § 24, Rdn. 16.

[88] Kullmann, in: Kullmann/Pfister, Produzentenhaftung, Kza. 1520, S. 10; BVerfGE 49, 89 (136); Kullmann, Aktuelle Rechtsfragen der Produkthaftpflicht, S. 29.

[89] So grundlegend die „Kalkar"-Entscheidung des BVerfG, BVerfGE 49, 89 (136); im Anschluß daran auch OLG Köln, NJW-RR 1991, 1077 (1079).

[90] Foerste, in: Produkthaftungshandbuch, § 24, Rdn. 16.

[91] Ebenso Schrupkowski, Die Haftung für Entwicklungsrisiken in Wissenschaft und Technik, S. 16; in diesem Sinne für den arzthaftungsrechtlichen Bereich: Giesen, Arzthaftungsrecht, Rdn. 107 f.

[92] So Foerste, in: Produkthaftungshandbuch, § 24, Rdn. 25.

werden.[93] Zumindest zum Zwecke der Konturierung der Nichterkennbarkeit der Produktgefahr sollte hier ein weltweiter Maßstab angesetzt werden.[94] Auch markiert nicht erst der „gesicherte Erkenntnisstand“[95] den „Stand von Wissenschaft und Technik“, da auch solche Mindermeinungen wissenschaftlich fundierter Art zu berücksichtigen sind, die von der herrschenden Meinung abweichen.[96] Ist das Schadenspotential aufgrund des so definierten „Standes von Wissenschaft und Technik” nicht erkenn- bzw. ermittelbar, so wird von einem Entwicklungsrisiko gesprochen.[97]

Für die vorliegende Arbeit wird des weiteren davon ausgegangen, daß das Sicherheitsdefizit nicht nur zum Zeitpunkt der Inverkehrgabe, sondern darüber hinaus zum *Zeitpunkt des jeweiligen Vertragsabschlusses und Gefahrübergangs* nicht erkennbar war, sich aber danach - in mehr oder minder großer zeitlicher Distanz - *objektiv*[98] *die Möglichkeit zur Schädlichkeitserkenntnis* im Zuge des Wissens- und Erfahrungsfortschritts einstellt. Im folgenden wird auch synonym von der sich *nach Vertragsabwicklung* einstellenden objektiven Möglichkeit zur Ermittlung des Sicherheitsdefizits gesprochen. Neben den beiden (des weiteren) möglichen Fallkonstellationen des vor Vertragsabschluß und Gefahrübergangs und des zwischen Vertragsabschluß und Gefahrübergangs objektiven Bekanntwerdens des Risikos, ist die hier bezeichnete Konstellation die - aus der Sicht vertragsrechtlicher Schutzausgestaltung - problematische und noch nicht weitergehend untersuchte Fallgestaltung. Nur diese Sachverhaltskonstellation wird Gegenstand der Arbeit sein, so daß der Begriff des Entwicklungsrisikos im folgenden mit diesem spezifischen Zuschnitt verwandt wird.

---

[93] So Kullmann, in: Kullmann/Pfister, Produzentenhaftung, Kza. 1520, S. 12; Schrupkowski, Die Haftung für Entwicklungsrisiken in Wissenschaft und Technik, S. 18.

[94] A. A. Kort, VersR 1989, 1113 (1115).

[95] So aber Kullmann, in: Kullmann/Pfister, Produzentenhaftung, Kza. 1520, S. 12; Foerste, in: Produkthaftungshandbuch, § 24, Rdn. 16; Wagner, NJW 1980, 665 (667).

[96] Brüggemeier/Reich, WM 1986, 149 (153); Ladeur, BB 1993, 1303 (1309); Möllers, Rechtsgüterschutz im Umwelt- und Haftungsrecht: Präventive Verkehrspflichten und Beweiserleichterungen in Risikolagen, S. 218 ff.; ders., Zur dogmatischen Legitimation der Fortentwicklung des Haftungsrechts, in: Hart (Hrsg.), Privatrecht im „Risikostaat“, S. 202/203; a. A. Kullmann, in: Kullmann/Pfister, Produzentenhaftung, Kza. 1520, S. 12; Schmidt-Salzer, Produkthaftung, Band III/1: Deliktsrecht, Rdn. 4819; Wagner, NJW 1980, 665 (667); Kort, VersR 1989, 1113 (1115). Vgl. näher zu dem hier vertretenen Maßstab nachvertraglicher Unsicherheitsreduzierung unter § 2 II.

[97] So die Definition bereits in BGHZ 51, 91 (105/106), „Hühnerpest“. Die naturgegebenen Schwierigkeiten der Feststellung des sich stetig verändernden und voranschreitenden Standes wissenschaftlicher Erkenntnisse sollen in diesem Zusammenhang keine Rolle spielen.

[98] „Objektiv“ meint hier aus der Sicht eines objektiven wissenschaftlichen Betrachters unter Ausnutzung sämtlicher verfügbarer Erkenntnisquellen.

4. Zusammenfassung

Entwicklungsrisiken nehmen Bezug auf ein *Schadenspotential*, das zum Zeitpunkt der erstmaligen Inverkehrgabe des Produktes und der jeweiligen Durchführung des Leistungsprogramms nach dem „Stand von Wissenschaft und Technik" nicht erkannt werden konnte. Im vorliegenden Zusammenhang geht es um den Schutz von Leben, Gesundheit, körperlicher Unversehrtheit und Eigentum und demnach um *parteiliche Sicherheits- und Integritätsschutzinteressen.*[99]
Die an der allgemeinen Risikothematik partizipierenden Entwicklungsrisiken wurden als zukunftsorientiert und zugleich ungewißheitsbezogen charakterisiert: Zukunftsorientiert, als sich Entwicklungsrisiken als negative (Schadens-)Folge von zu treffenden Entscheidungen präsentieren; ungewißheitsbezogen, als sich bei den Entwicklungsrisiken - im Unterschied zu den Risikokonstellationen im engeren Sinne - eine vollständige Spezifizierung des Entscheidungsfeldes nicht vornehmen läßt. Angesichts dieser Unsicherheiten bezüglich der Risiko- und Gefahrenprognose wären Entwicklungsrisiken daher terminologisch exakter als „Entwicklungsungewißheiten" zu bezeichnen. Dabei markiert der „Stand von Wissenschaft und Technik" jeweils den Beginn der Ungewißheit.[100] Aufgrund dieser Besonderheiten steht das Entwicklungsrisiko für eine neue Dimension von produktbezogenen Risiko- und Gefährdungslagen, die sich letztlich auf die zunehmende Innovationstätigkeit und die vermehrte Komplexität der Produkte zurückführen lassen.
Ist das jeweilige Produkt tatsächlich mit einem Sicherheitsmanko behaftet, so bringt der wissenschaftliche Fortschritt und/oder die zusätzliche Anreicherung von Erfahrungswerten diese schädliche Eigenschaft im Laufe der Zeit zum Vorschein. Natürlich können hier u. U., wie Stoffe mit langen Latenzzeiten gezeigt haben, Jahrzehnte verstreichen, bis die Schädlichkeit offenkundig wird. Insgesamt besteht aber eine gewisse Wahrscheinlichkeit dafür, daß sich Schädlichkeitsprognosen umso exakter treffen lassen[101], je länger sich das Produkt auf dem Markt befindet, mithin die Wissensbestände mit der zeitlichen Dimension korrelieren. Entwicklungsrisiken wurden dementsprechend ganz allgemein definiert als *„Möglichkeit, daß sich ein Produkt als schädlich herausstellt"*.[102] Je nach fortschreitendem Wissensstand und zeitlicher Distanz können sich Entwicklungsrisiken „realisieren" und von dem Produkt ausgehende Schädlichkeiten erkennbar werden. Entwicklungsrisiken verweisen demnach auf *differente - sich im zeitlichen Ablauf verändernde - Wissensbestände.*

---

[99] Ausführlicher zur vertragsrechtlichen Sicherheits- und Schutzdimension unter § 1 III.
[100] Vgl. bereits näher unter 3.
[101] Weil im zeitlichen Ablauf zusätzliches Erfahrungswissen gesammelt und wissenschaftliche Erkenntnisse generiert wurden, vgl. näher unter § 2 II.
[102] Vgl. näher unter 2.

Dem Produkt immanente *Sicherheitsdefizite* konnten zudem in unspezifischer Weise als mögliche Ursache für schadensträchtige Weiterungen ausgemacht werden. Nur diese Fallkonstellationen, die sich durch einen schädlichen (Nicht-) Wirkungszusammenhang auszeichnen, werden Gegenstand der Untersuchung sein.[103] Als rechtlich zu analysierende Fallgestaltung wurde des weiteren die *Konstellation der erst sich nach Vertragsabwicklung einstellenden Erkenntnisoption* ausgewählt.[104]

II. Beispiele für Entwicklungsrisiken in der Form von Sicherheitsdefiziten

Mit Blick auf realisierte Entwicklungsrisiken haben in der judiziellen Praxis vor allem die zahlreichen Holzschutzmittelprozesse[105] einen prominenten Stellenwert eingenommen. Zu den bekanntesten Inhaltsstoffen, die noch bis Ende der 70er Jahre bei der Herstellung von Holzschutzmitteln eingesetzt wurden, und die sich sodann als schädlich herausstellten, gehören wohl Lindan und PCP (Pentachlorphenol). Um die Schädlichkeit dieser Stoffe weiß man spätestens seit Ende der 70er Jahre. PCP und Lindan sind geeignet, das menschliche Immun- und Nervensystem irreversibel zu schädigen.[106] Dabei wird PCP schon in Niedrigdosen und bei Dauerexposition als gesundheitsschädlich erachtet.[107] Die Gerichte sind bei Lindan dagegen zumeist bei der Schädlichkeitsbemessung von dem MAK-(Maximale Arbeitsplatz-Konzentration)Wert von 0,5 mg/cbm ausgegangen.[108] Erst sehr viel später, nämlich Ende 1989, ist das gewerbsmäßige Herstellen und Inverkehrbringen von PCP durch Verordnung verboten worden.[109]

Als Ersatz für Lindan und PCP sind im folgenden oftmals Stoffe aus der Gruppe der Pyrethroide eingesetzt worden. Aber auch bei den Pyrethroiden sollte sich alsbald herausstellen, daß diese nicht, wie ursprünglich angenommen wurde, un-

---

[103] Näher unter 3.
[104] Siehe bereits näher unter 4.
[105] Vgl. dazu auch Schrupkowski, Die Haftung für Entwicklungsrisiken in Wissenschaft und Technik, S. 27 f.
[106] Vgl. jüngst OLG Düsseldorf, NJW-RR 1999, 32 (33) und allgemein die PCP und Lindan betreffenden Entscheidungen wie z. B. BGH VuR 1995, 132 ff.; LG Kiel, WuM 1997, 674 f.; AG Münsingen, WuM 1996, 336 ff.; AG Rheinbach, VuR 1990, 212 ff.
[107] BGH VuR 1995, 132 (135); AG Rheinbach, VuR 1990, 212 (213).
[108] Vgl. z. B. LG Kiel, WuM 1997 , 674 f.
[109] BGBl I, 2235. Zur Schädlichkeit von PER: LG Hamburg, WuM 1989, 368 ff.; LG Hannover, NJW-RR 1990, 972 f. und allgemein Meier, Ökologische Aspekte des Schuldvertragsrechts, S. 24.

bedenklich sind, sondern, im Gegenteil, daß auch von diesen Stoffen eine gesundheitsschädliche Wirkung ausgeht. So berichtete der *Spiegel* etwa im Juni 1994[110] in einer seiner Ausgaben über die Schädlichkeit dieser Pyrethroide, die in Holzschutzmitteln, Pflanzensprays, Teppichböden und sog. Elektroverdampfern, die dem nächtlichen Insektenschutz dienen, Verwendung finden. Die Gesundheitseinbußen sollten von Kribbeln in den Fingern, Taubheitsgefühlen und Lähmungserscheinungen, Konzentrations- und Gedächtnisstörungen, bis hin zu Haarausfall und Herzrythmusstörungen gehen können. Dem Bericht zufolge würden sich Pyrethroide an den Nervenenden festsetzen und die Informationsübertragung zwischen den Nervenzellen blockieren. Sehr viel früher, im Jahre 1988, hatte das damalige Bundesgesundheitsamt bereits in einer Pressemitteilung darauf hingewiesen, daß das Pyrethroid Permethrin bei der Verwendung von Elektroverdampfern zu Gesundheitsschäden führen könne.[111] Daß Permethrin - etwa in Teppichböden - auch schon in geringen Mengen schädlich wirkt, wurde durch neuere Erkenntnisse offenkundig.[112]

Zu den toxischen Stoffen, die nach dem Erkenntnisstand ursprünglich als unschädlich galten, zählt auch das ehemals insbesondere in der Spanplatten-Produktion eingesetzte Formaldehyd.[113] Für die Schädlichkeitsbeurteilung von Formaldehyd in der Innenraumluft von Wohnungen hat das Bundesgesundheitsamt 1977 einen Grenzwert von 0,1 ppm (MIK-Wert) empfohlen und wissenschaftlich begründet.[114]

Auch bei dem Stoff Asbest wird oftmals von einem sich realisierenden Entwicklungsrisiko ausgegangen. Ob aber tatsächlich zum damaligen Zeitpunkt keine Erkenntnismöglichkeit bestand, ist fraglich, denn Erkenntnisse über die Asbestose verursachende Wirkung von Asbest liegen bereits seit den 20er Jahren vor.[115] Anders als bei Formaldehyd wird für Asbest kein Grenz- und Schwellenwert angenommen. Asbest gilt als gesundheitsschädlich, ohne daß es eine unbedenkliche Konzentration dieses Stoffes gäbe.[116] Bei Asbest wird von einer Latenzzeit zwi-

---

[110] Der Spiegel 25/1994, S. 193.

[111] Vgl. LG Berlin, NJW-RR 1996, 501 (502). Die Schädlichkeit war auch schon früher bekannt.

[112] Vgl. LG Berlin, NJW-RR 1996, 502.

[113] Zu Formaldehyd u. a. LG Duisburg, VuR 1987, 43 f.; LG Köln, VuR 1987, 168 ff.; OLG Frankfurt, NJW-RR 1988, 1455 f.; LG Ansbach, VuR 1990, 35 ff.; LG Hanau, VuR 1991, 127 f.; OLG Stuttgart, NJW-RR 1992, 187.

[114] Vgl. Meier, Ökologische Aspekte des Schuldvertragsrechts, S. 24.

[115] Vgl. Schrupkowski, Die Haftung für Entwicklungsrisiken in Wissenschaft und Technik, S. 25 f. mit weiteren Nachweisen vor allem bezüglich amerikanischer Rechtsprechung. Nach Schrupkowski lag schon seit 1924 kein Entwicklungsrisiko im engeren Sinne mehr vor, da zu diesem Zeitpunkt bereits der englische Arzt Cooke den direkten Zusammenhang von Asbest und einer von ihm als Asbestose bezeichneten tödlichen Lungenkrankheit entdeckt hatte, Schrupkowski, a.a.O., S. 26.

[116] Vgl. LG Mannheim, NJW-RR 1996, 776 (777). Zahlreiche jüngere Entscheidungen betrafen die asbesthaltigen Nachtstromspeicheröfen, vgl. u. a.: LG Hannover, WuM 1997, 434 f.; LG Dortmund, WuM 1996, 141 f.

schen 10 und 30 Jahren von der Aufnahme der Fasern bis zum Auftreten von Krankheitssymptomen ausgegangen.[117]

Zu den bekanntesten gerichtlich entschiedenen Fällen betreff Entwicklungsrisiken zählen wohl die „Apfelschorf"-Entscheidungen[118]. Hier stellten sich die Spritzmittel „Derosal" und „Benomyl" im nachhinein als unwirksam dar, weil sich der Apfelschorfpilz aufgrund der ausschließlichen Verwendung dieser Spritzmittel als resistent erwiesen hatte. Wenngleich in den Fällen die abstrakte Gefahr einer Resistenzbildung bekannt war, so sollte nach den Feststellungen des BGH eine konkrete unmittelbar bevorstehende Resistenzbildung des Apfelschorfpilzes nicht erkennbar gewesen sein.[119] Die Unwirksamkeit hätte vermieden werden können, wenn eine abwechselnde Spritzung mit sog. Kontaktfungiziden erfolgt wäre. In einem ähnlich gelagerten Fall ergab sich die Schädlichkeit des Pflanzenschutzmittels gerade aus der Kombinierung mit einem anderen Produkt („Erdbeerplantagen"[120]). Auch hier sollte die aus der Produktkombination resultierende Unwirksamkeit des Pflanzenschutzmittels ursprünglich nicht erkennbar gewesen sein. In dem bereits aus dem Jahre 1972 stammenden „Braunfäule"-Fall[121] zeigte sich erst nach Jahren die Ungeeignetheit eines gekauften Kunstharzlackes, nachdem an den Fenstern Fäulnisschäden aufgetreten waren.

Noch offen ist, ob es sich bei Produkten, die mit hoch- oder niederfrequentem Strom betrieben werden, um realisierende Entwicklungsrisiken handelt. Diskutiert werden diese Fälle unter dem Stichwort „Elektrosmog" oder kurz: EMF (Elektromagnetische Felder).[122] Elektromagnetische Felder kommen überall dort vor, wo elektrische Energie fließt. In jüngster Zeit sind im Hochfrequenzbereich vor allem die möglichen Gesundheitsrisiken der Mobilfunktelefone in die Diskussion geraten.[123] Sollte sich hier eine gesundheitsschädliche Wirkung bestätigen, so hätte dies angesichts der mittlerweile enormen Zuwachsraten dieser Kommunikationssysteme eine immense Tragweite.

---

[117] Schubert, RabelsZ 47 (1983), 367.

[118] BGHZ 80, 186 ff., „Derosal"; BGHZ 80, 199 ff., „Benomyl". Zu einem vergleichbaren Fall: OLG Frankfurt a. M., VersR 1987, 1196 f. In einem anderen Fall betreffend Pflanzenschutzmittel ging es um die Gesundheitsgefahren infolge der Verwendung des Mittels, vgl. OLG Frankfurt a. M., NJW-RR 1997, 1519 f.

[119] Fraglich ist, ob es sich in den Fällen überhaupt um ein Entwicklungsrisiko handelte.

[120] BGH WM 1977, 1027 ff., „Erdbeerplantagen".

[121] BGHZ 59, 158 ff.

[122] Dazu Hoffman, PHI 1994, 122 ff.; Schrupkowski, Die Haftung für Entwicklungsrisiken in Wissenschaft und Technik, S. 30 f.; Karus, PHI 1995, 72 ff.; Krahn-Zembol, PHI 1993, 204 ff.

[123] Vgl. auch zu möglichen Funktionsstörungen von Herzschrittmachern durch EMF: Grotenhermen, PHI 1998, 103 ff.

Lange Zeit ging man davon aus, daß schwache Felder gesundheitlich unbedenklich sind.[124] Erst in neuerer Zeit zeigten neue wissenschaftliche Erkenntnisse, daß auch von schwachen Feldern thermische wie athermische Effekte ausgehen. Dabei werden die thermischen Effekte als relativ gut erforscht erachtet. Gesundheitliche Schäden seien hier nach den wissenschaftlichen Erkenntnissen bei Einhaltung der gültigen Grenzwerte ausgeschlossen.[125] Allerdings wird auch in diesem Zusammenhang eingeräumt, daß sich bei den Mobilfunktelefonen aufgrund der Nähe zwischen Kopf und Antenne möglicherweise eine andere Schädlichkeitsbeurteilung ergeben könne.[126] Hingewiesen wird in diesem Zusammenhang etwa auf irreversible Augenschäden.[127] Im hochfrequenten Bereich werden gesundheitsschädliche thermische Effekte generell ab einer Intensitätsschwelle von 10 mW/cm^2 angenommen. Zu den aus diesen Feldern resultierenden Schäden gehören etwa Störungen bzw. Veränderungen der Zellmembranpermeabilität, des Stoffwechsels, der Drüsenfunktion, des Blut-, Immun- und Nervensystems sowie der Verhaltensreflexe. Bei höheren Leistungen seien zudem Beeinflussungen des Zellwachstums oder Mißbildungen an Embryonen denkbar.[128]

Anders als die thermischen, sind die athermischen Effekte und ihre gesundheitlichen Auswirkungen weit weniger bekannt. Die Wissenschaft ging hier lange Zeit davon aus, daß Hochfrequenz-Strahlung, die so schwach ist, daß sie keine thermischen Effekte auslösen kann, auch biologisch unwirksam ist. Mittlerweise weiß man, daß auch bei Strahlungsintensitäten weit unter der thermischen Schwelle athermische Effekte auf der Zellebene wie z. B. die Veränderung des Kalziumstoffwechsels gegeben sind. Effekte dieser Art sollen vorwiegend bei niederfrequent modulierter bzw. gepulster Hochfrequenz-Strahlung auftreten, wie sie beispielsweise bei den D- oder E-Netzen Verwendung findet.[129] Allerdings ist die gesundheitliche Relevanz der nichtthermischen Effekte noch nicht eindeutig geklärt, daß damit einhergehende Gesundheitsrisiko noch nicht abzusehen.[130] Neuere epidemiologische Studien und Tierversuche erhärten hier allerdings die Mutmaßung, daß die Hochfrequenzstrahlung etwa die Entstehung von Krebs begünstigen kann.[131]

---

[124] Hoffman, PHI 1994, 122; Karus, PHI 1995, 72; unbestritten sind natürlich Gesundheitsschäden bei hohen Feldstärken.
[125] Karus, PHI 1995, 72 (78).
[126] Karus, PHI 1995, 72 (78).
[127] Dazu näher Karus, PHI 1995, 72 (78).
[128] Karus, PHI 1995, 72 (78).
[129] Karus, PHI 1995, 72 (79).
[130] Karus, PHI 1995, 72 (79 f).
[131] Grotenhermen, PHI 1997, 128 ff; Karus, PHI 1995, 72 (79 f).

Die Schädlichkeit von EMF wird in der Rechtswissenschaft und Judikatur bislang vornehmlich in immissionsschutzrechtlichen Zusammenhängen von Hoch- und Niederfrequenzanlagen diskutiert.[132]

III. Die kaufrechtliche Sicherheits- und Schutzdimension

Untersuchungsrahmen der vorliegenden Arbeit wird das kaufvertragliche Haftungsrecht sein. Die vertragliche Sicherheits- und Schutzebene hat in jüngster Zeit vornehmlich im Zuge der Bewältigung neuer (Umwelt-)Risiken eine bemerkenswerte Beachtung sowohl in rechtswissenschaftlicher Hinsicht, wie auch in der judiziellen Praxis erfahren.[133] Angesichts der in der Vergangenheit vorwiegend deliktisch geführten Sicherheits- und Schutzdiskussion läßt sich gewissermaßen von einer Wieder- bzw. Neuentdeckung des vertragsrechtlichen Schutzinstrumentariums sprechen. Wiederentdeckung insofern, als Rechtsgüterschutz unlängst seit der grundlegenden Anerkennung der c.i.c. und der pVV zu einem (quasi-)vertraglichen Anliegen gehört, Neuentdeckung, als Sicherheitsanforderungen nunmehr auch im Rahmen des qualitätsorientierten Fehlerbegriffs und der Pflicht zur „Gutleistung“ formuliert werden. Darauf wird sogleich zurückzukommen sein.[134] Insofern ist die im Kontext umweltbezogener Risiken nachgezeichnete „Ökologisierung des Vertragsrechts”[135] nicht nur Beleg für die vertragsrechtlichen Möglichkeiten einer - über die parteilichen Individual-(Gesundheits-)Interessen vermittelbaren - Verarbeitungsfähigkeit von Umweltrisiken[136], sondern kann ganz allgemein auch als ein Hinweis auf die vertraglichen Potentiale zur Verarbeitung von produktveranlaßten Gefährdungslagen begriffen werden. „Ökologisierung des Vertragsrechts“ verweist zudem auf die Parallelisierung von (Vertrags-)Privat-

---

[132] BVerfG NJW 1997, 2509 f.; VG Gelsenkirchen, Jus 1993, 1067 ff. Für die Hoch- und Niederfrequenzanlagen ist jüngst die Verordnung über elektromagnetische Felder (26. BImSchV) ergangen, in der bestimmte Grenzwerte für das Betreiben dieser Anlagen festgelegt werden. Zu der Verordnung näher Kutscheidt, NJW 1997, 2481 ff. Zur zivilrechtlichen Haftung jüngst: Halbe/Quante, PHI 1998, 94 ff.

[133] Vgl. Köck/Meier, JZ 1992, 548 ff.; in Bezug auf „neue Risiken“ allgemein auch J. Schmidt, KritV 1991, 344 ff.; für das Werkvertragsrecht: Meier VuR 1992, 30 ff.

[134] Dazu weiter unten und näher unter § 4 II.

[135] Vgl. allgemein dazu die Untersuchung von K. Meier, Ökologische Aspekte des Schuldvertragsrechts, 1995; Damm, Risikosteuerung im Zivilrecht, in: Öffentliches Recht und Privatrecht als wechselbezügliche Auffangordnungen, S. 85 (114 ff.). Vgl. auch Hager, der allerdings mit deutlich anderer Akzentuierung eine Untersuchung vor dem Hintergrund einer zielorientierten Aktivierung der Selbstregulierung zur Durchsetzung eines umweltverträglichen Dienstleistungs- und Warenangebots vornimmt, vgl. Hager, UPR 1995, 401 ff.

[136] So Meier, Ökologische Aspekte des Schuldvertragsrechts, S. 17.

recht und öffentlich-rechtlichem Sicherheitsrecht, auf die mögliche Rezeption von öffentlich-rechtlichen technischen Normungen, Grenzwerte-Konzepten und behördlichen Empfehlungen durch das Schuldvertragsrecht.[137] Daß es Vertragsrecht jenseits und ungeachtet der jeweiligen Existenz öffentlich-rechtlicher Standards natürlich unbenommen bleibt, im Einzelfall höhere Sicherheitsanforderungen zu formulieren, steht wohl außer Frage.[138] Wie bei den umweltbezogenen Risiken, die im übrigen zu einem Gutteil Entwicklungsrisiken waren[139], könnte die vertragsrechtliche Sicherheits- und Schutzdimension auch im vorliegenden Kontext für den nötigen Integritätsschutz sorgen.

Dabei müssen wir auf vertraglicher Ebene grundsätzlich zwischen zwei Ebenen unterscheiden: Die Ebene der Sicherheits*gewährleistung* im engeren Sinne, die den Käufer im Fall enttäuschter Sicherheitserwartungen zum Ausgleich des defizitären Äquivalenzgefüges berechtigt[140], und die Ebene der Absicherung entsprechender Sicherheitserwartungen durch die Formulierung von Schutzpflichten im weiteren Sinne. Letztere geben dem Produkterwerber einen Anspruch auf Schadensersatz, wenn der Verkäufer seiner Schutzverpflichtung schuldhaft nicht nachgekommen ist. Nur um diesen Teilaspekt vertraglicher Sicherheitsgewährleistung geht es im vorliegenden Kontext. Es geht hier um Sicherheits-, in der Form von *Rechtsgüterschutz- und schließlich Schadensausgleichsinteressen.*[141]

Im Hinblick auf die leistungsbezogenen Schutzpflichten läßt sich zwischen der Pflicht zur „Gutleistung“[142] und den einen unschädlichen Leistungsvollzug ermöglichenden Nebenpflichten unterscheiden. So ist der Leistungsschuldner nicht nur zur rein gegenständlichen Leistungserbringung verpflichtet, sondern zugleich zu einer Vertragserfüllung, die den Produkterwerber vor etwaigen Integritätseinbußen bewahrt. Den Verkäufer trifft die Pflicht zur „Gutleistung“, also die Pflicht zur fehlerfreien Leistungserbringung, um mögliche schädliche Weiterungen zu vermeiden. Dabei umfaßt die Pflicht zur fehlerfreien Leistung nicht nur Qualitätsdefizite im engeren Sinne, sondern namentlich auch Abweichungen von der geschuldeten Sicherheit. Dies wurde namentlich im Zuge der neuerlichen Bemühungen um die Bewältigung der Umweltrisiken herausgearbeitet. Danach ist ein Produkt nicht nur dann fehlerhaft, wenn es negative Abweichungen von der gesollten physischen Beschaffenheit oder Funktionsstörungen aufweist (Qualitätsdefizit im

---

[137] Köck/Meier, JZ 1992, 550 ff.; 553 f.; vgl. auch bereits allgemein Hart, KritV 1991, 363 (370).
[138] Hart, KritV 1991, 363 (371); ebenso Hager, UPR 1995, 401 (403).
[139] Vgl. bereits unter oben II.
[140] Hier gibt die Verbrauchsgüterkaufrichtlinie 1999/44/EG neuerdings klare Vorgaben für eine Neuregelung der kaufrechtlichen Primärrechtsbehelfe bei Verbraucherverträgen.
[141] Bereits unter I. wurde dargelegt, daß es der vorliegenden Untersuchung nur um Rechtsgüterschutz gehen wird.
[142] Begriff bei E. Schmidt, Schuldrecht, Allgemeiner Teil, Teilband 2, § 29 I. 3.

engeren Sinne), sondern auch dann, wenn dem Produkt ein (vermuteter) schädlicher Wirkungszusammenhang inhärent ist (Sicherheitsdefizit) und das Produkt deswegen zum Gebrauch nicht tauglich ist.[143] Sicherheitsdefizite erscheinen so im Gewand des *qualitäts*orientierten Fehlerbegriffs[144] oder mit anderen Worten: Sicherheitsinteressen finden hier bereits auf der Pflichtenebene Berücksichtigung, bei der Bestimmung der Abweichung von der geschuldeten Qualität. Ein Produkt wird demnach grundsätzlich nur dann als qualitativ einwandfrei angesehen, wenn es auch gefahrlos einsetzbar ist.[145] Das Sicherheitsdefizit wird zu einem vertragsrechtlich relevanten „Qualitätsfehler“, dem - neben der Primärebene - natürlich auch über die Pflicht zur fehlerfreien Leistung auf der Schutzpflichtenebene Bedeutung zukommt.[146] Bezeichnenderweise konstatiert *Hart*[147] daher auch für das Vertragsrecht die „Verlagerung der allgemeinen Qualitäts- zu einer Sicherheitsproblematik”.

Ergibt sich die schädliche Wirkung nicht aus dem Produkt als solchem, ist dieses also *fehlerfrei* geliefert worden, so können sich aber dennoch aus dem jeweiligen Einsatz oder dem Hinzutreten bestimmter äußerer Umstände Gefährdungen ergeben. Der Vermeidung daraus resultierender Schäden dienen die übrigen Neben- im Sinne von Schutzpflichten. So ist der Leistungsschuldner beispielsweise verpflichtet, dem Käufer die zum gefahrlosen Einsatz erforderliche Bedienungsanleitung an die Hand zu geben und ihn allgemein auf etwaige schädliche Einsatzweisen und Umstände hinzuweisen.[148] Solche Nebenpflichten zielen auf den unschädlichen Produkteinsatz bei im übrigen fehlerfreier Ware. Ausgangs- und Bezugspunkt der Sicherheitserwartungen zugleich sind der gewöhnliche bzw. allgemein vorhersehbare oder der konkret nachgefragte und seitens des Verkäufers bestätigte Verwendungszweck[149]. Von der jeweiligen Produktverwendung hängt sowohl die Tauglichkeits- wie auch die (Un-)Schädlichkeitsbeurteilung ab.[150]

Dem Grunde nach anerkannt, wenn auch im einzelnen noch weitgehend ungesichert, ist zudem, daß die vertragliche Sicherheits- und Schutzdimension keineswegs mit dem Zeitpunkt der Durchführung des Leistungsprogramms endet. Nach

---

[143] Hart, KritV 1991, 375.

[144] So bereits Meier, Ökologische Aspekte des Schuldvertragsrechts, S. 17/18. Von einem qualitätsbezogenen Fehlerbegriff geht auch Art. 2 der Richtlinie 1999/44/EG aus, vgl. dazu näher unter § 4 II. 1.

[145] Vgl. OLG Frankfurt NJW-RR 1988, 1455 (1456).

[146] Dazu insbesondere näher unter § 4 II.

[147] Hart, KritV 1991, 363 (364).

[148] Esser/Schmidt, Schuldrecht, Allgemeiner Teil, Teilband 2, § 29 III. 2 b).

[149] Spezifische Zwecknachfragen durch den Käufer werden regelmäßig über die pVV oder über die Haftung wegen Fehlens einer zugesicherten Eigenschaft gelöst.

[150] Vgl. dazu bereits unter § I 2.

dem Leistungstransfer sorgen „nachvertragliche“ Schutzpflichten für den nötigen parteilichen Integritätsschutz. Fortbestehende Nebenpflichten streben hier eine Verlängerung der vertraglichen Sicherheits- und Schutzebene ins nachvertragliche Stadium an.[151]
Integritätsschutz findet natürlich jenseits der vorgenannten richterrechtlichen Fortbildung über die traditionelle Nichterfüllungshaftung (§§ 463, 480 Abs. 2 BGB) statt, die den Käufer u. U. auch einen Anspruch auf Schadensersatz gibt. Darauf wird im einzelnen noch zurückzukommen sein.

IV. Zusammenfassung

(Produkt-)Innovation und wissenschaftlich-technischer Fortschritt bringen in spezifischer Weise Entwicklungsrisiken mit sich. Insoweit lassen sich Entwicklungsrisiken eher als ein neuzeitliches, aber auch als ein Problem begreifen, dem angesichts einer immer schneller voranschreitenden wissenschaftlich-technischen Realisation zukünftig eine noch zunehmende Bedeutung zukommen wird. Aber auch schon heute können Entwicklungsrisiken keineswegs mit dem Hinweis auf ein etwaiges Randproblem abgetan werden, sondern müssen - im Gegenteil - als eine zentrale Problematik begriffen werden, die es haftungsrechtlich zu bewältigen gilt.[152]

Entwicklungsrisiken charakterisieren sich durch eine zum Zeitpunkt der erstmaligen Inverkehrgabe vorliegende *strukturelle Ungewißheitssituation*, die dafür sorgt, daß sich etwaige, dem Produkt bereits immanente, Schädlichkeitspotentiale nicht antizipieren lassen. Der „Stand von Wissenschaft und Technik“ avanciert dabei zum zentralen Beurteilungsmaßstab von objektiver Erkennbar- bzw. Nichterkennbarkeit. Die Möglichkeit zur Schädlichkeitsermittlung ergibt sich bei den Entwicklungsrisiken typischerweise erst im Zuge der *zeitlichen und der - damit korrelierenden - sich verändernden Wissensdimension.* Entwicklungsrisiken sind demzufolge im wesentlichen zweidimensional angelegt. Sie wurden ganz allgemein definiert als *„Möglichkeit, daß sich ein Produkt als schädlich herausstellt“*, wobei im vorliegenden Kontext davon auszugehen sein wird, daß sich das Entwicklungsrisiko erst nach der Durchführung des Vertrages realisiert. Als mögliche Schadensursache wird im Rahmen dieser Arbeit zudem nur die dem Produkt immanente Sicherheitsabweichung behandelt.[153]

---

[151] Vgl. auch ausführlicher unter § 2 I.1.
[152] Ausführlicher zum konkreten Schutzbedürfnis der Konsumenten unter § 2 II.
[153] Vgl. näher bereits unter I. 2.

Was die kaufvertragsrechtliche Verarbeitungsfähigkeit von Sicherheits- und Integritätsschutzinteressen angeht, so konnte einstweilen ein positiver Befund verzeichnet werden. Dies gilt gleichermaßen für die qualitätsorientierte, wie auch für die allgemein sicherheitsbezogene Schutzebene. Vertraglicher Integritätsschutz wird partiell über die kodifizierte Nichterfüllungshaftung der §§ 463, 480 Abs. 2 BGB, sowie über die richterrechtlich entwickelten Rechtsbehelfe der pVV wegen Schlechtleistung und der pVV wegen Nebenpflichtverletzung gewährleistet, wobei sich auch für das nachvertragliche Stadium die Absicherung von Sicherheitserwartungen nachzeichnen läßt. Die Sicherheitsgewährleistung erstreckt sich zudem von einem konkret-vertraglichen Erwartungshorizont bis hin zu einem standardisierten Mindestschutz.

§ 2 Die Möglichkeiten zur haftungsrechtlichen Bewältigung von Entwicklungsrisiken durch die kaufvertraglichen Rechtsbehelfe

Nachdem § 1 weitreichende Einsichten in den Untersuchungsgegenstand und -rahmen vermittelt hat, wird sich der folgende § 2 nunmehr eingehender mit den konkreten Bewältigungsmöglichkeiten der Entwicklungsrisiken beschäftigen. Lassen sich die Sicherheitsmängel aufgrund der hier zugrunde gelegten Annahme zum Zeitpunkt der Vertragsabwicklung weder bestimmen noch antizipieren, stellt sich also die Möglichkeit zur Schädlichkeitsergründung erst nach dem Leistungstransfer ein, so verbleibt die Frage, ob und inwieweit die vertraglichen Rechtsbehelfe in der Lage sind, sich auf derartige Konstellationen einzustellen. Dem wird zunächst unter I. nachzugehen sein.

Die Beschäftigung mit und das Erfordernis von (Vertrags-)Haftung setzt des weiteren voraus, daß seitens des Käufers überhaupt ein Schutzbedarf besteht. Dies wird nur dann der Fall sein, wenn dem Käufer keine Möglichkeiten zur Gefahrenabwehr zur Verfügung stehen. Dieses bislang mehr oder weniger als gegeben erachtete Schutzbedürfnis wird im folgenden darzulegen sein. Schutzproblem und -erfordernis bei den Entwicklungsrisiken werden in einer problemgeleiteten Analyse offengelegt, welche zudem gleichzeitig eine inhaltliche Präzisierung des möglichen (Schutz-)Pflichtenprogramms erlaubt. So lassen sich auf der Basis der bereits erfolgten entwicklungsrisikospezifischen Grundlegungen weitergehende allgemeine und vertragsparteienorientierte Problemeinsichten herstellen (II.), die einerseits Aufschluß über die konkrete (Schutz-)Problematik bei Entwicklungsrisiken zu liefern vermögen (1.), aus denen sich andererseits aber zudem inhaltliche Vorgaben für das mögliche rechtliche Schutzpflichtenkonzept gewinnen lassen (2.). In einer Zusammenschau wird das so ermittelte Verhaltensprogramm nochmals unter III. darzulegen und zu konkretisieren sein. Ein Überblick über die derzeitige Rechtsprechungspraxis zur Bewältigung der hier zugrunde gelegten Sachverhalte wird den Schluß des Untersuchungsteils 1 bilden (IV.).

§ 2 der Arbeit dient damit zunächst der Bestandsaufnahme der zur Verfügung stehenden Rechtsbehelfe bzw. der Sondierung des rechtlichen Schutzprogramms. Die dogmatische Entwicklung und die inhaltliche Präzisierung des so ermittelten möglichen Haftungskonzeptes wird Gegenstand des Teils 2 der Untersuchung sein (§§ 3 - 5).

I. Die Reaktionsfähigkeit der kaufrechtlichen Rechtsbehelfe auf nachträgliche Schädlichkeitserkenntnisse

Angesichts der sich erst nach Erfüllung des Vertrages einstellenden Erkenntnismöglichkeit stellt sich zunächst die Frage, ob sich die kaufvertraglichen Rechtsbehelfe überhaupt auf solche Sachverhalte einzustellen vermögen (2.). Eine bedeutende Rolle spielt dabei namentlich die Frage der Verjährung als faktische Grenze der Durchsetzbarkeit solcher Ansprüche.
Bevor sich die Untersuchung jedoch dieser Fragestellung näher zuwendet, soll in einem ersten Schritt nochmals die kaufvertragliche Sicherheits- und Schutzdimension näher beleuchtet werden und dies, obwohl in § 1 III. bereits grobe Leitlinien dieser Schutzebene nachgezeichnet wurden. Vertragsrecht und die Möglichkeit der Verarbeitung von Entwicklungsrisiken läßt sich nur vor dem Hintergrund der konzeptionellen Ausgestaltung des kodifizierten Gewährleistungsrechts und seiner Implementation von Rechtsgüterschutz hinreichend erfassen. Deswegen erfolgt hier nochmals eine weitergehende und vertiefende Aufbereitung der kaufrechtlichen Konzeption der §§ 459 ff. BGB.

1. Die konzeptionelle Ausgestaltung der §§ 459 ff. BGB und ihre spezifische Implementation von Rechtsgüterschutz

Sicherheits- und Integritätsschutzinteressen haben im kodifizierten kaufvertraglichen Gewährleistungsrecht explizit keine Berücksichtigung erfahren. Entsprechend der Dichotomie zwischen Vertrag und Unrecht wollten die Gesetzesautoren den Rechtsgüterschutz durch das deliktische „Unfallrecht" geschützt sehen.[154] Während Vertragsrecht nach dem traditionellen BGB-Modell der „Qualitätshaftung" dienen sollte und damit dem Schutz der zukünftigen Erwartungen des Käufers an die Qualität des Produktes, wurde die „Sicherheitshaftung" im Deliktsrecht verortet.[155] Daß diese Zweiteilung mittlerweile und bereits kurz nach dem Inkrafttreten des BGB weitgehende Durchbrechungen erfahren hat, ist bereits vielfach nachgezeichnet worden[156], soll hier aber nur insoweit von Interesse sein, als nunmehr auch Integritätsschutz vertragsrechtlich gewährleistet wird.

Sollte das kodifizierte kaufvertragliche Gewährleistungsrecht konzeptionell demnach dem Schutz des Äquivalenzinteresses dienen, so wollen die §§ 459 ff. BGB primär die Lieferung einer gebrauchstauglichen und qualitativ einwandfreien Ware sicherstellen. Im Vordergrund stehen für den Stückkauf daher die ädizilischen Rechtsbehelfe der Wandlung und Minderung[157], die den Käufer zum Ausgleich enttäuschter Vertragserwartungen berechtigen, wenn die Kaufsache entweder fehlerhaft ist oder ihr eine zugesicherte Eigenschaft fehlt (§ 462 BGB). Im Fall des Gattungskaufes ist der Käufer darüber hinaus berechtigt, vom Verkäufer Nachlieferung zu verlangen (§ 480 Abs. 1 BGB).[158] Neben diesen Gewährleistungsrechten sollte und soll dem Käufer nur ausnahmsweise und nur unter engen Voraussetzungen ein Schadensersatzanspruch zukommen, nämlich dann, wenn der Verkäufer eine besondere Gewähr für das Vorliegen einer bestimmten Eigenschaft der Kaufsache übernommen oder wenn er einen Fehler arglistig verschwiegen hat, §§ 463, 480 Abs. 2 BGB. Betrachtet man zudem die in den §§ 463, 480 Abs. 2 BGB vorgesehene Rechtsfolge, den „Schadensersatz wegen Nichterfüllung", so wird auch hier erkennbar, daß diese Normen weniger den Integritätsschutz im Visier haben, sondern konzeptionell vielmehr auf den Ausgleich des Erfüllungsinteresses gerichtet sind.[159] Die neuere Rechtsprechung hat sich jedoch von einer restriktiven Interpretation distanziert und hält unter bestimmten Voraussetzungen das gesamte positive Interesse einschließlich des Schadens an den Rechtsgütern des Käufers für ersatzfähig.[160] Nach der Rechtsprechung des BGH kann der Geschädigte im Fall einer Eigenschaftszusicherung seinen Schaden ersetzt verlangen, wenn die

---

[154] Esser/Schmidt, Schuldrecht, Band I, Allgemeiner Teil, Teilband 2, § 29 I.

[155] Reich, in: Alternativkommentar, BGB, Vor §§ 459 BGB, Rdn. 10 ff.

[156] Vgl. etwa bei Esser/Schmidt, Schuldrecht, Band I, Allgemeiner Teil, Teilband 1, § 4 II., III.; Brüggemeier, ZHR 152 (1988), 511 (512 f.).

[157] Dazu Esser/Weyers, Schuldrecht, Band II., Besonderer Teil, § 5 I. 1.

[158] Im Zuge der Transformation der Verbrauchsgüterrichtlinie wird dem Käufer künftig wahlweise auch ein Anspruch auf Nachbesserung zustehen, Art. 3 Abs. 2 Richtlinie 1999/44/EG. Ein Anspruch auf Nachbesserung oder Ersatzlieferung soll aber dann nicht bestehen, wenn dies unmöglich oder unverhältnismäßig ist (Art. 3 Abs. 3 Richtlinie 1999/44/EG).

[159] Esser/Schmidt, Schuldrecht, Band I, Allgemeiner Teil, Teilband 2, § 29 III. 3.

[160] BGHZ 50, 200 (204); BGHZ 59, 159 (161/162), „Braunfäule"; vgl. auch dazu Westermann, in: Münchener Kommentar, BGB, § 463, Rdn. 19, 30; Huber, AcP 177 (1977), 281 (291 f.).

Zusicherung gerade den Zweck hatte, vor derartigen Schäden zu schützen.[161] Für den Fall des Verschweigens eines Fehlers bzw. des Vorspiegelns einer nicht vorhandenen Eigenschaft hält die Rechtsprechung den gesamten Schaden für ersatzfähig.[162]

Die richterrechtlich vollzogene Korrektur des primär am Äquivalenzinteresse ausgerichteten Gewährleistungsrechts zu einem die Integritätsschutzinteressen implementierenden ist im Ergebnis aber weit über das hinausgegangen, was man als bloße randständige Korrekturen bezeichnen könnte.[163] Mit der culpa in contrahendo für den vorvertraglichen Bereich und der positiven Vertragsverletzung für das vertragliche Stadium stellt die Rechtsprechung mittlerweile (quasi-)vertraglichen Integritätsschutz in weitreichendem Umfang sicher.[164] Auf die Pflicht des Verkäufers zur fehlerfreien bzw. unschädlichen Leistungserbringung (Pflicht zur „Gutleistung“) wurde bereits hingewiesen. Nach der pVV wegen Schlechterfüllung hat der Käufer einen Anspruch auf Ausgleich seiner materiellen Schäden, wenn der Verkäufer in schuldhafter Weise eine fehlerhafte Kaufsache geliefert hat. Auch im übrigen erfolgt der Ausgleich enttäuschter Sicherheitserwartungen über c.i.c. oder pVV. Seit der grundlegenden Differenzierung zwischen Leistungs- und Schutzpflichten, die im wesentlichen auf *Stoll*[165] zurückgeht, haben sich mittlerweile eine Vielzahl differenter, die Leistungsbeziehung begleitende, Sorgfaltspflichten herausgebildet. Solche Nebenpflichten bezwecken je nach ihrer Schutzintention die Sicherung der Leistungserbringung oder aber die gefahrlose Produktverwendung. Ist das Produkt an sich frei von Qualitätsmängeln und gebrauchstauglich im engeren Sinne, so können dennoch im Einzelfall weitergehende Aufklärungspflichten erforderlich sein, um Schäden an den Rechtsgütern des Käufers zu vermeiden. Im vorvertraglichen und vertraglichen Bereich dienen diese Pflichten dem Schutz des Produkterwerbers vor solchen Gefahren, die nicht bereits über die Pflicht zur „Gutleistung" erfaßt werden. Nach den Vorstellungen und dem Gesetzesvorschlag der Schuldrechtskommission sollen diese Pflichtentatbestände künftig von einem einheitlichen Grundtatbestand erfaßt und geregelt werden (§ 280 Abs. 1 S. 1 BGB-KE).[166] Solche Schutzpflichten lassen sich zudem im „Nachwirkungsstadium“

---

[161] BGHZ 59, 159 (161/162), „Braunfäule".

[162] Westermann, in: Münchener Kommentar, BGB, § 463, Rdn. 31.

[163] Vgl. dazu allgemein Esser/Schmidt, Band I, Schuldrecht, Allgemeiner Teil, Teilband 2, § 29 I.

[164] Über das Rechtsinstitut des „Vertrages mit Schutzwirkung zugunsten Dritter“ wird der vertragliche Integritätsschutz zudem auf die in den Schutzbereich des Vertrages einbezogenen Dritten erstreckt.

[165] Stoll, AcP 136 (1932), 257 (287 ff., 298 ff.), vgl. z. B. auch bereits Kress, Lehrbuch des Allgemeinen Schuldrechts, § 1, S. 6 f., § 23, S. 78 ff. und Herholz, AcP 130 (1929), 257, 295 ff., 312 ff. und näher unter § 3 I.

[166] Nach dem Kommissionsentwurf (BGB-KE) verweist der § 441 Abs. 1 S. 1 BGB-KE für den Bereich der kaufvertraglichen Mängelhaftung auf den allgemeinen Grundtatbestand des § 280

antreffen. Neben den „nachwirkenden Treuepflichten“[167], die vornehmlich den Erhalt des Leistungserfolges bezwecken bzw. der nachträglichen Vereitelung des (Vertrags-)Erfolges entgegentreten wollen[168], lassen sich auch im Kaufrecht sog. „Fortwirkungen“ ausmachen, die der Rechtsgüterwahrung des Produkterwerbers nach dem Leistungstransfer dienen.[169] Diese nachvertraglichen Schutzpflichten gehören mittlerweile zum anerkannten Obligationsprogramm.[170] Rechtslehre[171] und Judikatur[172] sprechen in diesem Zusammenhang von den „nachvertraglichen“[173] oder „nachwirkenden“ Pflichten und in Anlehnung an die vorvertragliche culpa-Doktrin etwa von der „culpa post contractum finitum“. Pflichten nach Leistungsbewirkung lassen sich ganz allgemein als Verhaltensanordnungen bezeichnen, die an die jeweils erfüllte Leistungspflicht anknüpfen. Sie werden heute ganz allgemein definiert als Nebenpflichten, die gesetzlichen oder vertraglichen Schuldverhältnissen entspringen und ihre Grundlage in Treu und Glauben finden.[174]

2. Die Reaktionsfähigkeit der Rechtsbehelfe auf neue (Schädlichkeits-) Erkenntnisse

Läßt sich demnach auf kaufvertraglicher Ebene ein umfassender Integritätsschutz nachzeichnen, so schließt sich die Frage an, ob diese Haftungsvorschriften auch

---

Abs. 1 S. 1 BGB-KE, vgl. insgesamt ausführlich zur Systematik: Brüggemeier, Referat zum 60. Deutschen Juristentag, in: Verhandlungen des 60. Juristentages, Bd. II/1, K 58 f., K 77 ff.

[167] Mit dieser Terminologie auch Esser/Schmidt, Schuldrecht, Band I, Allgemeiner Teil, Teilband 1, § 6 V.

[168] So hat bereits der BGH in dem „Holzverkaufs“-Fall ausgeführt, daß „sich auch nach Erfüllung der eigentlichen Leistungspflicht die Verpflichtung der Vertragsteile zu einem Treu und Glauben gemäßen Verhalten ergeben könne, insbesondere die Verpflichtung alles zu unterlassen, was den Vertragszweck gefährden oder vereiteln könnte“, BGH LM § 362 Nr. 2; vgl. auch bereits RGZ 116, 330 ff., „Venusberg-Fall“. Zu weitergehenden vertragszwecksichernden und -erhaltenden nachvertraglichen Nebenpflichten unter Teil 2 § 3 I. Nachwirkende Treuepflichten lassen sich im übrigen in nahezu sämtlichen Schuldrechtsgebieten antreffen, so im Dienst-, Werk-, Miet- oder Gesellschaftsrecht, vgl. zum Überblick näher Hoffmans, Nachwirkende Nebenpflichten aus Schuldverhältnissen, S. 31 ff.

[169] Mit weitergehender Differenzierung noch Zenz, Zur Geschichte und Dogmatik nachwirkender Vertragspflichten, S. 135 ff.

[170] Vgl. Kreyenberg, Nachwirkungen von Verträgen, S. 87; Hoffmans, Nachwirkende Nebenpflichten aus Schuldverhältnissen, S. 56, 57. Dazu ausführlicher unter III.

[171] Esser/Schmidt, Schuldrecht, Band I, Allgemeiner Teil, Teilband 2, § 29 III. 2. d).

[172] Vgl. z. B. OLG Karlsruhe NJW-RR 1987, 343 (344) für den Fall der Verletzung einer nachwirkenden Pflicht den Vertragszweck nicht zu gefährden oder zu vereiteln.

[173] Mit dieser Bezeichnung etwa Vollkommer, in: Jauernig, BGB, § 242, Anm. II. 4. b); Larenz, Lehrbuch des Schuldrechts, Band I, Allgemeiner Teil, § 10 II., S. 141.

[174] Hoffmans, Nachwirkende Nebenpflichten aus Schuldverhältnissen, S. 7.

solche Sachverhalte erfassen können, in denen die Schadensträchtigkeit erst nach Vertragsabwicklung erkennbar wird.

Bei Analyse der in Betracht kommenden Normen deutet sich diesbezüglich aber eher ein negativer Befund an. Als Ursache dafür läßt sich hier zunächst die vornehmlich *zeitpunktorientierte und -fixierte Ausrichtung* der *kaufvertraglichen Haftungsnormen* ausmachen.[175] So beinhalten die kodifizierten Schadensersatznormen der §§ 463, 480 Abs. 2 BGB lediglich ein relativ starres und auf den *Zeitpunkt* des Vertragsabschlusses bzw. Gefahrübergangs fixiertes Programm, bei dem etwaige nachträgliche (korrigierende) Sorgfaltspflichten grundsätzlich nicht vorgesehen sind. Sie sind eher an einem „rechtsgeschäftlichen Verschulden" *bei* Vertragsabschluß und Gefahrübergang orientiert.[176] So hat der Verkäufer nach den §§ 463 S. 2, 480 Abs. 2, 2. Alt. BGB Schadensersatz wegen Nichterfüllung zu leisten, wenn er zum Zeitpunkt des Vertragsabschlusses einen Fehler arglistig verschwiegen oder eine nicht vorhandene Eigenschaft arglistig vorgespiegelt hat. Auch bei der Haftung wegen Fehlens einer zugesicherten Eigenschaft kommt es auf den Vertragsabschluß und einer zu diesem Zeitpunkt erteilten Zusicherung an.[177] Ebenso ist die pVV wegen Schlechtleistung auf die Sanktionierung einer Pflichtwidrigkeit ausgerichtet, die mit dem Obligo zur fehlerfreien Lieferung auf den Zeitpunkt der Übergabe der Kaufsache abstellt. Anders als die vorgenannten Rechtsbehelfe sieht nur die pVV in der Fallgruppe der Nebenpflichtverletzung ein flexibles Reaktionsprogramm vor, da sich die Sorgfaltspflichten bis hin in das zeitliche Stadium nach Durchführung des Leistungsprogramms erstrecken können.

Sind die kaufvertraglichen Haftungsnormen demnach vornehmlich zeitpunktfixiert, so sind sie des weiteren - und unmittelbar damit zusammenhängend - primär auf *die zu diesem Zeitpunkt existenten Wissensbestände* zugeschnitten. Dies ergibt sich schon unmittelbar aus dem Verschuldenselement, sofern dieses Haftungsvoraussetzung ist. Bei den übrigen Haftungstatbeständen führt schließlich der § 477 BGB dazu, daß ein Schadensersatzanspruch dann nicht mehr durchsetzbar ist, wenn die Schädlichkeit erst 6 Monate nach Gefahrübergang bekannt wird.[178]
So ist die Haftung wegen arglistigen Verschweigens eines Fehlers oder - der gleichgestellte Fall - des Vorspiegelns einer nicht vorhandenen Eigenschaft stets

---

[175] Zur Frage, welche Wissensbestände berücksichtigt werden, sogleich.
[176] So Esser/Schmidt, Schuldrecht, Band I, Allgemeiner Teil, Teilband 2, § 29 III. 3.
[177] Allerdings ist die Zusicherungshaftung grundsätzlich zur Reaktion auf nachträglich sich einstellende neue Erkenntnisse befähigt, dazu näher unten.
[178] Im Hinblick auf die Primärrechtsbehelfe wird die Verjährungsfrist künftig nicht vor Ablauf von 2 Jahren ab dem Zeitpunkt der Ablieferung der Kaufsache enden, Art. 5 S. 2 Richtlinie 1999/44/ EG.

an dem aktuellen Wissensstand[179] des Verkäufers zum Zeitpunkt des Vertragsabschlusses orientiert (Stichwort: Arglist des Verkäufers). Nachträglich bekannt gewordene Informationen über Produktgefahren können ein arglistiges Verhalten des Verkäufers nicht mehr begründen. Anders verhält es sich zwar grundsätzlich bei der in den §§ 463, 480 Abs. 2 BGB enthaltenen Garantiehaftung (Haftung wegen Fehlens einer zugesicherten Eigenschaft), denn nach dem grundlegenden „Braunfäule"-Urteil des BGH[180] soll die Berücksichtigung nachträglicher Erkenntnisse gerade nicht ausgeschlossen sein. So hatte der BGH dem Käufer in dieser Entscheidung einen Anspruch auf Schadensersatz wegen Nichterfüllung zugebilligt, obwohl die Schädlichkeit zum Zeitpunkt des Vertragsabschlusses bzw. Gefahrübergangs objektiv nicht bekannt war. „Wer uneingeschränkt die Eignung einer Kaufsache für einen bestimmten Verwendungszweck zusichere," - so der BGH - „hafte grundsätzlich auch für solche Schäden, die bei Vertragsschluß nicht voraussehbar waren, unabhängig von der Frage, ob dem Verkäufer angesichts des damaligen Standes von Wissenschaft und Technik ein Schuldvorwurf gemacht werden könne".[181] Gleichwohl wird die Durchsetzbarkeit eines solchen Anspruchs bislang regelmäßig an der Einrede der Verjährung gem. § 477 BGB scheitern.

Das nämliche gilt im Ergebnis für die positive Forderungsverletzung aufgrund mangelhafter Vertragserfüllung. Zwar ist der Fehlerbegriff als solcher in der Lage, nachträgliche Erkenntnisse gewissermaßen „rückwirkend" zu integrieren, als für die Fehlerbeurteilung im gerichtlichen Verfahren auf den Zeitpunkt der letzten mündlichen Verhandlung abzustellen ist.[182] Insoweit könnte hier auch nachträglich neues Wissen Berücksichtigung finden. Andererseits ist die pVV als allgemeine Fahrlässigkeitshaftung verschuldensabhängig, so daß es aufgrund objektiv nicht verfügbarer Schädlichkeitsinformation zum Zeitpunkt des Vertragsabschlusses an einer Pflichtverletzung des Verkäufers mangeln wird. Die von der Rechtsprechung für diese Fallgruppe befürwortete analoge Anwendung des § 477 BGB[183] hindert im übrigen auch hier eine Durchsetzbarkeit des Anspruchs nach Ablauf von 6 Monaten, soweit der Schädiger die Verjährungseinrede erhebt. Für die Rechtslage de lege ferenda bleibt auf eine adäquate Neuregelung der Verjährung zu hoffen. Die Schuldrechtskommission strebt *grundsätzlich* eine Verjährungsfrist von 3 Jahren beginnend mit der Übergabe der Kaufsache an, §§ 195

[179] Der Verkäufer muß entweder den Fehler kennen oder mit seinem Vorhandensein rechnen, vgl. Heinrichs, in: Palandt, BGB, § 123, Rdn. 11; BGHZ 63, 388.
[180] BGHZ 59, 159 ff., „Braunfäule". Kritisch dazu Huber, AcP 177 (1977), 281 (305 f.) und Graf v. Westphalen, Anm. zu BGH, Urt. v. 5.7.1972 (BB 1972, 1069 f.), BB 1972, 1070 ff.
[181] BGHZ 59, 158 (162), "Braunfäule".
[182] So Meier, Ökologische Aspekte des Schuldvertragsrechts, S. 30 f. m. w. N.; ebenso Hager, UPR 1995, 401 (403). Für die Berücksichtigungsfähigkeit nach Vertragsabschluß erkennbarer neuer Risiken bereits grundlegend Hart, KritV 1991, 363 (375); a. A. Schmidt, KritV 1991, 344 (357 f.).
[183] BGHZ 60, 9 (12); BGHZ 77, 215 (219).

Abs. 1, 196 Abs. 4 BGB-KE.[184] Sofern die Rechtsgüter Leben, Gesundheit, Körper oder Freiheit verletzt wurden, soll eine 3-jährige Verjährungsfrist ab dem Zeitpunkt der Kenntniserlangung des Anspruchsberechtigten von dem Schaden und der Person des Verpflichteten gelten, ohne Rücksicht auf die Kenntnis eine Frist von 30 Jahren, § 201 BGB-KE.[185]
Was nun die Frage nach der Reaktionsfähigkeit auf nachträgliche Wissensbestände anbelangt, so verbleibt daher hier erneut und wiederum nur der Hinweis auf die allgemeine Fahrlässigkeitshaftung der pVV in der Fallgruppe der Nebenpflichtverletzung bzw. auf die culpa post contractum finitum. Auf die hohe Flexibilität dieses Rechtsbehelfs wurde bereits hingewiesen. Die positive Forderungsverletzung ermöglicht eine relativ flexible Begründung von Sorgfaltspflichten und ist aufgrund dessen auch in der Lage, eine Schadensersatzhaftung für den Fall zu begründen, daß sich neue Erkenntnisse erst nach dem Leistungstransfer einstellen. „Fortbestehende" Schutzpflichten könnten hier den nötigen Integritätsschutz ins Stadium nach Vertragsdurchführung verlängern. Da für diese Konstellationen der § 477 BGB keine Anwendung findet, ist auch der Berücksichtigung neuen Wissens faktisch keine Grenze gesetzt.[186] Im Schrifttum und in der Judikatur ist die unter der culpa post contractum finitum geführte Haftung wegen nachvertraglichen Verschuldens, wie bereits ausgeführt, allgemein konsentiert. Die Frage ist nur, ob die c.p.c.f. - in Parallele zur culpa in contrahendo - eine eigenständige Haftungsnorm oder „lediglich" ein Unterfall der pVV darstellt. In der Literatur und Rechtsprechung wird die nachvertragliche Haftung oftmals als Unterfall der positiven Forderungsverletzung angesehen. Deshalb wurde sie bislang auch im Rahmen der pVV dargestellt. Dahinter steht die Annahme, daß selbst die Pflichten nach Vertragsdurchführung auf einem vertraglichen Schuldverhältnis basieren. Nach der hier vertretenen Auffassung beruhen die „fortwirkenden" Schutzpflichten aber, ebenso wie die vorvertraglichen, auf einem „gesetzlichen" Schutzpflichtverhältnis.[187] Dies spricht für einen gesonderten nachvertraglichen Rechtsbehelf der *culpa post contractum finitum*. Von den Haftungsvoraussetzungen und der Rechtsfolge her ist die Frage nach der Einordnung aber eher eine terminologische. Falls der Vorschlag der Schuldrechtskommission umgesetzt werden sollte, wird es

---

[184] Denkbar wäre es allerdings auch für den Beginn der Verjährung auf den Zeitpunkt der Pflichtverletzung abzustellen, § 196 Abs. 3 BGB-KE. Namentlich bei der pVV wegen Mangelfolgeschäden erscheint die Abgrenzung zwischen dem Absatz 3 und 4 des § 196 BGB-KE schwierig, vgl. Rust, Das kaufrechtliche Gewährleistungsrecht, S. 233 f.

[185] Nach dem Wortlaut des § 201 BGB-KE gilt dieser unabhängig von dem Rechtsgrund, so daß er sowohl für deliktische wie auch für (quasi-)vertragliche Schadensersatzansprüche eingreift. Zu dieser Systematik: Rust, Das kaufrechtliche Gewährleistungsrecht, S. 224 ff. Die Konkurrenzfrage ist in § 200 BGB-KE geregelt.

[186] Zu der Frage der Verjährung des Anspruchs aus culpa post contractum finitum näher unter § 6 III.

[187] Siehe unter § 3 III.

künftig mit dem § 280 Abs. 1 BGB-KE ohnehin nur noch eine einheitliche Anspruchsgrundlage geben.

3. Ergebnis

Die *culpa post contractum finitum* stellt sich somit als taugliche Haftungsgrundlage zur Bewältigung der untersuchungsgegenständlichen Entwicklungsrisiken dar. Im Unterschied zu dem relativ starren Programm der §§ 463, 480 Abs. 2 BGB, das an ein Verschulden bei Vertragsabschluß anknüpft, ist die Haftung wegen nachvertraglichen Verschuldens hinreichend flexibel und anpassungsfähig, um auch solche Sachverhalte zu erfassen, bei denen die von dem Produkt ausgehende Gefährdung erst nach dem Leistungstransfer offenkundig wird. Nicht zuletzt aufgrund ihres flexiblen und anpassungsfähigen Verkehrspflichtenprogramms ist deshalb die - mit der c.p.c.f. strukturell vergleichbare - Haftung des § 823 Abs. 1 BGB als „evolutorische Errungenschaft“[188] gepriesen worden. Und in der Tat ließe sich die (quasi-)vertragliche Fahrlässigkeitshaftung als Resultat einer für das Vertragsrecht unlängst vollzogenen Anpassungsleistung an die Gefährdungslagen moderner fortschrittsgeleiteter Industriegesellschaften begreifen.[189] „Fortbestehende“ oder „nachwirkende“ Schutzobligos können insoweit für den nötigen Sicherheits- und Integritätsschutz über das vertragliche Abwicklungsstadium hinaus sorgen. Für die Haftung aus c.p.c.f. gilt, anders als für die kodifizierten kaufrechtlichen Schadensersatznormen, die kurze 6-monatige Verjährungsfrist des § 477 BGB nicht.

II. Entwicklungsrisiken und ihre mögliche konkrete sicherheits- und integritätsschutzrechtliche Bewältigung

Auf der Grundlage der vorangegangenen Erkenntnisse wird nunmehr der Frage nachzugehen sein, wie sich Entwicklungsrisiken konkret bewältigen lassen. Ziel ist schließlich die Herausarbeitung eines Pflichtenkonzeptes zur näheren Konturierung der culpa post contractum finitum.

---

[188] Brüggemeier, JZ 1986, 969 (972).

[189] Vgl. allgemein auch zu den Wandlungen des Deliktsrechts: Köck, Risikoregulierung und Privatrecht, in: Jahrbuch Junger Zivilrechtswissenschaftler 1993, S. 11 (14).

Dabei knüpft die Analyse an die bereits herausgearbeiteten Dimensionen des Entwicklungsrisikos an, die Ungewißheits- und die Wissensdimension.[190] Auf der Basis der im Ausgangspunkt vorliegenden Ungewißheit und der sich in zeitlicher Hinsicht verändernden Wissensdimension lassen sich weitergehende *ungewißheitsveranlaßte* [1. a)] und daran anschließend - mit parteilichem Zuschnitt - *asymmetriebezogene* [1. b)] *Problemeinsichten* herstellen. Diese Problemeinsichten offenbaren nicht nur das grundlegende *käuferspezifische Schutzproblem*, das bislang mehr oder weniger als gegeben unterstellt wurde[191]; sie liefern darüber hinaus zugleich die *inhaltlichen Vorgaben* für ein mögliches *(nach-)vertragliches Schutzpflichtenkonzept* (2.).[192]

1. Entwicklungsrisiken als Informationsproblematik

Wenn moderne Gesellschaften als „Informations-" oder „Wissensgesellschaften"[193] bezeichnet werden, dann ist damit in bezeichnender Weise auf die zunehmende Bedeutung von Informationen und von wissenschaftlicher Expertise hingewiesen. Informationen, auch als „zweckorientiertes Wissen" bezeichnet[194], avancieren zu einer zentralen Ressource, zu einem „Gut" für die Produktion von (informierten) Entscheidungen[195]. Wissen wird zu einem unverzichtbaren Moment legitimer Entscheidungsfindung und dies umso mehr, als die Grenzen und die Begrenztheit des Wissens offenkundig werden. Daß dies vor allem für die Entwicklungsrisiken zutrifft, die sich im Ausgangspunkt durch eine strukturelle Ungewißheit kennzeichnen, bedarf keiner näheren Ausführung. Und so wird sich zeigen, daß die *(Schädlichkeits-)Information als verfügbares Gut* bei den Entwicklungsrisiken zu der zentralen gegenständlichen und damit auch vertraglichen Problematik avanciert.

Nimmt man überdies die konkrete parteiliche Perspektive in den Blick, so schließt sich auf dieser Ebene eine Asymmetrieproblematik an. Denn wird die Schädlich-

---

[190] Vgl. bereits unter § 1 I. 1.

[191] In diesem Zusammenhang geht es ausschließlich um das Aufzeigen der zentralen käuferspezifischen Problematik und des damit zusammenhängenden Schutzerfordernisses und nicht um eine Schutzwürdigkeitsfeststellung auf rechtlich *haftungsbegründender Ebene*. Auf den möglichen Haftungsgrund wird unter § 3 III. näher einzugehen sein.

[192] Unter welchen Voraussetzungen etwaige Pflichten zu statuieren sind, wird erst Gegenstand der Untersuchung unter § 4 sein.

[193] So etwa van den Daele, Zwanzig Jahre politische Kritik an den Experten. Wissenschaftliche Expertise in der Regulierung technischer Risiken: Die aktuelle Erfahrung, in: Huber/Thurn (Hrsg.), Wissenschaftsmilieus. Wissenschaftskontroversen und soziokulturelle Konflikte, S. 173 m. w. N.

[194] Bössmann, Information, in: Handwörterbuch der Wirtschaftswissenschaften, S. 185, im Gegensatz zu dem wertneutralen Wissen.

[195] Bössmann, Information, a.a.O., S. 184.

keit erst im Zuge des Wissensfortschritts erkennbar, so führen auch in diesem Kontext die marktstrukturellen Gegebenheiten dazu, daß dem Produkterwerber kaum Chancen zur Kenntniserlangung eröffnet sind, während der Verkäufer über einen deutlichen Informationsvorsprung verfügt. Insoweit, so wird zu zeigen sein, partizipieren die hier zu untersuchenden Konstellationen in besonderer Weise an der allgemeinen verbraucherspezifischen Asymmetrieproblematik. Es geht auch hier um ein Käuferschutz- und damit um ein allgemeines (Sozial-)Schutzproblem.

a) Das Entwicklungsrisiko und die Ungewißheitsdimension – Entwicklungsrisiko-Bewältigung als primäres Problem der Herstellung neuer Schädlichkeitserkenntnisse auf empirischer und/oder wissenschaftlicher Basis

Daß nun die den Entwicklungsrisiken zugrunde liegenden Sicherheitsdefizite nicht ohne weiteres erkennbar sind, sondern - im Gegenteil - im Ausgangspunkt nach Maßgabe des „Standes von Wissenschaft und Technik" nicht ermittel- und prognostizierbar sind, wurde schon ausgeführt. Entwicklungsrisiken bezeichnen die Möglichkeit, daß sich ein Produkt als schädlich herausstellt, ohne daß noch zum Zeitpunkt der Vertragsdurchführung eine Erkenntnismöglichkeit bestand.[196] Verantwortlich dafür zeichnet sich die im Ausgangspunkt vorliegende strukturelle Ungewißheit. Ist aber das von der Kaufsache ausgehende Sicherheitsmanko objektiv nicht ermittelbar, so ist damit zugleich der wesentliche Unterschied zu den klassischen Gefährdungslagen aufgezeigt. Produktgefahren sind traditionell primär als solche gedacht worden, die nach dem Erfahrungs- und Kenntnisstand objektiv bekannt oder zumindest durch entsprechende Prüf- und Testverfahren auf der Basis des vorhandenen Wissens ermittelbar sind. Entwicklungsrisiken dagegen realisieren sich jenseits aller bisherigen Erfahrungen und wissenschaftlichen Erkenntnismöglichkeiten. Gegenwärtig gültige Erfahrungssätze und naturwissenschaftliche Erkenntnisse erweisen sich in diesen Fällen im nachhinein stets als unzureichend und defizitär. Dementsprechend sind nun auch die an die Bewältigung solcher Risikolagen zu stellenden Anforderungen in erkenntnistheoretischer Hinsicht notwendigerweise anders dimensionierte als noch bei den klassischen Gefahrensituationen. Hier geht es nun zweifelsohne nicht mehr nur um Gefahr- und Risikoermittlung *unter Rekurs auf verfügbares Wissen*, sondern *unter aktiver Fortschreibung des jeweils vorherrschenden Erkenntnishorizonts*. Die nach dem Erfahrungs- und Forschungsstand nicht ermittelbaren Entwicklungsrisiken fordern zu ihrer Bewältigung ein Handlungskonzept, das die Produktgefahren durch die *Fortentwicklung* des vorhandenen Wissensstandes zu ermitteln versucht. Der Sa-

---

[196] Vgl. § 1 I. 1.

che nach geht es damit um eine aktive *schädlichkeitsbezogene Erkenntnisgewinnung* oder mit anderen Worten: Um die aktive Herstellung neuen Wissens. Wenn bislang ganz allgemein von der sich mit der Zeit und verändernden Wissensdimension einstellenden *„Möglichkeit zur Schädlichkeitserkenntnis"* gesprochen wurde[197], so wird nunmehr offenkundig, daß sich dahinter letztendlich ein *Prozeß der Generierung neuer Informationen* verbirgt, der über die produktimmanenten Sicherheitsdivergenzen Aufschluß gibt. Möglich ist eine derartige Informationsgewinnung entweder auf der *Basis der sich im Laufe der Zeit (passiv) einstellenden Erfahrungsdaten und/oder unter Fortentwicklung der in den Naturwissenschaften bzw. der Technik vorherrschenden Erkenntnisstände und -verfahren.*[198]

Neue Schädlichkeitsinformationen können zum einen auf der Grundlage der sich im Laufe der Zeit einstellenden Erfahrungen generierbar sein. Dann geht es um den Versuch, den empirischen Daten bestimmte Regelmäßigkeiten zu entnehmen und daraus Erfahrungssätze im Hinblick auf das Vorliegen etwaiger schädlicher Wirkungszusammenhänge abzuleiten. Voraussetzung dafür wird allerdings regelmäßig sein, daß eine gewisse Qualität und Quantität von Produktauffälligkeiten gegeben ist, da sich andernfalls Regelsätze kaum formulieren lassen. Grundlage eines solchen Wissensgenerierungsprozesses können sämtliche Informationen sein, die geeignet sind, über die von dem Produkt ausgehenden Sicherheitsmängel Aufschluß zu geben, wie etwa Kundenbeschwerden, Unfallnachrichten und dergleichen. Lassen sich aus den Erfahrungen noch keine fundierten Verdachtsprognosen ableiten, so können den gewonnenen Erkenntnissen gleichwohl Risikotendenzen zu entnehmen sein, die dann wiederum als Grundlage für den wissenschaftlichen Erkenntnisprozeß dienen können. Insofern kann den Erfahrungswerten auch *forschungsermöglichende und -initiierende* Funktion zukommen.

Mit dem wissenschaftlichen Erkenntnisprozeß ist auf die weitere mögliche Informationsgewinnung hingewiesen, die durch *wissenschaftliche* Gefahr-/Risikoerforschung. Von dem Produkt ausgehende Gefahren lassen sich nicht nur auf der Basis der Auswertung von empirischen Daten ermitteln, sondern darüber hinaus durch die aktive Erforschung neuer naturwissenschaftlicher Erkenntnisse und Verfahren. Der wissenschaftliche Wissensgenerierungsprozeß ist namentlich deshalb von eminenter Bedeutung, weil sich auf diese Weise Schädlichkeitsinformationen schon im Vorfeld negativer Schadenserfahrungen auf vorsorgender Ebene gewinnen lassen. Funktionell zielt der Erkenntnisprozeß auf wissenschaftlich-theore-

---

[197] Vgl. bereits unter § 1 I. 1.

[198] Dies ist im übrigen auch in rechtlichen Zusammenhängen, im Rahmen der Gefahren-(verdachts-)dogmatik, anerkannt. Danach kann sich eine Gefahr sowohl aus empirisch belegten Regelsätzen ergeben, wie aus neuen (vermuteten) wissenschaftlichen Erkenntnissen, vgl. ausführlicher auch unter § 4 II.

tischer Ebene auf die Überbrückung (noch) fehlender bzw. unzureichender Erfahrungsstände im Umgang mit dem jeweiligen Produkt.[199] Dabei geht es inhaltlich und der Sache nach bei der Risikoerforschung *nicht* nur um bloße Gefahrermittlung auf der Basis der existenten naturwissenschaftlichen Erkenntnisse über schädliche Kausalzusammenhänge und der in der Wissenschaft anerkannten Prüf- und Testmethoden, sondern um Risiko- bzw. Gefahrerforschung *unter Fortentwicklung des in den einschlägigen Naturwissenschaften vorherrschenden Wissenshorizonts und der hierzu benötigten Verfahren*[200]. Nicht bloße Wissenschaftlichkeit der Gefahrermittlung etwa in der Form der Durchführung von Test- und Versuchsreihen nach Maßgabe des Erkenntnisstandes von Wissenschaft und Technik wird hier zur abverlangten Handlungsanforderung, sondern die Fortschreibung des naturwissenschaftlichen Forschungsstandes als solchem. Oder wie es *Foerste*[201] formuliert: Gefordert ist die Risikoerforschung auch unter Fortentwicklung der jeweiligen Hilfswissenschaften.

Das nun namentlich die im Zuge des Markteinsatzes einstellenden Produktauffälligkeiten Ansatzpunkte zur *zielgerichteten wissenschaftlichen* Risiko-/Gefahrerforschung der genannten Art liefern können, wurde schon ausgeführt. Gegenstand des Erkenntnisverfahrens ist dann die Auswertung und Verarbeitung von Erfahrungswerten in einem ersten und die daran anschließende Erforschung neuer Wirkungszusammenhänge in einem zweiten Schritt. Daneben, d. h. neben der zielgerichteten Forschung im Anschluß an bestimmte Risikotendenzen, kann sich ein für die Schädlichkeitsbeurteilung eines Produktes relevanter wissenschaftlicher Erkenntnisgewinn natürlich auch als mehr oder weniger zufälliges „Kuppelprodukt" allgemeiner oder zumindest nicht spezifisch produktbezogener Forschungsaktivität ergeben. So ist es möglich, daß bestimmte Verdachtsmomente im Hinblick auf die Schädlichkeit des Produktes auch infolge des allgemeinen Fortschritts in der Wissenschaft offenkundig werden. So können beispielsweise neue physikalische Erkenntnisse Aufschluß über mögliche Besorgnispotentiale von Produkten geben, die diese Stoffe beinhalten und damit als Basis für die Gefährlichkeitsermittlung dienen. Je nach Informationsgehalt ist es denkbar, daß den neuen Wissenschaftsin-

---

[199] Angesichts moderner Gefährdungslagen und den immer weniger erfahrungsgeleiteten Entscheidungsvorgaben, kommt dem wissenschaftlich-theoretischen Erkenntnisprozeß eine zunehmend erfahrungsersetzende Funktion zu, vgl. Möllers, Rechtsgüterschutz im Umwelt- und Haftungsrecht: Präventive Verkehrspflichten und Beweiserleichterungen in Risikolagen, S. 58 ff. Klassische Gefahrenprognose basierte dagegen vorwiegend auf der Lebenserfahrung, vgl. Ladeur, KritV 1991, 241; Pitschas, Staatliches Management für Risikoinformationen, in: Hart (Hrsg.), Privatrecht im „Risikostaat", S. 217 (218). Vgl. auch zum Gefahrbegriff bereits unter § 1 I. 1.

[200] Und sei es nur in zeitlicher Hinsicht. So ist möglich, daß ein bestimmtes Schädlichkeitspotential bei Verlängerung des bisher in der Wissenschaft als hinlänglich angesehenen Testzeitraums von beispielsweise 5 Jahren erkennbar wird, vgl. Schrupkowski, Die Haftung für Entwicklungsrisiken in Wissenschaft und Technik, S. 7 f.

[201] Foerste, in: Produkthaftungshandbuch, § 24, Rdn. 19.

formationen bereits hinreichende Aussagekraft zukommt, was die Beurteilung des Sicherheitsdefizits angeht, oder daß auf ihrer Grundlage noch zusätzliche Anstrengungen erforderlich sind, um zur gewünschten Begründungsdichte zu gelangen. Infolge der nachgezeichneten Erkenntnisverfahren kann sich die ursprüngliche Ungewißheit über die Schädlichkeit des Produktes zu einem *unspezifischen allgemeinen Verdachtsmoment* über einen *begründeten Verdacht* hin zu einer *gesicherten Erkenntnislage in Bezug auf bestimmte schädliche Ursachen und Wirkungszusammenhänge* erhärten.[202]

Im Ergebnis kann daher festgehalten werden, daß wir es bei den Entwicklungsrisiken mit einer Problematik der Herstellung neuer Schädlichkeitsinformationen auf empirischer oder aber wissenschaftlicher Ebene zu tun haben. Oder pointiert formuliert: Es geht um aktives *Ungewißheits- und Risikomanagement durch erfahrungsgestützte oder wissenschaftlich fundierte Herstellung neuen Wissens.* Entwicklungsrisiken sind damit im Ergebnis nicht nur *Folge* des allgemeinen *wissenschaftlich-technischen Fortschritts, von Produktinnovation,* sondern fordern *zu ihrer Bewältigung selbst eine fortschrittsbezogene Handlungsanleitung* ein, deren *zentraler Inhalt, neben der Wissensgenerierung auf empirischer Ebene, auch die Gefahrerforschung unter Fortentwicklung des vorherrschenden Wissenschaftsstandes ist.* Hier gilt es, Schädlichkeitsbeurteilung in prospektiver Weise durch aktives Vorantreiben des Wissenshorizonts zu betreiben. Wenn auch mit jedwedem Informationsfortschritt zugleich das „Wissen um das Nicht-Wissen“[203] angereichert wird, so lassen sich doch bestehende Erkenntnislücken nicht anders als durch ein derartiges Fortschrittskonzept bewältigen.

Im Unterschied zu der fertigungsorientierten Herstellung von Waren weist die Generierung neuer Informationen jedoch einige Besonderheiten auf, die an dieser Stelle noch kurz benannt werden sollen. Anders als bei der fertigungsbezogenen Herstellung von Produkten lassen sich bei einem informationsbezogenen Herstellungsprozeß Ergebnisse - positiver oder negativer Art - grundsätzlich nicht vorhersehen und antizipieren. Mit *Tietzel*[204] kann daher in der Tat davon gesprochen werden, daß sich die Prognostizierbarkeit bislang unbekannten Wissens als eine logische Unmöglichkeit darstellt. Diese Aussage ist allerdings regelmäßig von dem Moment an zu relativieren, von dem an gewisse Risikotendenzen offenkundig werden. Wissen als informationeller Output des Prozesses präsentiert sich des weiteren zudem keineswegs als stetig positiv steigende Funktion des getätigten

---

[202] Damit ist natürlich noch keine Aussage darüber getroffen, ab welchem Grad der Erkenntnissicherheit Gefahrabwendungsmaßnahmen in Betracht kommen, dazu näher unter § 4 II.

[203] Vgl. bereits unter § 1 I.1.

[204] Tietzel, Wirtschaftstheorie und Unwissen, S. 19; so auch Gawel, Reguliertes Wissen um Unwissen, in: Hart (Hrsg.), Privatrecht im „Risikostaat“, S. 282.

Inputs - dem Ressourceneinsatz[205], sondern vollzieht sich üblicherweise höchst individualistisch. Wissen kann sich hier vor allem auch sprunghaft realisieren.[206] Daher läßt sich der erforderliche Ressourcenaufwand grundsätzlich nicht „ex ante", sondern lediglich „ex post" bestimmen.[207]

b) Die Ungewißheitsdimension als parteiliches Asymmetrieproblem

Lassen sich Entwicklungsrisiken also durch die Herstellung neuer Informationen auf der Basis der sich einstellenden Erfahrungen oder des fortzuschreibenden wissenschaftlichen Erkenntnishorizonts bewältigen, so sind damit grundsätzlich - mangels zwischenzeitlicher externer Erkenntnisfortschritte - auch die an die Vertragsparteien gestellten Anforderungen die nämlichen, sofern man auf die diesen zu eröffnende Möglichkeit zur Schadensvermeidung abstellt.[208]

Dies gilt namentlich für den mit der Gefahr konfrontierten Produkterwerber, da sich Erkenntnismöglichkeiten für diesen aufgrund der Eigenart der Entwicklungsrisiken gerade nicht im Zuge des Produkteinsatzes erschließen. Denn charakteristisch für Entwicklungsrisiken ist, daß das produktimmanente Schadenspotential für den Produktnutzer regelmäßig solange nicht erkennbar ist, wie sich nicht erste Integritätseinbußen oder diesbezügliche Verdachtsmomente einstellen. Und selbst dann kann sich die Rückführung des schädlichen Ereignisses auf die schadensstiftende Quelle noch derart schwierig gestalten, daß sie für den Geschädigten nicht nachvollziehbar ist. Die Nicht-Wahrnehmbarkeit der jeweiligen Gefahrenlage macht für den Benutzer oder Verbraucher dieser Produkte zugleich das eigentlich tückische aus. Denn obwohl die Gefährdungen von dem Produkt ausgehen und - je nach Art der Sicherheitsabweichung - u. U. schon ihre schädliche Wirkung entfalten, bleiben sie für den Käufer im Verborgenen, so daß ihm Möglichkeiten zur Schadensbegegnung nicht eröffnet sind. So ist es etwa für zahlreiche Umweltgifte charakteristisch, daß sich die schadensstiftenden Wirkungen im schleichenden und summativen Prozeß vollziehen, ohne daß diese überhaupt zur Kenntnis des jeweiligen Käufers gereichen bzw. gereichen könnten. Bei anderen Stoffen bewirkt die erhebliche Latenzzeit, daß sich Körper- und Gesundheitsschäden erst Jahrzehnte nach dem(n) schadensursächlichen Ereignis(sen) zeigen.[209]

---

[205] Gawel, Reguliertes Wissen um Unwissen, a.a.O., S. 282.
[206] So Gawel, Reguliertes Wissen um Unwissen, a.a.O., S. 299.
[207] Vgl auch Gawel, Reguliertes Wissen um Unwissen, a.a.O., S. 282 mit Hinweis auf die dadurch verursachten Anreizprobleme.
[208] Allerdings wird hier kaum eine allgemeine risikounabhängige Forschungstätigkeit verlangt werden können, dazu näher unten.
[209] Beispiel wäre hier Asbest.

Gefährdungspotentiale können sich zudem erst aus dem Zusammenspiel mit anderen Faktoren, vor allem bestimmten Produktkombinationsverwendungen, ergeben. Entwicklungsrisiken werden sich daher regelmäßig - und je nach Fallkonstellation ggf. erst in Verbindung mit bestimmten Umweltfaktoren - ohne jegliche oder zumindest nicht als solche erkennbare Vorwarnung für den Produktverwender realisieren. So erscheinen Wohnräume mit formaldehydkontaminierten Möbeln vordergründig unschädlich bewohnbar; Derosal und Benomyl als chemische Mittel zur Bekämpfung des Apfelschorfes haben sich zunächst als wirksam erwiesen, bis sich Resistenzen des Apfelschorf-Pilzes beim Unterlassen bestimmter Wirkstoff- bzw. Produktkombinationsverwendungen einstellten.[210] Blutprodukte wurden eingesetzt, ohne daß der Empfänger anfänglich die Kontaminierung mit dem Aids-Virus hätte bemerken oder wahrnehmen können. In der ökonomischen Literatur werden solche Produkte als „Erfahrungsgüter" („experience goods"), meint solche Produkte, bei denen Unfall- und Fehlkaufrisiken nur durch langjährigen Gebrauch ermittelbar sind[211], oder als „Vertrauensgüter" („credence goods") bezeichnet. Vertrauensgüter zeichnen sich dadurch aus, daß die jeweils immanente Schädlichkeit selbst nach langjährigem Gebrauch nicht zu ermitteln ist.[212] Nur ungewöhnliche Umstände würden hier zur Aufdeckung der Schädlichkeit führen können.[213] Die vorgenannten Gutsqualitäten werden in der ökonomischen Literatur allerdings regelmäßig nur im Kontext *asymmetrisch verteilter Informationen zwischen Verkäufer und Käufer*[214] verwendet. Da in den Fällen der vorliegenden Art auch der Verkäufer zunächst keine Kenntnis von dem Sicherheitsdefizit hat, ist der Kontext hier noch ein qualitativ anderer.

Ist also namentlich der der Gefahr ausgesetzte Käufer zwecks schadenspräventiver Maßnahmen auf die Schädlichkeitsinformation angewiesen, so schließt sich die eigentliche vertragliche Schutzproblematik und das käuferspezifische Schutz-

---

[210] BGHZ 80, 186 ff., „Derosal"; BGHZ 80, 199 ff., „Benomyl".

[211] Nelson, Information and Consumer Behavior, in: Journal of political economy 78 (1970), 311 (312) - im Gegensatz zu den „Suchgütern" („search goods"), bei denen die Qualität zwar nicht offenkundig, aber doch mit geringen Transaktionskosten feststellbar ist, vgl. auch dazu Nelson, Information and Consumer Behavior, a.a.O., S. 312.

[212] Zurückgehend auf Darby/Karni, Journal of law and economics 16 (1973), 67 (68 f.); Mackaay, Economics of information and law, S. 156; Tietzel, Probleme asymmetrischer Informationsverteilung beim Güter- und Leistungsaustausch, in: Ott/Schäfer (Hrsg.), Allokationseffizienz in der Rechtsordnung, S. 52 (55). Tietzel führt im übrigen noch weiter das sog. „Potemkin-Gut" ein, von dem gesprochen werden könne, wenn sich die Transaktionspartner nur über einige, aber nicht alle relevanten Gütereigenschaften im Irrtum befinden (Beispiel: glykolhaltiger Wein), vgl. Tietzel, Zur ökonomischen Theorie des Betrügens und Fälschens, in: Jahrbücher für Nationalökonomie und Statistik 204, S. 24 f.; ders., WiSt 1985, 633 f.

[213] Mackaay, Economics of information and law, S. 156.

[214] Statt vieler: Tietzel, Probleme der asymmetrischen Informationsverteilung beim Güter- und Leistungsaustausch, in: Ott/Schäfer (Hrsg.), Allokationseffizienz in der Rechtsordnung, S. 52 ff.

erfordernis hieran an. Denn ist im Zuge der Bewältigung von Entwicklungsrisiken ein aktives Vorantreiben des vorherrschenden Wissensstandes gefordert oder stehen zumindest - für den Fall bereits extern generierter Informationen - entsprechende Such- und Ermittlungsaktivitäten in Rede, so wird unmittelbar deutlich, daß der Produkterwerber - im Gegensatz zu dem Produktanbieter - kaum Möglichkeiten zur Informationserlangung hat. Und so zeigt sich auch hier, daß wir es mit einer informationellen Angewiesenheit auf der einen und gleichzeitig überlegenen Möglichkeiten auf der anderen (Verkäufer-)Seite zu tun haben oder mit anderen Worten: mit einer *parteilichen Asymmetrieproblematik*. Die mit der differenten marktlichen Funktionseinnahme einhergehenden Nachteile des Käufers (im Verhältnis zum Produktanbieter) sind in der Rechtswissenschaft vielfach nachgezeichnet worden. Sie führen auch in diesem Zusammenhang zu einer klassischen Asymmetrieproblematik, als sich auch hier die verschiedenen Marktpositionen für die unzureichenden Möglichkeiten des Käufers auf der einen und den überlegenen Informationschancen auf Seiten des Verkäufers verantwortlich zeichnen. Diese Unterschiede sollen im folgenden nur einigermaßen grob skizziert werden.

Die Asymmetrieproblematik gilt natürlich zunächst im besonderen für die geforderte Wissensproduktion unter Rekurs auf die neuen empirischen Daten oder unter Fortentwicklung der naturwissenschaftlichen Erkenntnisse bzw. Verfahren. So verfügt der Käufer, anders als der Verkäufer, dessen Erfahrungsschatz sehr viel breiter ist, grundsätzlich nur über seine eigenen Erfahrungen, die ihm einen empirischen Erkenntnisprozeß regelmäßig nicht eröffnen. Denn dieser basiert gerade auf der Ableitung von Regelsätzen im Anschluß an möglichst umfassende wie aussagekräftige Erfahrungen im Umgang mit dem Produkt. Regelmäßig wird es zudem an einer entsprechenden Kompetenz zur Auswertung solcher Erfahrungen mangeln. Und auch in bezug auf die Gefahr- bzw. Risikoerforschung unter Vorantreiben der naturwissenschaftlichen Erkenntnisse und Verfahren liegt es auf der Hand, daß hier der Konsument, anders als der Leistungsschuldner, kaum zu entsprechenden Aktivitäten in der Lage sein wird. Hingewiesen sei in diesem Zusammenhang nur auf den mangelnden professionellen Sachverstand und die defizitäre Informationsausstattung bezüglich des Wissens um die Eigenschaften und die Zusammensetzung des Produktes. Schon aufgrund der mit aktiver Forschungstätigkeit verbundenen immensen Kosten, wird den Käufern regelmäßig weitergehende wissenschaftliche Forschung im Anschluß an die Offenbarung bestimmter Risikotendenzen versagt sein. Die ökonomische Literatur führt Informationsdefizite generell auf die Informationskosten[215] zurück.[216]

---

[215] Vgl. etwa Magoulas, Verbraucherschutz als Problem asymmetrischer Informationskosten, in: Ott/Schäfer (Hrsg.), Allokationseffizienz in der Rechtsordnung, S. 79 ff.; Ott, Vorvertragliche Aufklärungspflichten im Recht des Güter- und Leistungsaustausches, in: Ott/Schäfer (Hrsg.), Ökonomische Probleme des Zivilrechts, S. 142 ff. Die Höhe der Informationskosten ist generell abhän-

Anders verhält es sich dagegen auf Seiten der Produkthersteller. Hier ist es namentlich die weitreichende Spezialisierung und Professionalisierung, die zu einer weitgehenden Institutionalisierung von Experten- und Fachwissen führt und die die Produzenten sowohl über entsprechend *überlegene Kompetenzen* zur *Gefahrerforschung im Anschluß an bestimmte Risikotendenzen*, wie auch zur *erfahrungsgestützten Wissensproduktion* verfügen läßt. Die Anbieterseite befindet sich hier bereits in einer grundsätzlich günstigeren Ausgangsposition, als sie in erheblichem Umfang über monopolisiertes Sonderwissen sowohl hinsichtlich der einzelnen Produkte, ihrer Zusammensetzung wie auch bezüglich der produktionsspezifischen Besonderheiten verfügt. Dies gilt im besonderen für die Entwicklungsrisiken, die *innovations- und komplexitätsinduziert* sind, und bei denen spezifisches Produktwissen besonders auf Seiten des Innovateurs anzutreffen sein dürfte. Das dies vor allem für den Produzenten des Produktes zutrifft, wird in späteren Zusammenhängen nochmals aufzugreifen und zu thematisieren sein.[217]

Erkenntnismöglichkeiten können sich aus Parteienperspektive aber auch - je nach Einzelfall - aus dem allgemeinen externen Erkenntnisfortschritt in der Wissenschaft und Praxis ergeben, so daß dann entsprechende Beschaffungsaktivitäten in Rede stehen. Daß sich auch für diese Fälle ein deutlicher Informationsvorsprung der jeweiligen Produktanbieter ausmachen läßt, rührt daher, daß ihm mögliche Informationsquellen eher bekannt und zugänglich sind.[218] Sind die neuen Erkenntnisse in der Wissenschaft und Praxis noch nicht hinlänglich aussagekräftig, was die Sicherheitsbeurteilung des Produktes betrifft, und ist dementsprechend eine zusätzliche Auswertung oder gar eine weitergehende Erforschung von Nöten, so gilt das oben Gesagte entsprechend. Sicher können sich im Einzelfall auch auf Verbraucherseite gleiche Informationschancen auftun. Solche werden aber regelmäßig nur dann in Betracht kommen, wenn eine zusätzliche produktspezifische Be- und Auswertung nicht erforderlich ist, mithin die vermutete oder bekannte

---

gig von der Gutsqualität des jeweiligen Produktes, Tietzel, Probleme der asymmetrischen Informationsverteilung beim Güter- und Leistungsaustausch, in: Ott/Schäfer (Hrsg.), Allokationseffizienz in der Rechtsordnung, S. 57; Tietzel, Zur ökonomischen Theorie des Betrügens und Fälschens, in: Jahrbücher für Nationalökonomie und Statistik 204, S. 17 (25). Die in der ökonomischen Literatur gebräuchlichen Gutsqualitäten („Vertrauensgüter"/„Erfahrungsgüter"/„Suchgüter") sind aber nicht auf die Ungewißheitsperspektive zugeschnitten und damit nicht auf die Produktion neuer Wissensbestände. Bei ihnen geht es im wesentlichen um die Ermittelbarkeit der Qualität und Schädlichkeit des Produktes durch den Gebrauch des Produktes.

[216] Da die Suche nach und die Auswertung von Informationen neben dem „Gut" Information auch den Einsatz der klassischen Ressourcen wie Arbeit, Kapital, Zeit erfordern (vgl. Gawel, Reguliertes Wissen um Unwissen, a.a.O., S. 282) und gerade die Herstellung neuen Wissens mit prohibitiv hohen Kosten verbunden ist, würden die Akteure, so die ökonomische Sichtweise, entsprechende Informationsaktivitäten nicht durchführen.

[217] Dazu näher unter § 4 I. 4. im Rahmen der Statuierung der jeweiligen Pflichten.

[218] So für den werkvertraglichen Sektor Meier, VuR 1992, 30 (39).

Schädlichkeitsinformation bereits objektiv verfügbar ist, und diese in einer der breiten Masse zugänglichen Publikation veröffentlicht wurde.[219] Das Wissen um die Produktgefahren steht dann als „Kollektivgut“ relativ kostengünstig für den Produktbenutzer zur Verfügung. Allerdings können sich selbst bei einer durch den allgemeinen wissenschaftlichen Fortschritt herbeigeführten erheblichen Reduktion der Informationskosten[220] Suchaktivitäten noch als zu kostenträchtig erweisen, um von einem - unterstellten - rational agierenden Konsumenten durchgeführt zu werden.

Entwicklungsrisiken partizipieren damit im Ergebnis an der gängigen Verbraucherschutzproblematik, als es auch hier um marktstrukturell induzierte und spezialisierungsbedingte Probleme im Verhältnis Verbraucher - Verkäufer geht. Insoweit ist die hier anzutreffende Asymmetrieproblematik stückweit herkömmliche Konsumentenschutzproblematik. Entwicklungsrisiken eröffnen allerdings insofern eine neue Dimension des Schutzerfordernisses, als es nicht mehr um objektiv bekannte Sicherheitsdivergenzen geht, sondern im Ausgangspunkt um Gefährdungslagen, die jenseits der bestehenden Erkenntnismöglichkeiten angesiedelt sind. Verbunden ist damit ein Perspektivenwechsel von einer an *objektiv verfügbare Risikoinformationen* anknüpfenden *Asymmetriebetrachtung* hin zu einer solchen, die an die jeweils *zugrunde liegenden asymmetrisch verteilten Erfahrungs- und Wissenshorizonte und die dadurch bedingten ungleichen Kompetenzverteilungen zur Erkenntnisgewinnung anknüpft*. Die Asymmetrieproblematik erhält insoweit eine andere Dimension, die mehr auf die zugrunde liegende Informationsausstattung und Kompetenzverteilung abstellt und die sich daran anschließenden ungleich verteilten Informationsbeschaffungs- und -generierungsmöglichkeiten.

2. Die rechtliche Komponente zur Problembewältigung

Auf der Grundlage dieser Erkenntnisse läßt sich nunmehr ein komplementäres rechtliches (Schutz-)Programm skizzieren, bestehend aus Informationsobligationen zum einen [a)] und aus vorgeschalteten Erkenntnispflichten zum anderen [b)]. Dabei wird es im folgenden noch nicht um die konkrete Schutzpflichtenbegründung gehen[221]; auch ist der gewählte Zuschnitt noch kein spezifisch *nachvertraglich* ausgerichteter. Ziel der nachfolgenden Ausführungen ist es vielmehr zu-

---

[219] Zu bedenken ist allerdings, daß sich im Zuge zunehmender Vernetzung von Daten und fortschreitender Informationstechnologie auch die Zugangschancen anders gestalten könnten.

[220] Tietzel, Zur ökonomischen Theorie des Betrügens und des Fälschens, in: Jahrbücher für Nationalökonomie und Statistik, 204, S. 25.

[221] Wie bereits dargelegt, wird dies erst Gegenstand des § 4 im 2. Teil der Untersuchung sein.

nächst, die möglichen und in der Rechtswissenschaft und Rechtsprechung bereits vertretenen Pflichteninhalte zu sondieren und gleichzeitig etwaige vorhandene (Problemlösungs-)Defizite aufzuzeigen.

a) Informationspflichten[222] zur Bewältigung des strukturellen Asymmetrieproblems

Informationspflichten sind mittlerweile sowohl im privatrechtlichen wie im öffentlich-rechtlichen Kontext zu einem bedeutenden Instrumentarium der Bewältigung von Risiko- und Gefährdungslagen avanciert.[223] *Köck* spricht von der Information als einem „mittlerweile wichtigen Eckpfeiler im System des Produktsicherheitsrechts"[224] und verweist damit auf die zunehmende Bedeutung von Informationspflichten für den Produkthaftpflichtsektor. Im öffentlich-rechtlichen Bereich nehmen dabei vor allem die zahlreichen gesundheits- und sicherheitsschutzbezogenen Kennzeichnungsvorschriften einen prominenten Platz ein (z. B. §§ 4, 5 KosmetikVO[225]; §§ 13, 14 ChemG in Verbindung mit den §§ 4 ff. GefahrstoffVO[226]; §§ 10, 11 AMG).[227] Produktkennzeichnung dient dem Rechtsgüterschutz vor Gütererwerb. Nach *K. Meier*[228] deute sich für das zivilistische Schuldrecht vor allem im Gesundheitsbereich eine gewisse Forcierung von Informationspflichten an. Insgesamt läßt sich in nahezu sämtlichen Schuldrechtsbereichen die zunehmende Bedeutung von Informationsobligationen nachzeichnen.[229]

---

[222] Genau genommen wären hier auch die jeweiligen wissensproduktionellen und -rezeptiven Pflichten zu nennen. Zur besseren Problemstrukturierung werden diese aber lediglich der Problemlösung „Ungewißheit" zugeordnet.

[223] Allgemein mit dem Versuch einer Kategorisierung und Fallgruppenbildung: Werres, Aufklärungspflichten in Schuldverhältnissen und deren Grenzen, Diss. Köln 1985.

[224] Köck, Risiko-Information im Umwelt- und Gesundheitsbereich, in: Damm/Hart (Hrsg.), Rechtliche Regulierung von Gesundheitsrisiken, S. 215.

[225] Dabei dient § 4 Abs. 2 KosmetikVO auch dem Schutz der individuellen Produktbenutzer-Konstitutionen und -Präferenzen, denn die Angabe der Inhaltsstoffe soll den Verbraucher anerkanntermaßen in die Lage versetzen, das kosmetische Mittel auf seine individuelle Gesundheitsverträglichkeit zu überprüfen, vgl. Tonner/Brieske, BB 1996, 913 (914).

[226] So statuiert beispielsweise § 6 GefahrstoffVO i.V.m. §§ 13, 14 ChemG eine Kennzeichnungspflicht für asbesthaltige Zubereitungen und Erzeugnisse sowie für solche, die Formaldehyd freisetzen, vgl. dazu Schiffer/ Delbrück, DB 1991, 1003.

[227] Vgl. insbesondere ausführlicher zu den Kennzeichnungsvorschriften zum Schutze von Sicherheit und Gesundheit des Verbrauchers: Tonner/Brieske, BB 1996, 913 (914 ff.); Schiffer/Delbrück, DB 1991, 1002 ff. Daneben existieren solche Kennzeichnungsvorschriften, die vorwiegend dem Umweltschutz dienen, wie z. B. § 7 WRMG.

[228] So K. Meier, Ökologische Aspekte des Schuldvertragsrechts, S. 37 m. w. N.

[229] Vgl. nur die zahlreichen nachvertraglichen Pflichten unter § 2 III. Die zunehmende Ausweitung von Informationspflichten hat natürlich auch kritische Stimmen auf den Plan gerufen, die eine

Informationspflichten kommen auch bei den Entwicklungsrisiken als das mögliche zentrale Schutzinstrumentarium in Betracht, da sie funktionell auf den Ausgleich bestehender Informations- und Kompetenzgefälle angelegt sind.[230] Pflichten zur Bereitstellung von Wissen reagieren auf bestehende informations- und kompetenzbezogene Ungleichgewichtslagen zwischen den Vertragsparteien.[231] Die Rechtsprechung spricht in diesem Zusammenhang etwa von der „besonderen und überlegenen Sachkunde"[232] des Verkäufers, womit auf die vorgenannte Ungleichgewichtslage als materiellem Risikoverteilungskriterium verwiesen wird.[233] Aufgrund der hohen Wertigkeit der Rechtsgüter erlangen Informationspflichten vor allem dann Bedeutung, wenn es um mögliche Gefährdungen der Gesundheit, des Körpers und des Lebens geht. Und so konstatiert *K. Meier*[234] daher zu Recht, daß „asymmetrische Informationsverteilungen spätestens dann bedenklich sind, wenn es um Sicherheitsdefizite, um Gefährdungen der Rechtsgüter geht".

Obwohl den Informationspflichten weitergehende Beschaffungs- und Nachforschungspflichten vorgeschaltet sein können, auf deren Grundlage sich sodann etwaiges „wissen können" und „wissen müssen" bestimmt, sind informationelle Sorgfaltspflichten bislang auf schuldvertraglicher Ebene - und namentlich in der judiziellen Praxis - primär nur in Anknüpfung an *aktuell vorhandenes Wissen oder einem der beruflichen Stellung entsprechenden „hätte wissen können und müssen"* gedacht worden.[235] Das rührt zum einen sicher daher, daß die Statuierung von Informationspflichten immer dann besonders nahe liegt, wenn es um präsentes Wissen seitens des Informationspflichtigen geht. Zum anderen sind Vertragspartner zumeist Händler, denen weitergehende Beschaffungs- und Untersuchungsobligationen regelmäßig nicht zugedacht werden.[236] Im Schuldvertragsbereich sind integritätswahrende Aufklärungspflichten bislang namentlich dann in Betracht gezogen worden, wenn *Informiertheit* auf der einen und *Informationsangewiesenheit* auf der anderen Vertragsseite gegeben war.[237] Wenngleich es bei den Entwicklungsrisiken im Ausgangspunkt nicht um ungleich verteilte verfügbare Informationen geht, so kommen Informationspflichten doch im Anschluß an vorge-

---

mögliche Ausuferung solcher Pflichten anmahnen, vgl. z. B. Werres, Aufklärungspflichten in Schuldverhältnissen und deren Grenzen, S. 22.

230 Hart, AG 1984, 66 (74).

231 Wiedemann, in: Soergel, BGB, Vor § 275, Rdn. 465.

232 Für den Bereich der integritätsschützenden vertraglichen Informationspflichten etwa LG Berlin, NJW-RR 1989, 505 (505); ähnlich OLG München, MDR 1985, 934; ohne nähere Thematisierung des Asymmetrieaspektes, aber implizit zugrunde gelegt: BGHZ 64, 46 ff., „Haartonicum".

233 Mit dieser Interpretation für den vorvertraglichen Bereich auch Breidenbach, Die Voraussetzungen von Informationspflichten beim Vertragsschluß, S. 57 f.

234 Meier, Ökologische Aspekte des Schuldvertragsrechts, S. 37.

235 Dazu näher vor allem unter § 4.

236 Vgl. etwa Huber, in: Soergel, BGB, Anh. I § 433, Rdn. 98 ff.

237 Zu den weiteren Voraussetzungen näher unter § 4 I.

schaltete Erkenntnispflichten und darauf basierender Erkenntnismöglichkeit in Betracht.[238] Im Falle der Statuierung und Verletzung solcher Verkehrspflichten müßte dem Verkäufer zumindest der Vorwurf gemacht werden, daß er die Information bei Beachtung der im Verkehr erforderlichen Sorgfalt hätte beschaffen bzw. ermitteln können.

Auf der Grundlage und im Rahmen bestehender ungleicher Informationsstände und -möglichkeiten soll der Verkäufer allerdings nicht über sämtliche Umstände aufklären müssen, die für die Entscheidung des Käufers Bedeutung haben.[239] Etwas anderes soll nur dann gelten, wenn der potentielle Erwerber bestimmte - für ihn relevante - Vertragsumstände ausdrücklich nachgefragt hat.[240] Gleichwohl und trotz der (vordergründig) restriktiven Tendenz sind Aufklärungspflichten im Ergebnis aber stets in den Fällen bejaht worden, in denen es um gefährliche Eigenschaften der Kaufsache ging.[241] So hat der VIII. Zivilsenat des BGH etwa in seinem Urteil vom 19. Februar 1975 („Haartonicum") explizit festgestellt, daß den Hersteller und Händler eines Erzeugnisses, von dem *spezifische Gefahren ausgehen können*, eine *Verpflichtung zur Aufklärung und Warnung* treffe.[242] Dies folge - neben der allgemeinen deliktischen Verpflichtung zur Gefahrenabwehr - auch aus einer kaufvertraglichen Nebenpflicht.[243] Im Zusammenhang mit einer erfolgten Beratungstätigkeit konzedierte der BGH[244] darüber hinaus in der „Erdbeerplantagen"-Entscheidung, daß es der Beklagten nicht nur oblägen hätte, der Klägerin das Für und Wider und die Rentabilität des Einsatzes der einzelnen Mittel darzulegen, sondern diese überdies verpflichtet gewesen sei, die Käuferin über die Risiken ihrer Anwendung zu informieren. Zu den wesentlichen Vertragsumständen für den Käufer zählen damit anerkanntermaßen vom Produkt ausgehende Gefahren.[245] Mit diesem Zuschnitt könnten entsprechende Informationsobligos auch in den Fällen sich realisierender Entwicklungsrisiken den nötigen (Integritäts-)Schutz des Käufers sicherstellen.[246] Haftungsrechtlich eingebunden könnten sie dem Produkt-

---

[238] Dazu unter b).

[239] BGH WM 1983, 1006 (1007 f.); LG Berlin, RdE 1991, 180 (183).

[240] In Betracht kommt hier die Nachfrage spezifischer Zweckeignungen, da von den jeweiligen Einsatzzwecken die Tauglichkeits- und (Un-)Schädlichkeitsbeurteilung abhängt, dazu näher unter § 4 I.

[241] Dazu näher unter § 4 I. 1.

[242] BGHZ 64, 46 (49), „Haartonicum"; so auch mit Verweis auf diese Entscheidung: OLG München MDR 1985, 934, „Stoßdämpfer"; vgl. bereits BGHZ 17, 191, „chloriertes Wasser".

[243] BGHZ 64, 46 (49).

[244] BGH WM 1977, 1027 (1028), „Erdbeerplantagen".

[245] Wiedemann, in: Soergel, BGB, Vor § 275, Rdn. 474 m. w. N. Näher zum Inhalt und Umfang nachvertraglicher Pflichten unter § 4 der Arbeit.

[246] Nur zur Klarstellung sei an dieser Stelle darauf hingewiesen, daß diese Schutzperspektive im wesentlichen eine Perspektive ist, die an die Präventivfunktion von Haftungsrecht anknüpft. Da Informationspflichten als Nebenpflichten grundsätzlich nicht einklagbar sind und dem Produktbe-

erwerber und solchen Personen, die in den Schutzbereich des Schuldverhältnisses einbezogen wurden, zu einem Anspruch auf Schadensersatz verhelfen. Warnpflichten könnten ab einem empirisch oder wissenschaftlich begründeten Schädlichkeitsverdacht eingreifen.[247]
Inhalt und Umfang von Hinweispflichten richten sich im übrigen nach ihrer Intention, dem Produktbenutzer einen unschädlichen Produkteinsatz zu ermöglichen. Inhaltlich umfaßt die Verpflichtung daher sowohl die Aufklärung über das Gefahren-/Risikopotential, wie die zur Schadensbegegnung erforderlichen Maßnahmen.[248]

Zum Teil wird in der Rechtswissenschaft und Judikatur zwischen Warn- und Informationspflichten unterschieden. Warnpflichten bezweckten ausschließlich den Rechtsgüterschutz, Informationspflichten könnten prinzipiell auch der Vertragszwecksicherung oder dem Vermögensschutz dienen. Andere Stimmen in der Literatur unterscheiden Warn- und Informationspflichten danach, ob es um die Weiterbenutzung der Kaufsache unter Ausschluß der Gefahr, dann Informations- oder Instruktionspflichten, oder mehr um ein „Ausweichen", ein „räumliches Fernbleiben vom Gefahrenherd" geht, dann Warnpflichten.[249] Informationspflichten werden hier mit Blick auf letztere Differenzierung im umfassenden Sinne verstanden, also sowohl im Hinblick auf Konstellationen, in denen es um unausweichliche und nicht durch die Art des Produkteinsatzes bedingte Gefährdungen geht, wie auch im Hinblick auf solche, in denen dem Käufer die Möglichkeit zum schadensvermeidenden Verhalten verbleibt. Als übergeordnete Kategorie können sie - entsprechend der erstgenannten Definition - sowohl dem Vertragszweck wie dem Rechtsgüterschutz dienen, wobei letztendlich für die vorliegende Untersuchung nur letztere Intention bedeutsam wird bzw. ist. Synonym zu den Informationspflichten mit integritätsschützender Ausrichtung wird im folgenden auch von Warnpflichten gesprochen.

---

nutzer real auch kaum die Möglichkeit zur Durchsetzung verbliebe, da dieser regelmäßig erst mit dem eingetretenen Schadensfall von der Existenz des Schadenspotentials Kenntnis erlangt, bleibt nur zu hoffen, daß das Haftungsrecht entsprechende präventive Wirkungen tatsächlich entfaltet. In der juristischen Literatur ist die Präventivfunktion zwar, wenn auch nur als „erwünschtes Nebenprodukt" (Larenz, Lehrbuch des Schuldrechts, Bd. I, Allgemeiner Teil, § 27 I, S. 423), dem Grunde nach anerkannt; empirische Belege für eine tatsächliche Präventivwirkung von Schadensersatzrecht existieren allerdings - soweit ersichtlich - nicht. Die vorliegende Arbeit kann und will hier keine Lösung anbieten. Nur soviel sei hier angemerkt: In ökonomischen Zusammenhängen wird die präventive Wirkung von Haftungsrecht, wenn auch aufgrund modelltheoretischer Annahmen, weit weniger kritisch gesehen.

[247] Für die nachvertraglichen Informationspflichten dazu näher unter § 4 II.

[248] Näher zu der inhaltlichen Konkretisierung der nachvertraglichen Warnpflichten unter III. und § 4 II.

[249] Rettenbeck, Die Rückrufpflicht in der Produkthaftung, S. 71.

Kommt die Statuierung von Informationsobligationen grundsätzlich nur dann in Betracht, wenn der Verkäufer bereits Kenntnis von dem jeweiligen Sicherheitsdefizit hat oder dieser zumindest auf der Grundlage der im Verkehr erforderlichen Sorgfalt Kenntnis hätte erlangen müssen, so leitet dies über zu der Frage nach den möglichen vorgeschalteten Sorgfaltsanforderungen.

b) Vorgeschaltete Pflichten zur Rezeption und Generierung neuer Schädlichkeitsinformationen zur Bewältigung des Ungewißheitsproblems

Wie bereits ausgeführt, verweisen Entwicklungsrisiken auf einen - vergleichsweise zu den objektiv bekannten bzw. erkennbaren Produktgefahren - deutlich erhöhten erkenntnisbezogenen Problemgehalt, da Wissen über das jeweilige Gefährdungspotential noch zum Zeitpunkt des Vertragsabschlusses und der Auslieferung der Ware objektiv nicht verfügbar ist. Entwicklungsrisiken lassen sich nur durch die *aktive Produktion neuen Schädlichkeitswissens auf der Basis der sich einstellenden Erfahrungsdaten oder unter Fortentwicklung des jeweiligen naturwissenschaftlichen Erkenntnishorizonts und der Erkenntnisverfahren* bewältigen. Ziel ist die Herstellung von neuen Informationen über etwaige schädliche Produkteigenschaften und Wirkungszusammenhänge.

Im deliktischen Bereich haben sich Rechtswissenschaft und Rechtsprechung der Bewältigung der Entwicklungsrisiken durch die Begründung der Produktbeobachtungspflicht angenommen. Mit der Verpflichtung zur Produktbeobachtung, hinter der sich ein ganzes Bündel verschiedener Handlungs- und Organisationspflichten verbirgt, wurde ein nachmarktliches Pflichtenkonzept konzipiert, das gerade auf die Bewältigung der erst nach Inverkehrgabe objektiv bekannt werdenden Sicherheitsdivergenzen abzielt. Sie bezweckt die Sicherstellung der Reaktionsmöglichkeiten im Nachmarkt. Daß die Produktbeobachtungspflicht ihren Charakter als subsidiäre Pflicht schon eingebüßt hat, weil sie mittlerweile auch auf andere als Entwicklungsrisiko-Konstellationen angewandt wird, also auf Sachverhalte, in denen die Schädlichkeit genau genommen schon nach dem wissenschaflichen Erkenntnisstand bekannt oder zumindest erkennbar gewesen wäre[250], sei hier

[250] So z. B. bei BGHZ 99, 167 ff., „Honda"; BGH VersR 1989, 1307 f., „Pferdeboxen"; BGH NJW 1994, 517 ff., „Gewindeschneidemittel I"; BGH NJW-RR 1995, 342 f., „Gewindeschneidemittel II". Ganz allgemein hat bereits Brüggemeier, Anm. zu BGH, Urt. v. 7.12.1993 (JZ 1994, 574 ff.), JZ 1994, 578 (579) diese Entwicklung aufgezeigt, der von einer „produzentenhaftungsrechtlichen Subsidiarität" der deliktischen Produktbeobachtungspflicht spricht.

nur am Rande angemerkt.[251]

In der Rechtsprechung ist die deliktische Verkehrspflicht zur Produktbeobachtung spätestens[252] seit den grundlegenden „Apfelschorf"-Entscheidungen „Benomyl"[253] und „Derosal"[254] anerkannt. Die Entscheidungen betrafen Klagen von Apfelanbauern im „Alten Land", die einen Ernteausfall erlitten hatten, weil sich das von ihnen jeweils eingesetzte Pflanzenschutzmittel „Derosal" bzw. „Benomyl" als nicht wirksam gegen den Apfelschorf erwiesen hatte.[255] Der BGH stellte in den Entscheidungen fest, daß der Produzent aufgrund der Produktbeobachtungspflicht verpflichtet sei, die von ihm vertriebenen Produkte auf schädliche Eigenschaften hin zu beobachten. Er konzedierte in den Entscheidungsgründen zu „Benomyl", daß der Warenhersteller

> „... vor allem bezüglich seiner aus der Massenproduktion hervorgegangenen und in Massen verbreiteten Erzeugnisse auch der Allgemeinheit gegenüber verpflichtet [ist], diese Produkte sowohl auf noch nicht bekannte schädliche Eigenschaften hin zu beobachten als sich auch über deren sonstige, eine Gefahrenlage schaffenden Verwendungsfolgen zu informieren.[256] ... Er ist gehalten, laufend den Fortgang der Entwicklung von Wissenschaft und Technik auf dem einschlägigen Gebiet zu verfolgen."[257]

Die Verpflichtung zur Produktbeobachtung beinhaltet demnach vor allem zweierlei: Die *kontinuierliche Beobachtung der Bewährung der Produkte auf dem Markt* und die fortlaufende *Verfolgung* des *jeweils aktuellen Erkenntnisstandes in der Wissenschaft und Praxis*. Was den letzteren Gesichtspunkt betrifft, so soll sich die Rezeption der neuen externen Erkenntnisse für Unternehmen, die Waren in der ganzen Welt vertreiben, auf das gesamte internationale Schrifttum auf dem einschlägigen Gebiet erstrecken.[258]

---

[251] Die Produktbeobachtung wird in diesem Zusammenhang zu einer schlichten Obligation zur (nachträglichen) *Erkennung (schon zuvor objektiv erkennbarer) Gefahren durch spätere Beanstandungen, Schadensmeldungen* etc.

[252] Vgl. bereits vorher RGZ 163, 21 ff. (Bremsen I); RG DR 1940, 1293 ff. (Bremsen II); BGH VersR 1971, 80 ff. (Bremsen III). Vgl. näher zur Entwicklung der Produktbeobachtungspflicht bei Dietrich, Produktbeobachtungspflicht und Schadensverhütungspflicht der Produzenten, S. 27 ff.

[253] BGHZ 80, 199 ff.

[254] BGHZ 80, 186 ff.

[255] Ausführlicher auch zum Sachverhalt unter § 2 IV.

[256] BGHZ 80, 199 (202), „Benomyl".

[257] BGHZ 80, 199 (203), „Benomyl"; vgl. auch Kullmann, Aktuelle Rechtsfragen der Produkthaftpflicht, S. 54.

[258] BGHZ 80, 199 (203), „Benomyl".

Der BGH hat diese Rechtsprechung mehrfach bestätigt und konkretisiert.[259] So erstreckt die Rechtsprechung die Verpflichtung zur Nachmarktüberwachung beispielsweise auf Gefahren, die aus der Kombination mit sog. Fremdprodukten resultieren.[260] Nach dem grundlegenden „Honda"-Urteil[261] soll dies für solche Kombinationsprodukte gelten, die notwendig sind, um das eigene Produkt funktionsfähig zu machen, Fremdprodukte, deren Kombinierung durch den Hersteller selbst - z. B. durch entsprechende Vorrichtungen - erst ermöglicht wurden und für solche, deren Kombinationseinsatz mit dem eigenen allgemein gebräuchlich ist.[262]

Unterschieden wird im Rahmen der Produktbeobachtungspflicht zudem herkömmlicherweise zwischen der sog. „aktiven" und „passiven" Produktbeobachtung. Die aktive Produktbeobachtung, die vor allem in den Fällen möglicher Beeinträchtigungen des Lebens oder der Gesundheit der Produktbenutzer zum Tragen kommen soll, verpflichtet den Unternehmer zur Errichtung eines effizienten Informationssystems und zwar zumindest zum Aufbau einer Außenorganisation, über die Kundenbeschwerden erfaßt, und zur Einrichtung einer zentralen Stelle, bei der diese Erfahrungsdaten gesammelt und auf ihre Bedeutung im Hinblick auf die (Un-)Schädlichkeitsbeurteilung überprüft werden.[263] Anders als die „aktive" ist die „passive" Produktbeobachtung nur auf die Sammlung und Auswertung von zugegangenen Feldinformationen ausgerichtet.[264]

Was nun - mit Blick auf die nachgezeichneten Anforderungen zur Bewältigung von Entwicklungsrisiken - eine etwaige Verpflichtung zur Gefahrermittlung (auch) unter Vorantreiben des vorherrschenden Erkenntnisstandes in der Wissenschaft bzw. Technik anbelangt[265], so bleibt die Produktbeobachtung nach ihrer derzeitigen Interpretation dahinter zurück. Zu einem Vorantreiben des „Standes von Wissenschaft und Technik" als solchem verpflichtet sie nur insoweit, als sie die erfahrungsgestützte Wissensgenerierung mit umfaßt. Insoweit ordnet die Pflicht zur Marktüberwachung nicht nur die Verfolgung des Erkenntnisstandes in der Praxis an, sondern verpflichtet den Verkäufer zugleich zur eigenständigen Gefahr-/Risikoermittlung auf der Basis der jeweiligen Erfahrungswerte. Sicher ist die Produktbeobachtung, sofern die wissenschaftliche Ebene in Rede steht, nicht nur passiv konzipiert, also im Hinblick auf die Gefahrenbeurteilung nicht nur an

---

[259] BGHZ 99, 167 ff., „Honda"; BGH VersR 1989, 1307 f., „Pferdeboxen"; BGH NJW 1994, 517 ff., „Gewindeschneidemittel I"; BGH NJW-RR 1995, 342 f., „Gewindeschneidemittel II".
[260] BGHZ 99, 167 ff., „Honda". Mit entsprechenden Erwägungen auf vertraglicher Ebene bereits BGH WM 1977, 1028 ff., „Erdbeerplantagen".
[261] Vgl. auch Kullmann, Aktuelle Rechtsfragen der Produkthaftpflicht, S. 53 m. w. N.
[262] BGHZ 99, 167 (174), „Honda".
[263] Kullmann, in: Kullmann/Pfister, Produzentenhaftung, Kza. 1520, S. 56.
[264] BGH NJW 1994, 517 (519), „Gewindeschneidemittel I".
[265] Siehe oben 1. a).

den in der Wissenschaft und Technik konkret diskutierten Produktrisiken und -gefahren ausgerichtet. Der Hersteller hat selbst auch durch eigene Anstrengungen zu ermitteln, ob von dem Produkt konkret schadensträchtige Weiterungen ausgehen. Er kann sich also hinsichtlich der Gefahrermittlung nicht nur auf die in der Wissenschaft bzw. der Technik konkret angeführten Produktgefahren zurückziehen, sondern hat überdies auf der Basis der verfügbaren Erkenntnisverfahren und des schon vorhandenen Wissens über schädliche Wirkmechanismen konkret Gefahrermittlung zu betreiben. Insoweit greift auch der mögliche Einwand seitens des Herstellers, in der aktuellen Wissenschaft sei die jeweilige Produktgefahr noch nicht diskutiert worden, nicht durch, wenn nach dem Wissensstand in den jeweiligen Naturwissenschaften eine Erkenntnismöglichkeit bestand. Entscheidend ist, und insoweit kommt es auch auf den unternehmensinternen möglichen Wissensstand an[266], daß die Schädlichkeit auf der Basis der vorherrschenden naturwissenschaftlichen Erkenntnisse und Verfahren für den Hersteller erkennbar bzw. ermittelbar gewesen ist. Daß dem Hersteller derartige aktive Gefahrenermittlung obliegt, wurde erstmalig deutlicher in der „Honda"-Entscheidung[267] konstatiert.[268] In diesem bereits zitierten Judikat, in der es um die aus der Kombinierung mit einem Zubehörteil resultierende Gefährlichkeit eines Motorrades ging, hat der BGH ausdrücklich konzediert, daß sich die Produktbeobachtungspflicht zu einer Pflicht zur Überprüfung des Produktes „steigern" könne.[269] Inhaltlich entspricht diese Überprüfungspflicht der vormarktlichen Prüfungs- und Testpflicht. Diese Überprüfungspflicht basiert aber stets auf dem „Stand von Wissenschaft und Technik".[270] Eine Verpflichtung zur Gefahrerforschung unter Vorantreiben der jeweils zur Risiko-/Gefahrerforschung benötigten Hilfswissenschaften beinhaltet die Produktbeobachtungspflicht dagegen nicht.

Auch aus der vielzitierten „Kindertee I"-Entscheidung[271] ergeben sich wohl keine weitergehenden Pflichteninhalte. Nach dem der Entscheidung zugrunde liegenden Sachverhalt hatte der am 13. Oktober 1979 geborene Kl. nach eigenem Vortrag in der Zeit von November 1979 bis Juni 1983 ein von der Bekl. hergestelltes Kindertee-Getränk in der kleinen Teeflasche tagsüber und als nächtliche Wiederein-

---

[266] Ebenso Meyer, Instruktionshaftung, S. 110 f.

[267] BGHZ 99, 167 (173 f.).

[268] Wenn auch der BGH in der „Derosal"-Entscheidung für den Fall zu erwartender Sachschäden von der Zulässigkeit der Durchführung weiterer Untersuchungen spricht, bevor Warnungen ausgesprochen werden, so hat er doch letztlich in beiden „Apfelschorf"-Entscheidungen bezüglich der aktuellen Erkenntnismöglichkeit auf den externen Wissenschaftsstand abgestellt, vgl. BGHZ 80, 186 (192 ff.); BGHZ 80, 199 (203 ff.).

[269] BGHZ 99, 167 (174), „Honda".

[270] Vgl. Paschke, Warnungen vor Gesundheitsrisiken im Privatrecht, in: Damm/Hart (Hrsg.), Rechtliche Regulierung von Gesundheitsrisiken, S. 199 (203); Kullmann, Aktuelle Rechtsfragen der Produkthaftpflicht, S. 55.

[271] BGHZ 116, 60 ff., „Kindertee I".

schlafhilfe zu sich genommen. Für den infolge des nächtlichen Dauernuckelns verursachten Kariesbefall an dem Milchzähnegebiß (sog. „baby-bottle-syndrom") begehrte der Kläger Schadensersatz. Der BGH bejahte in dieser Entscheidung ein Verschulden der beklagten Milupa-AG unter Annahme einer vormarktlichen *Prüfungspflicht* im Hinblick auf mögliche von dem Produkt ausgehende Gefahren. Es könne dahinstehen, so der VI. Zivilsenat, „ob ein Kinderteehersteller verpflichtet ist, dafür zu sorgen, daß ihm schnellstmöglich alle Berichte in zahnmedizinischen Fachzeitschriften über klinische Untersuchungs- und Forschungsergebnisse hinsichtlich der Kariesentstehung zugänglich wurden".[272] Der Hersteller mußte vielmehr, und vor allem im Hinblick darauf, daß er die Verwendung der zuckerhaltigen Tees in der kleinen Teeflasche empfohlen hatte und ihm nicht verborgen bleiben konnte, daß bei den modernen Saugern der Strahl des Getränkes an die Rückseite der Oberkieferfrontzähne gerät, *selbst prüfen, welche Gefahren der Teegenuß für das Gebiß der Kleinkinder haben würde.*[273] Eine solche Prüfungspflicht setze bereits ein, „bevor die Zahnmedizin durch die an sie herangetragenen Fälle auf das Baby-Bottle-Syndrom aufmerksam werde".

Wenn auch die „Kindertee I"-Entscheidung in der Rechtswissenschaft insgesamt breite Beachtung erfahren hat, so ist die konzedierte Prüfpflicht bislang nur wenig diskutiert worden.[274] Wird sie aufgriffen, so ist die Interpretation uneinheitlich und zumeist wenig präzise, was die Frage angeht, ob sich die Prüfpflicht im Rahmen des bislang ausschließlich am „Stand von Wissenschaft und Technik" institutionalisierten vormarktlichen Gefahrabwendungsmaßstabes bewegt oder hier eine darüber hinausgehende Sorgfalt statuiert wurde. Wenn man an dieser Stelle mangels weitergehender höchstrichterlicher Stellungnahmen zum jetzigen Zeitpunkt sicher noch keine abschließende Bewertung vornehmen kann, so spricht doch einiges dafür, daß sich der BGH mit der Prüfpflicht im Rahmen der herkömmlichen Sorgfaltsanforderungen bewegen, also hier eine Pflicht zur Gefahrermittlung annehmen wollte, die auf den existenten Verfahren und naturwissenschaftlichen Erkenntnissen basiert.[275] Dafür spricht zum einen schon die höchstrichterlich gewählte Terminologie der „Prüfpflicht", die assoziativ eher den Überprüfungs- als den Forschungspflichten im engeren Sinne zuzuordnen ist. Zum anderen ging es der Sache nach wohl nicht um Gefährdungen, die nicht angesichts des in der Wissenschaft vorherrschenden Wissenshorizonts ermittelbar gewesen wären, zumal

---

272 BGHZ 116, 60 (71).

273 BGHZ 116, 60 (71).

274 Zumeist wird auf die Prüfpflicht gar nicht (näher) eingegangen, was im übrigen dafür spricht, daß die Prüfpflicht als keine Neuerung gesehen wird, vgl. allgemein zu dieser Entscheidung: Meyer, ZIP 1995, 716 ff.; Kullmann, in: FS für Brandner, S. 313 ff.; kritisch zum „Kindertee I"-Urteil: Littbarski, NJW 1995, 217 ff.

275 So eindeutig Meyer, Instruktionshaftung, S. 110 f; Raab, Die Grundlage der Verkehrspflichten des Warenherstellers, in: Jahrbuch Junger Zivilrechtswissenschaftler 1996, S. 137 (154 f.).

wissenschaftliche Erkenntnisse über die Schädlichkeit der Verabreichung zuckerhaltiger Getränke, insbesondere vor dem Einschlafen, nach den Feststellungen des Berufungsgerichts[276] schon seit 1862 vorlagen. Dementsprechend deutet *Raab*[277] die Prüfpflicht als eine auf dem vorherrschenden Wissenschaftsstand basierende, wenn er ausführt, daß der Hersteller, der dieser Prüfpflicht nachgekommen wäre, auch „angesichts des wissenschaftlichen Erkenntnisstandes mit Sicherheit auf die besonderen Gefahren des nursing-bottle-syndroms aufmerksam geworden wäre". Auch in einem vom OLG Oldenburg[278] entschiedenen Fall, in dem das Gericht zur Verschuldensbegründung auf die BGH-Rechtsprechung zur Prüfpflicht zurückgreift, wurde diese offenkundig mehr als eine am „Stand von Wissenschaft und Technik" institutionalisierte Verhaltensanordnung gedeutet. Die in der Rechtslehre vorfindlichen Stellungnahmen scheinen überwiegend ebenfalls eher von einer solchen Interpretation auszugehen.[279] Auf dieser Linie bewegt sich auch *Möllers*, wenn er die Vergleichbarkeit der der „Kindertee I"-Entscheidung zugrunde gelegten Prüfpflicht mit der den Arzt treffenden Pflicht, den Krankheitszustand des Patienten anhand der Vorgeschichte (Anamnese) und anhand von Diagnoseuntersuchungen zu ermitteln, gegeben sieht. Denn bei den Pflichten ärztlicherseits geht es um Sachverhaltserforschung im weiteren Sinne, die am jeweiligen Stand der medizinischen Wissenschaft orientiert und *nicht* auf Erforschung neuer medizinwissenschaftlicher Erkenntnisse ausgerichtet ist. Diagnostische wie therapeutische Maßnahmen sind stets am jeweiligen Stand der (fortschreitenden) medizinischen Wissenschaft und der jeweiligen Verfahren institutionalisiert.[280]

Zu diesem - insoweit reduzierten - Sorgfaltsstandard der Produktbeobachtungspflicht kommt hinzu, daß es nach verbreiteter Literaturmeinung für die Beurteilung des „Standes von Wissenschaft und Technik" nur auf solche Forschungser-

---

[276] OLG Frankfurt a. M., ZIP 1991, 374 (378) mit Anm. Brüggemeier.

[277] Raab, Die Grundlage der Verkehrspflichten des Warenherstellers, a.a.O., S. 137 (155).

[278] OLG Oldenburg, NJW-RR 1997, 1520 f.

[279] In diesem Sinne eindeutig: J. Meyer, Instruktionshaftung, S. 110, Fn. 33 a, der „Kindertee I" als Fortsetzung der in dem „Honda"-Urteil thematisierten Überprüfungspflicht einstuft; in diesem Sinne wohl auch: Damm, Anm. zu BGH, Urt. v. 12.11.1991, JZ 1992, 637 (639); Joerges, UTR 1994, 141 (164); Paschke, Warnungen vor Gesundheitsrisiken im Privatrecht, in: Damm/Hart (Hrsg.), Rechtliche Regulierung von Gesundheitsrisiken, S. 205; *unklar*: von Westphalen, ZIP 1992, 22 f.; Rehbinder, Anpassung an veränderte Daten als Pflicht oder Obliegenheit im Zivilrecht, in: Hoffmann-Riem/Schmidt-Aßmann (Hrsg.), Innovation und Flexibilität des Verwaltungshandelns, S. 360 f.; a. A. Foerste, in: Produkthaftungshandbuch, § 24, Rdn. 19, der die Prüfpflicht als Pflicht auch zur Gefahrerforschung unter Vorantreiben des „Standes von Wissenschaft und Technik" begreift.

[280] Giesen, Arzthaftungsrecht, Rdn. 73 ff.; für die Arzneimitteltherapie speziell: Hart, Zum Management von Arzneimittelrisiken durch Ärzte und Unternehmen, in: Preuss (Hrsg.), Risikoanalysen, S. 8.

gebnisse ankommen soll, die als „abgesichert und gefestigt" gelten.[281] Wissenschaftliche Einzelmeinungen und -untersuchungen würden nicht den zugrunde zu legenden Erkenntnisstand bilden. Die derzeitige Interpretation der nachmarktlichen Produktbeobachtungspflicht ist damit im Ergebnis doppelt restriktiv: Zum einen verpflichtet sie den Produktveräußerer nicht zur innovativen Gefahr-Erforschung, zum anderen ist hier der jeweilige Erkenntnisfortschritt nur auszugsweise zu berücksichtigen.

Im Ergebnis können wir daher im privatrechtlichen Kontext, ebenso wie in Bereichen des hoheitlich reglementierten Gütermarktes[282], im nachmarktlichen Stadium lediglich ein am jeweiligen allgemeinen *Fortschritt in Wissenschaft bzw. Technik institutionalisiertes Risiko- und Ungewißheitsmanagement nachzeichnen.*[283] Nicht der den jeweiligen Unternehmungen durch eigene Ursachenforschung mögliche Erkenntnisstand wird zum geschuldeten Maßstab, sondern der bereits *existierende oder auf der Basis der verfügbaren externen neuen naturwissenschaftlichen Erkenntnisse und Verfahren ermittelbare Wissenshorizont.* Produktbeobachtung verpflichtet nicht zu einer aktiven Erforschung neuen Wissens über naturwissenschaftliche Kausalzusammenhänge und zur Fortschreibung der jeweiligen Verfahren. Für die Beurteilung der Frage, ob und inwieweit Produktrisiken/-gefahren vorliegen, hat dem Hersteller demnach bislang ausschließlich der - auf Bildung von Erfahrungs- und Regelsätzen angelegte - erfahrungsgestützte Erkenntnisprozeß, die externen Praxiserfahrungen und - auf wissenschaftlicher Ebene - der bekannte oder zumindest nach den jeweiligen „Hilfswissenschaften" mögliche Informationsfortschritt zu dienen.

Daß ein optimaler Sorgfaltsstandard an dieser Stelle auch eine Verpflichtung zur Gefahrerforschung unter Vorantreiben der jeweiligen Naturwissenschaften vorsehen würde, erschließt sich unmittelbar aus dem dargestellten Anforderungsprofil zur Bewältigung der Entwicklungsrisiken. Angesichts der *produktinnovations- und komplexitätsinduzierten Ungewißheits- und Risikolage* sprechen nun auch gute Gründe für eine *komplementäre fortschrittsgeleitete Verantwortlichkeit bzw. Zuständigkeit der Produktanbieter* in der Form einer Verpflichtung zur aktiven Risikoforschung. Ein Kompetenzproblem ist dies nun gewiß nicht, zumal sich die Akteure regelmäßig externen Sachverstandes und externer Forschungseinrichtungen bedienen können.[284] Wirtschaftliche Erwägungen sind in diesem Zusammen-

---

[281] Vgl. Möllers, Rechtsgüterschutz im Umwelt- und Haftungsrecht: Präventive Verkehrspflichten und Beweiserleichterungen in Risikolagen, S. 217 f.

[282] Etwa des Arzneimittelsicherheitsrechts, dazu sogleich.

[283] So auch explizit Kullmann, in: Kullmann/Pfister, Produzentenhaftung, Kza. 1520, S. 58.

[284] So allgemein im Hinblick auf die Pflichten im Rahmen der Produktbeobachtung: Borer, Produktehaftung: Der Fehlerbegriff nach deutschem, amerikanischem und europäischem Recht, S. 64; Kullmann, in: Kullmann/Pfister, Produzentenhaftung, Kza. 1520, S. 14.

hang zumindest dann bedeutungslos, wenn es um mögliche Gefährdungen des Lebens, der Gesundheit oder der körperlichen Unversehrtheit der Konsumenten geht und dies in einer nicht unbeträchtlichen Anzahl.[285] Aufgrund der überlegenen Produktkenntnisse ist der Hersteller im übrigen auch gerade dazu prädestiniert selbst Risiko- und Gefahrerforschung[286] zu betreiben. Dies gilt vor allem mit komparativen Blick auf die allgemeinen Forschungseinrichtungen deshalb, weil Entwicklungsrisiken innovations- und komplexitätsinduziert sind und - damit einhergehend - entwicklungs- und produktspezifisches Wissen bei den Produktherstellern zunächst in besonderem Maße monopolisiert ist. Und schließlich sind es die sich im Laufe des Markteinsatzes einstellenden Erfahrungen, die den Produktvertreibern am ehesten zugänglich sind und die ihnen nicht nur einen erfahrungsgestützten Erkenntnisprozeß ermöglichen, sondern sie überdies in die Lage versetzen, auf der Basis der sich offenbarenden Risikotendenzen einen wissenschaftlich-theoretischen Erkenntnisfortschritt einzuleiten.[287]

Die Auferlegung eines solchen Risiko- und Ungewißheitsmanagements auf Seiten des Produktverkäufers würde zudem dem Umstand Rechnung tragen, daß zumindest die Konsumentenseite zu entsprechenden wissensproduktionellen Tätigkeiten nicht in der Lage ist. Ein umfassendes Risikomanagement würde sich hier nicht nur auf die bloße *Rezeption neuer externer wissenschaftlicher Schädlichkeitserkenntnisse* zurückziehen, sondern darüber hinaus zu einem *aktiven Ungewißheits- und Risikomanagement* verpflichten, das im Anschluß an *gewisse Risikotendenzen die Fortentwicklung der jeweiligen Hilfswissenschaften* mit umfaßt.[288] Das derzeitige Konzept der Produktbeobachtung trägt bislang nur dem Anpassungserfordernis im Hinblick auf den sich verändernden „Stand von Wissenschaft und Technik" Rechnung.

Sicher ließe sich einem solchen dynamischen Pflichtenkonzept die fehlende Stabilität und Abschätzbarkeit von Verhaltenserwartungen entgegenhalten.[289] Andererseits erfordern aber gerade die mit der technisch-wissenschaftlichen Entwicklung heraufbeschwörten Gefährdungspotentiale dynamische Regelungsstrukturen. *Rehbinder* hat die Offenhaltung des Privatrechts für zukünftige Entwicklungen

---

[285] Für die daraus sich ergebenden Gefahrabwendungspflichten: Kullmann, Aktuelle Rechtsfragen der Produkthaftpflicht, S. 59

[286] Wird hier im folgenden von Risiko- und Gefahrerforschung gesprochen, so meint dies unter Fortentwicklung der grundlegenden Erkenntnisse in den jeweiligen Naturwissenschaften.

[287] Vgl. unter 1. b).

[288] Vgl. näher unter § 4 IV. der Arbeit.

[289] Vgl. Rehbinder, Anpassung an veränderte Daten als Pflicht oder Obliegenheit im Zivilrecht, in: Hoffmann-Riem/Schmidt-Aßmann (Hrsg.), Innovation und Flexibilität des Verwaltungshandelns, S. 356 f.

sogar als die wesentliche Voraussetzung für die Funktionsfähigkeit von Privatrecht überhaupt bezeichnet.[290]

Ist das zivilistische Pflichtenprogramm im nachmarktlichen Stadium bislang ausschließlich am Erkenntnisfortschritt in den Naturwissenschaften orientiert, so läßt sich auch im güterbezogenen öffentlichen Sicherheitsrecht ein eher an Risikobeobachtung und -kommunikation ausgerichtetes Regelungskonzept nachzeichnen.[291] Dies gilt im besonderen für das Arzneimittelsicherheitsrecht. Fortschrittsanpassung als eine wesentliche Funktion des arzneimittelrechtlichen Nachmarktverfahrens[292] verweist hier auf eine vorwiegend rezeptive und passive Form der Ungewißheitsbewältigung. Zwar beinhaltet das AMG Elemente eines aktiven Ungewißheitsmanagements, als beispielsweise der Maßnahmenkatalog des Stufenplans '90 (Nr. 8.1.1. der Allgemeinen Verwaltungsvorschrift zur Beobachtung, Sammlung und Auswertung von Arzneimittelrisiken nach § 63 des AMG[293]) neben der Einholung von Stellungnahmen von Sachverständigen selbst die Vergabe von Forschungsaufträgen vorsieht.[294] Die administrative wie unternehmerische Nachmarktüberwachung ist im übrigen jedoch vorwiegend an einer erneuten nachmarktlichen Risiko-Nutzen-Abschätzung orientiert, die wesentlich auf die Neubewertung von Arzneimittelrisiken auf einer breiteren informationellen Basis und einer fortschrittsgeleiteten Anpassung an neue medizinische Erkenntnisse ausgerichtet ist.[295] Hier geht es um neuerliche Risiko-Nutzen-Bilanzierungen nach Maß-

---

[290] Rehbinder, Anpassung an veränderte Daten als Pflicht oder Obliegenheit im Zivilrecht, a.a.O., S. 357.

[291] Zur Übersicht des Nachmarktkontrollverfahrens im Arzneimittelrecht: Hohm, Arzneimittelsicherheit und Nachmarktkontrolle: eine arzneimittel-, verfassungs- und europarechtliche Untersuchung, S. 198 ff.; Hart/Hilken/Merkel/Woggan, Das Recht des Arzneimittelmarktes, S. 105 ff.

[292] Hohm, Arzneimittelsicherheit und Nachmarktkontrolle, S. 227. Neben der Fortschrittsanpassungsfunktion wird die Informationsbeschaffung als die weitere Funktion des Nachmarktkontrollverfahrens bezeichnet, vgl. Hart, KJ 1989, 231 (233, 239) und allgemein zum öffentlichen Produktsicherheitsrecht und die Bewältigung von Entwicklungsrisiken, Ladeur, BB 1993, 1303 (1306 f.).

[293] Verwaltungsvorschrift vom 10. Mai 1990, BAnz. Nr. 91 vom 16. Mai 1990.

[294] Die Notwendigkeit einer aktiven Forschungsinitiierung unterstreichen auch Hart/Hilken/Merkel/ Woggan, Das Recht des Arzneimittelmarktes, S. 140, und fordern eine stärkere Initiierung, Finanzierung und Koordination von Forschung durch das BGA (Vorgängerbehörde des jetzigen BfArM) und die Einbeziehung in die Risiko-Nutzen-Analyse (1988). Zu dem Problem der informationellen Unterlegenheit initiierter öffentlicher Forschung: Gawel, Reguliertes Wissen um Unwissen, in: Hart (Hrsg.), Privatrecht im „Risikostaat", S. 265 (303). Solche öffentliche Wissensproduktion würde sich aber anreiztechnisch günstig darstellen, da der Risikoproduzent damit rechnen muß, daß eine etwaige Schädlichkeit des Produktes nunmehr aufgedeckt wird (Stichwort: Schaffung von „Informationskonkurrenz").

[295] Hohm, Arzneimittelsicherheit und Nachmarktkontrolle: Eine arzneimittel-, verfassungs- und europarechtliche Untersuchung, S. 227; Hart, Zum Management von Arzneimittelrisiken durch Ärzte und Unternehmungen, a.a.O., S. 13 f.; ders., KJ 1989, 231 (233, 239).

gabe der jeweils fortschreitenden wissenschaftlichen Erkenntnisse.[296] Auch treffen den pharmazeutischen Unternehmer u. a. nach § 29 AMG Anzeigepflichten[297], deren Voraussetzung die privatrechtliche Produktbeobachtung ist[298] und für die die zuvor dargestellte Passiv-Orientierung gilt. Nicht nur im Arzneimittelsicherheitsrecht[299], sondern beispielsweise auch im Gentechnikrecht, ist die fehlende Verpflichtung des Unternehmers zur aktiven Herstellung neuer Wissenschaftsinformationen kritisiert worden.[300]

3. Zusammenfassung

Ziel des Abschnitts II. war es, einerseits den spezifischen Schutzbedarf des Käufers offenzulegen und andererseits ein problemkomplementäres rechtliches Schutzprogramm zu skizzieren. Vom Ausgangspunkt der strukturellen Ungewißheit und der sich mit der zeitlichen Dimension ergebenden objektiven Möglichkeit zur Schädlichkeitserkenntnis konnte gezeigt werden, daß wir es bei den Entwicklungsrisiken mit einem grundlegenden Erfordernis der Produktion neuer Wissensbestände zu tun haben. Je nach Fallkonstellation ist Erkenntnisgewinnung hier auf der Basis der sich im Laufe des Markteinsatzes einstellenden Produktauffälligkeiten oder auf der Grundlage der Fortentwicklung der Naturwissenschaften möglich. Was den wissenschaftlichen Erkenntnisprozeß anbelangt, so wurde gezeigt, daß es dabei nicht nur um die bloße Durchführung von am „Stand von Wissenschaft und Technik“ institutionalisierten Test- und Versuchsreihen geht, sondern um Erkenntnisgewinnung unter Vorantreiben der bislang anerkannten Verfahren und der in der jeweiligen Wissenschaft vorherrschenden grundlegenden naturwissenschaftlichen Erkenntnisse über schädliche Wirkungszusammenhänge. Denn, sind Entwicklungsrisiken nach dem jeweils existenten Wissenschaftsstand nicht erkenn- bzw. ermittelbar, so bedarf es hier zunächst entsprechender Grundlagenforschung. Einem solchen wissenschaftlichen Erkenntnisprozeß kommt praktisch

[296] Vgl. Hart, Zum Management von Arzneimittelrisiken durch Ärzte und Unternehmungen, a.a.O., S. 13 f.

[297] So sieht insbesondere § 29 I S. 2 AMG lediglich vor, daß grundsätzlich a) jeder bekannt gewordene Verdachtsfall einer Nebenwirkung oder einer Wechselwirkung mit einem anderen Mittel und b) gehäuft auftretender oder im Einzelfall in erheblichen Umfang beobachteter Mißbrauch anzuzeigen ist.

[298] Hart/Hilken/Merkel/Woggan, Das Recht des Arzneimittelmarktes, S. 153.

[299] Für das Arzneimittelrecht vgl. Hart/Hilken/Merkel/Woggan, Das Recht der Arzneimittelmarktes, S. 125.

[300] So Winter, Grundprobleme des Gentechnikrechts, S. 51, 87.

namentlich dann Bedeutung zu, wenn der Erfahrungsschatz im Umgang mit dem Produkt noch keine aussagefähigen Schlußfolgerungen zuläßt.

Das Erfordernis der Unsicherheitsreduzierung durch die Produktion neuer empiriegestützter und/oder wissenschaftlicher Erkenntnisse setzt sich auf kaufvertraglicher Ebene als parteiliches Asymmetrie- und damit Schutzproblem fort. Entwicklungsrisiken verweisen angesichts und im Zuge des wissensproduktionellen Erfordernisses in verstärktem Maße auf asymmetrisch verteilte Informationschancen und somit auf ein zentrales und im wesentlichen *neu dimensioniertes Konsumenten- und Sozialschutzproblem.*[301]

Auf der Grundlage und in Anlehnung an diese ungewißheits- und asymmetriebezogenen Problemeinsichten konnte sodann mit den Informationspflichten und den vorgeschalteten Pflichten zur Wissensgenerierung und -rezeption das zentrale und im wesentlichen zweidimensional angelegte Schutzkonzept herausgearbeitet werden.[302] *Informationsanweisungen* und *vorgelagerte Pflichten zur aktiven Ungewißheitsreduzierung durch die Rezeption oder Herstellung neuen Risiko-/ Gefahrenwissens auf der Basis der empirischen Datenlage oder unter Fortentwicklung des naturwissenschaftlichen Erkenntnisstandes und der Verfahren* wurden als das mögliche Instrumentarium zur Bewältigung von Entwicklungsrisiken bezeichnet.[303] Wie gezeigt, bleibt das derzeitige Pflichtenprogramm der Produktbeobachtung hinter diesem Standard zurück. Auch für das hier zu konzipierende nachvertragliche Pflichtenkonzept der c.p.c.f. könnte insoweit die nötige Konkretisierungsarbeit geleistet worden sein. Der Produkterwerber könnte dann zumindest seinen Schaden über die culpa post contractum finitum liquidieren. Dieses Schutzpflichtenprogramm wird mit spezifisch nachvertraglichem Zuschnitt im folgenden nochmals aufzugreifen sein.

Unter Einbeziehung der und in Abgleichung mit den in der Literatur und Rechtsprechung bislang vertretenen kaufvertraglichen Schutzpflichten nach dem Leistungstransfer wird das mögliche Verhaltenskonzept der culpa post contractum finitum im folgenden eingehender dargestellt.

---

[301] Siehe unter II. 1. b) - c).

[302] Dazu näher unter II. 2.

[303] Siehe unter II. 2.

III. Nachvertragliche Warnpflichten und vorgeschaltete Risiko-/ Gefahrermittlungs- und -erforschungspflichten als mögliches Pflichtenprogramm der culpa post contractum finitum

Entsprechend der grundsätzlich in der Literatur und Judikatur vollzogenen Anerkennung der culpa post contractum finitum gehören nachvertragliche *Schutz*pflichten spätestens seit Ende der 20er Jahre zum Spektrum rechtlicher Verhaltensanweisungen.[304] Im Rahmen dieser integritätswahrenden Nebenpflichten nach „Vertragsende" nehmen auch und namentlich *Informationspflichten* eine zentrale Rolle ein.

Nachvertragliche Informationsobligationen mit Schutzintention sind von der Rechtsprechung in jüngster Zeit vor allem auf dem unabhängigen Dienstleistungs-, Geschäftsbesorgungs- und Werkvertragssektor angenommen worden.[305] Von ihrer Schutzausrichtung zielen diese Pflichten allerdings primär und nahezu ausschließlich auf den Vermögensschutz des jeweiligen Vertragspartners.[306] So hat der BGH über das Mandatsende hinaus sog. Fehleroffenbarungs- oder Belehrungspflichten des Anwalts nach Treu und Glauben für möglich gehalten und zwar insbesondere dann, wenn es um die Abwendung eines dem Vertragspartner offensichtlich drohenden erheblichen Schadens geht.[307] Ganz ähnliche „nachwirkende" Belehrungspflichten kennt das Architektenrecht, wonach der Architekt nicht nur zu einer umfassenden Untersuchung der Ursachen sichtbar gewordener Mängel, zur Unterrichtung des Bauherrn vom Ergebnis der Untersuchung und von der sich daraus ergebenden Rechtslage verpflichtet ist[308], sondern darüber hinaus zur Offenbarung eigener Planungs- und Aufsichtsfehler und daraus resultierender Ansprüche gegen sich selbst.[309] Zumindest wenn man der Rechtswissenschaft folgt, sind zudem Arzt und Krankenhausträger in der Pflicht, nachträgliche Fehler-Aufklärung zu betreiben.[310] Im Unterschied zu den Fehleroffenbarungspflichten

---

[304] Vgl. bereits unter I. 1.

[305] Vgl. näher unter § 3 I. Auf dem kaufvertraglichen Sektor existieren Entscheidungen soweit ersichtlich bislang nicht.

[306] Gegenstand der Untersuchung sind hier ausschließlich Schutzpflichten, die den Rechtsgüterschutz bezwecken.

[307] BGH NJW-RR 1990, 459 (460).

[308] BGH WM 1985, 170 (172).

[309] BGHZ 71, 144 (148 f.); BGH WM 1985, 170 (172); BGHZ 92, 251 (258); BGH NJW 1996, 1278 f. im Fall eines nicht umfassend beauftragten Architekten.

[310] Grundlegend bereits Francke/Hart, Ärztliche Verantwortung und Patienteninformation, S. 53 ff. m. w. N.; Kleuser, Die Fehleroffenbarungspflicht des Arztes: unter besonderer Berücksichtigung der versicherungsrechtlichen Obliegenheiten nach einem Behandlungszwischenfall, insb. S. 152 f. mit der Beschränkung der nachvertraglichen Belehrungsverpflichtung allerdings auf die Fälle eines möglichen „erheblichen Gesundheitsschadens"; allgemein zur (vertraglichen) Belehrungspflicht:

des Anwalts können die Belehrungspflichten auf dem medizinischen Sektor aber auch dem Rechtsgüterschutz der Patienten dienen, was namentlich in den Fällen verbleibender Gesundheitsgefährdungen relevant ist.[311]
Über die vorgenannten Verpflichtungen zur Offenlegung eigener Fehler hinaus trifft den ehemaligen Vertragspartner u. U. auch dann ein Informationsobligo, wenn es um Umstände geht, die sich für den Gegenüber vermögensschädlich auswirken können.[312] So ist der Rechtsanwalt beispielsweise nach Beendigung der anwaltlichen Tätigkeit insoweit zur Aufklärung verpflichtet, als dem Mandanten gerade aus der Beendigung der anwaltlichen Tätigkeit ein Schaden droht, weil sich dieser mangels Kenntnis der Rechtslage der Gefahren nicht bewußt ist und der Rechtsanwalt die Gefahr mitverursacht hat. Der Anwalt verletze seine „nachwirkenden" Pflichten, wenn er - obwohl die Verjährung drohe - nach Beendigung des Mandats weder die Unterlagen an den Mandanten zurückgebe, noch ihn anderweitig auf die drohende Verjährung hinweise.[313] Ähnliche vermögenssorgende Pflichten werden im medizinischen Bereich befürwortet: Ist eine medizinisch nicht notwendige stationäre Behandlung erfolgt, so hat der nach den Erfolgsaussichten eines Prozesses gegen die Versicherung befragte Arzt die ehemalige Patientin über die mangelnde Erstattungsfähigkeit im Sinne der Versicherungsbedingungen hinzuweisen.[314] Zu den nachvertraglichen Informationsobliegenheiten zählt zudem die von dem OLG Düsseldorf[315] bejahte Verpflichtung des zuständigen Krankenhauses, über die Ärzte zu informieren, die mit der Behandlung beauftragt waren.
In anderen Schuldvertragsgebieten lassen sich vereinzelt zudem solche nachträglichen Hinweispflichten ausmachen, die dem Schutz der Rechtsgüter des Vertragspartners dienen.[316] Erwähnt sei an dieser Stelle nur die Entscheidung des Obersten Gerichtshofs für die Britische Zone[317], in der eine nachvertragliche Schutzpflicht

---

Gubernatis, JZ 1982, 363 ff.; Taupitz, NJW 1992, 713 ff.; Menter, Die therapeutische Aufklärung als Ausgleich des Spannungsverhältnisses zwischen Heilpflichtprimat des Arztes und Selbstbestimmungsrecht des Patienten, S. 117 f. Die Belehrungspflicht grundsätzlich ablehnend: OLG Hamm NJW 1985, 685.

[311] Auf dem medizinischen Sektor lassen sich solche Konstellationen, in denen es um verbleibenden Körper- und Gesundheitsschutz des Patienten infolge des Behandlungsfehlers und solche, in denen es ausschließlich um die Vermögensinteressen des Patienten geht, unterscheiden, vgl. Francke/Hart, Ärztliche Verantwortung und Patienteninformation, S. 60 ff.

[312] Diese sind keine Belehrungspflichten im Hinblick auf begangene Fehler des Anwalts.

[313] BGH NJW 1997, 1302 f.; BGH NJW 1984, 431 (432).

[314] BGH NJW 1983, 2630 (2631).

[315] OLG Düsseldorf, NJW 1984, 670 f.

[316] Auf dem Geschäftsbesorgungssektor: BGHZ 61, 176 (179), „Scheckauskunft"

[317] OGHZ 1, 380 ff.

des Verwahrers in Bezug auf die bei diesem einlagernden Waren nach Beendigung des Verwahrungsvertrages angenommen wurde.[318]

In der Rechtswissenschaft werden in kaufrechtlichen Zusammenhängen zudem solche nachträglichen Informationspflichten diskutiert, die den nachträglichen gefahrlosen Einsatz des Produktes sicherstellen sollen. Bei den Stellungnahmen wird allerdings teilweise nicht recht deutlich, ob sie Gefährdungslagen betreffen, die von dem Produkt als solchem ausgehen oder die sich als Folge des riskanten Produkteinsatzes darstellen. Bereits *Greulich*[319] hatte Mitte der 50er Jahre konzediert, daß ein Lieferant dann zur Benachrichtigung des Käufers verpflichtet sei, wenn er nach Lieferung erfahre, daß der gelieferte Gegenstand einen Mangel aufweise, der für den Käufer oder für Dritte gefährlich werden könne. Ähnliche Aussagen finden sich bei *Kreyenberg*[320], wenn dieser beispielsweise den Hersteller einer neu entwickelten Maschine, der nachträglich einen schädlichen Konstruktionsfehler entdecke, zur unverzüglichen Mitteilung verpflichtet ansieht. Entsprechendes gelte - so *Kreyenberg* - für den Fall, daß der Lieferant eines Flugzeuges erst nachträglich bemerke, daß einzelne Bauteile schadhaft oder falsch eingebaut wurden und daß dadurch ein Flugzeugunfall verursacht werden könne.[321] Der neueren Literatur lassen sich ganz ähnliche Pflichteninhalte entnehmen. So wird in wesentlicher inhaltlicher Übereinstimmung mit den vorherigen Stellungnahmen davon ausgegangen, daß den Verkäufer grundsätzlich dann eine Pflicht zur Warnung treffe, wenn er nachträglich von Mängeln erfahre, die eine Gefährdung von Rechtsgütern des Käufers begründen.[322] So schulde nach *Köck/Meier*[323] der Fachverkäufer/Werkunternehmer, der erst nach der vertraglichen Leistungserfüllung Kenntnis von ernstzunehmenden Befürchtungen hinsichtlich der Gesundheitsverträglichkeit des Leistungsobjektes erhält, seinem Vertragspartner die entsprechende Information.[324] Inwieweit sich derartige nachvertragliche Verhaltenserwartungen allerdings auf noch ungesicherte Erkenntnislagen erstrecken, also zu Verdachtsoffenbarungen verpflichten, ist noch ungesichert. Dem wird im Laufe der

---

[318] In einem einzelnen Fall hat das OLG Hamburg in kaufvertraglichem Zusammenhang eine Verpflichtung zur nachträglichen Mangel-Information in Erwägung gezogen. In dem Fall ging es allerdings um den Ausgleich eines Mangelschadens, vgl. OLG Hamburg, in: Schmidt-Salzer, Entscheidungssammlung Produkthaftung, II. 96.

[319] Greulich, BB 1955, 208 (210).

[320] Kreyenberg, Nachwirkungen von Verträgen, S. 87.

[321] Kreyenberg, Nachwirkungen von Verträgen, S. 87.

[322] Honsell, in: Staudinger, BGB, Vorbem. zu §§ 459 ff., Rdn. 87; Köhler, in: Staudinger, BGB, § 433, Rdn. 155; Hoffmans, Nachwirkende Nebenpflichten aus Schuldverhältnissen, S. 56/57, 80; Zenz, Zur Geschichte und Dogmatik nachwirkender Vertragspflichten, S. 137; Ramm, Fortwirkung von Verträgen, insbesondere Lieferverträgen, S. 92.

[323] Köck/Meier, JZ 1992, 555.

[324] Vgl. auch K. Meier, Ökologische Aspekte des Schuldvertragsrechts, S. 38.

Arbeit näher nachzugehen sein.[325] Die Stellungnahmen belegen, daß Sicherheitserwartungen gerade nicht mit Durchführung des Leistungsprogramms ihr Ende finden, sondern darüber hinaus noch fortdauern.[326]

Wie schon dargelegt, erlangen solche „Nachwirkungen" insbesondere dann praktische Relevanz, wenn es um Sicherheitsdefizite geht, die nach Vertragsdurchführung offenkundig werden. Ein Schutzbedarf läßt sich in diesem Kontext vor allem dann ausmachen, wenn hochrangige Rechtsgüter des Käufers oder dritter Personen, die in den Schutzbereich des Schuldverhältnisses einbezogen werden, betroffen sind, also eine mögliche Lebens-, Körper- oder Gesundheitsgefährdung zu erwarten ist.[327] Anders als im vertraglichen Bereich, wo die Sicherheitsgewährleistung zweigeteilt über die Fehler- und die Informationshaftung - jeweils der pVV - erfolgt, werden im nachvertraglichen Stadium beide Sachverhaltskonstellationen von dem einheitlichen Haftungstatbestand der nachvertraglichen Informationspflichtverletzung erfaßt und geregelt. Umfaßt sind also sowohl solche Gefährdungslagen, die aus dem Produkt selbst erwachsen, wie auch solche, die aus der Art und Weise des Verwendungseinsatzes oder dem Hinzutreten bestimmter äußerer Umstände resultieren. Diese Dichotomie läßt sich auch den zuvor dargestellten Stimmen in der Literatur entnehmen. Inhaltlich geht es um die *nachträgliche Fehler-Aufklärung* oder um die auf den *unschädlichen Produkteinsatz ausgerichtete Instruierung.* Als nach dem Leistungstransfer angesiedelte Obligationen dienen sie daher der ***Verlängerung der qualitäts- und allgemein sicherheitsbezogenen kaufvertraglichen Schutzdimension ins Stadium nach Leistungsabwicklung.***[328] Anders als (vor-)vertragliche Informationspflichten dienen Warnpflichten nach Vertragsdurchführung damit nicht nur der „Überbrückung der Kluft zwischen Sicherheitsgewährleistung und Ungewißheit"[329], als sie grundsätzlich die qualitätsbezogene Sicherheitsdimension mit umfassen.

Je nach Einzelfall und zugrunde liegendem Gefährdungspotential können die inhaltlich an die Informationsobligation zu richtenden Anforderungen differieren. Grundsätzlich richtet sich der Inhalt der Warnpflichten nach deren Zweck, dem Produktbenutzer die Schadensvermeidung zu ermöglichen. Diesem Zweck folgend hat der Verkäufer also auf etwaige Gefahren und die zu ihrer Vermeidung erforderlichen Maßnahmen hinzuweisen. Ist noch ungewiß, welche Produkte mit dem Sicherheitsdefizit behaftet sind, so etwa bei den *fertigungsbedingten* Mängeln, hat sich der Hinweis auch auf diesen Umstand und der zugleich geforderten

---

325 Dazu unter § 4 II.
326 Für das Werkvertragsrecht: K. Meier, VuR 1992, 30 (39).
327 So auch Hoffmans, Nachwirkende Nebenpflichten aus Schuldverhältnissen, S. 56/57.
328 Dazu näher unter § 4.
329 Für den vertraglichen Bereich so zutreffend Köck/Meier, JZ 1992, 555.

Überprüfungsnotwendigkeit zu erstrecken. Bestehen bei den Produktfehlern Möglichkeiten zur Gefahrbeseitigung, indem beispielsweise das schadhafte Einzelteil ausgetauscht wird, so umfaßt die nachträgliche Warnung selbstverständlich auch diesen Hinweis.[330] Die nachvertraglichen Warnpflichten verpflichten dagegen nicht zum kostenlosen Angebot einer bestimmten Leistung[331], etwa dem Angebot einer kostenlosen Reparatur oder einer kostenlosen Lieferung einer neuen mangelfreien Ware (Stichwort: Rückruf). Eine solche Verpflichtung wäre de lege lata mit dem kaufvertraglichen Gewährleistungsrecht nicht vereinbar, das grundsätzlich einen Nachbesserungsanspruch des Käufers nicht vorsieht und die primären Rechtsbehelfe der Nachlieferung und Wandlung nur in den Grenzen der 6-monatigen Verjährungsfrist gewährt.[332] Möglicherweise ergibt sich aber aufgrund der in der Verbrauchsgüterkaufrichtlinie 1999/44/EG vorgesehenen Ansprüche auf Nachbesserung und Ersatzlieferung[333] de lege ferenda eine abweichende Beurteilung im Rahmen der vorgesehenen Gewährleistungsfrist.

In Anlehnung an die deliktischen Verkehrspflichten werden in der Literatur Produktbeobachtungspflichten[334] auch für den (nach-)vertraglichen Bereich befürwortet. Diese Pflichten zur Nachmarktüberwachung sind der Verpflichtung zur Informationsbereitstellung vorgeschaltet. Insoweit erscheinen Warnpflichten keineswegs nur bei aktuell vorhandenem Wissen begründbar, sondern zudem in Anknüpfung an vorangehende Beschaffungsaktivitäten. So nimmt etwa *Emmerich*[335] an, daß der Verkäufer von technischen und chemischen Produkten nach Vertragserfüllung „stets noch verpflichtet bleibe, die Bewährung seiner Produkte in der Praxis sorgfältig zu beobachten, um die Verbraucher unverzüglich warnen zu können, wenn sich bei der Anwendung seiner Produkte Gefahren herausstellen“. Auch andere Stimmen in der Rechtswissenschaft wollen eine Produktbeobachtung als „nachwirkende“ Verhaltenspflicht in den vertraglichen Bereich transferieren.[336] Aufgrund der weitgehend vorbehaltlosen Übernahme der deliktischen Grundsätze ins Vertragsrecht, bleibt indessen auch das nachvertragliche Konzept hinter dem

---

[330] Vgl. näher zum Inhalt der nachvertraglichen Warnpflichten unter § 4 II.

[331] Die Rückrufpflicht beinhaltet stets das (kostenlose) Angebot einer bestimmten Leistung, vgl. die Rückruf-Definition bei Rettenbeck, Die Rückrufpflicht in der Produkthaftung, S. 15.

[332] In diesem Sinne auch Schreiber, Produkthaftung bei arbeitsteiliger Produktion, S. 53 f.; Messer, in: Kullmann/Pfister, Produzentenhaftung, Kza. 1426, S. 15; grundsätzlich auch Bodewig, Der Rückruf fehlerhafter Produkte, S. 154 ff.

[333] Art. 3 Abs. 2 Richtlinie 1999/44/EG.

[334] Dazu näher unter § 2 II. 2. b).

[335] Emmerich, in: Münchener Kommentar, BGB, Vor § 275, Rdn. 404; ders., Das Recht der Leistungsstörungen, § 22 V. 2. a); ebenso Jäckle, Die Produzentenhaftung unter dem Zeitaspekt betrachtet - insbesondere zu den nachträglichen Pflichten des Warenherstellers, S. 204 f.

[336] Schreiber, Produkthaftung bei arbeitsteiliger Produktion, S. 53; mit dogmatischen Bedenken: Messer, in: Kullmann/Pfister, Produzentenhaftung, Kza. 1426, S. 13. f.; für den werkvertraglichen Bereich: Meier, VuR 1992, 30 (39).

hier geforderten Standard zurück[337], so daß an dieser Stelle möglicherweise entsprechende Korrekturen vorzunehmen sein werden.[338]

Auch wenn demnach in der Literatur weitgehendes Einvernehmen über die Existenz nachvertraglicher Schutzpflichten der bezeichneten Art besteht, so sind dennoch die dogmatischen Grundlagen noch weitgehend ungeklärt.[339] Dies betrifft, neben den pflichtenbegründenden Kriterien, vor allem den Inhalt und Umfang solcher Pflichten im „Nachwirkungsbereich", so daß sich das Schrifttum gerne - und nicht zuletzt zur Überbrückung der bestehenden Unsicherheiten - mit der Übernahme der deliktischen Verkehrspflichten ins Vertragsrecht behilft. Sicher läßt sich das gegenüber jedermann geltende Verhaltenskonzept ohne weiteres auf die vertragliche Ebene übertragen.[340] Besonderheiten des unmittelbar auf Kontakt angelegten Schuldvertragsrechts sollten indessen an dieser Stelle nicht unberücksichtigt bleiben. Und insofern ist es keineswegs einsichtig, warum ein Verhaltensprogramm im „Nachwirkungsstadium" nur auf eine Informationsverpflichtung über Gefahren reduziert bleiben sollte, die sich aus dem bestimmungsgemäßen bzw. naheliegenden bestimmungswidrigen Gebrauch ergeben.[341] Hier vermag auch der Hinweis auf die anerkannten Grundsätze im deliktischen Kontext keine Überzeugungsarbeit dafür zu leisten, daß diese inhaltliche Restriktion ebenfalls im (quasi-)vertraglichen Bereich zu gelten hätte. Im Gegenteil: Als auf konkreten Kontakt basierendes Pflichtenprogramm, sollte sich dieses grundsätzlich an den konkreten *(Sicherheits-)Erwartungen* orientieren.[342] Hat der Verkäufer etwa auf entsprechende Nachfrage des Käufers hin das Produkt für eine spezifische Produkt-(kombinations-)verwendung als geeignet erklärt und insoweit besonderes Vertrauen in Anspruch genommen, so ist kein Grund ersichtlich, nicht auch die nachvertraglichen Sorgfaltsanforderungen an diesen konkret geweckten Sicherheitserwartungen auszurichten.[343] Warnpflichten und vorgeschaltete Pflichten zur Unsicherheitsreduzierung sollten sich grundsätzlich an diesen Vorgaben orientie-

---

[337] Vgl. unter § 2 II. 2. b).

[338] Vgl. näher unter § 2 II. 2. b).

[339] Der Aufbereitung der Grundlagen nimmt sich der 2. Teil der Arbeit an.

[340] Messer, in: Kullmann/Pfister, Produzentenhaftung, Kza. 1426, S. 9.

[341] So aber K. Meier, Ökologische Aspekte des Schuldvertragsrechts, S. 38. An anderer Stelle räumt dieser aber ein, daß sich „aus der besonderen Nähe und des durch den Kontakt begründeten Vertrauens auch Abweichungen (zu den deliktischen Verkehrspflichten) ergeben können", Meier, VuR 1992, 30 (39). Mit dieser Tendenz allgemein für die vertraglichen rechtsgüterschützenden Informationspflichten auch Wiedemann, in: Soergel, BGB, Vor § 275, Rdn. 473.

[342] Vgl. allgemein zu den Unterschieden zwischen Vertrags- und Deliktsrecht bezüglich der Sorgfaltsanforderungen, Messer, in: Kullmann/Pfister, Produzentenhaftung, Kza. 1426, S. 9 ff.

[343] Wie bereits ausgeführt, hängt die Tauglichkeits- und (Un-)Schädlichkeitsbeurteilung von eben dem konkreten Verwendungszweck ab. Spezielle Nachfragen des Käufers sind im Hinblick auf das nachvertragliche Stadium praktisch nur in dieser Hinsicht relevant.

ren.[344] Durch einen derartigen Zuschnitt des informationsbezogenen Verhaltensprogramms würden im übrigen - abgesehen von der hier ohnehin vertretenen verstärkten Aktivierung des Pflichtenkonzeptes - kaum höhere Anforderungen formuliert, als sie ohnehin bereits im deliktischen (Verkehrspflichten-)Bereich gelten. So ist im Rahmen der deliktischen Produktbeobachtung allgemein konsentiert, daß der Hersteller im Zuge des Beobachtens der Bewährung der Produkte auf dem Markt auch vom bestimmungsgemäßen Gebrauch abweichende neue Verwendungseinsätze zu erfassen hat und sich entsprechende Gefahrabwendungspflichten daran anschließen können.[345] Zweck dieser Pflichten ist die Sicherstellung der Reaktionsmöglichkeit im Hinblick auf die sich im Laufe der Zeit einstellenden abweichenden Gebrauchs- und Verbrauchspraktiken der Verbraucher (sog. Anwendungserweiterungen[346]). Zumindest in einer längerfristigen Perspektive wird daher erkennbar, daß die deliktischen Verkehrspflichten nicht nur an dem bestimmungsgemäßen oder naheliegenden bestimmungswidrigen Gebrauch orientiert sind, sondern daß sich hier ebenfalls Reaktionspflichten im Anschluß an neue Verwendungseinsätze ergeben können. Ungeachtet dessen würde sich Vertragsrecht natürlich grundsätzlich nicht gehindert sehen, einen höheren Sorgfaltsstandard zu formulieren. Auch nachvertragliche Informationspflichten und vorgeschaltete Pflichten zur Wissensbeschaffung und -produktion sollten sich hieran ausrichten.

IV. Die haftungsrechtliche Bewältigung von Entwicklungsrisiken durch die derzeitige Rechtsprechungspraxis

In einer den Untersuchungsteil 1 abschließenden Rechtsprechungsanalyse soll nunmehr der haftungsrechtlichen Bewältigung der bezeichneten Entwicklungsrisiko-Konstellationen durch die bisherige Rechtsprechung nachgegangen werden. Die Gerichte hatten sich bis dato wenig mit solchen kaufrechtlichen Konstellationen zu beschäftigen, in denen sich die objektive Möglichkeit zur Schädlichkeitserkenntnis erst nach dem Leistungstransfer einstellte.[347] Zumeist war die Produkt-

---

[344] Ebenso Bodewig, Der Rückruf fehlerhafter Produkte, S. 154. Dazu näher unter § 4 I.

[345] Foerste, Produkthaftungshandbuch, § 24, Rdn. 220; Schmidt-Salzer, Produkthaftung, Band III/1: Deliktsrecht, Rdn. 4.993 ff. (4.997), 4.1094.

[346] Zum Begriff allgemein Schmidt-Salzer, Produkthaftung, Band III/1: Deliktsrecht, Rdn. 4.992.

[347] Vgl. zu einem *werkvertraglichen* Fall nach Leistungsabwicklung objektiv gegebener Möglichkeit zur Schädlichkeitserkenntnis, in dem es, neben der Schadensersatzhaftung, auch um die Primärebene ging: OLG Köln NJW-RR 1991, 1077 ff.

gefahr bereits objektiv vor Vertragsabschluß bekannt.[348] Schwierig zu beantworten ist überdies oftmals die Frage, ob den Fällen überhaupt ein Entwicklungsrisiko zugrunde lag.[349] Bei nahezu sämtlichen Entscheidungen läßt sich wohl in vertretbarer Weise auch zu einem gegenteiligen Ergebnis gelangen. Obwohl es der vorliegenden Arbeit ausschließlich um die Bewältigung von Entwicklungsrisiken im Rahmen von Verbraucherverträgen geht, werden bei der folgenden Rechtsprechungsanalyse zudem Entscheidungen berücksichtigt, die die gewerbliche Produktanwendung betreffen.

Zu nennen ist hier zunächst die aus dem Jahre 1972 stammende „Braunfäule"-Entscheidung[350] des BGH. Dort hatte die Käuferin, ein Unternehmen der fabrikmäßigen Herstellung von Holzfenstern, auf Empfehlung einer Lackherstellerin einen bestimmten Kunstharzlack zum Lackieren ihrer Fenster eingesetzt. Nach einigen Jahren traten jedoch Fäulnisschäden an den Fenstern auf (sog. Braunfäule). Der BGH billigte der Fensterherstellerin einen Schadensersatzanspruch wegen Fehlens einer zugesicherten Eigenschaft aus den §§ 463 S. 1, 480 Abs. 2 BGB zu, weil die Lackherstellerin zu verstehen gegeben habe, für die Eignung des Lackes zu dem Verwendungszweck einzustehen.[351] Der BGH bejahte eine Garantiehaftung, obwohl die Schädlichkeit des Lackes nach dem „Stand von Wissenschaft und Technik" zum Zeitpunkt des Vertragsabschlusses nicht bekannt war.[352] Die Verjährung des Anspruchs binnen 6 Monaten war offenbar in diesem Fall kein relevantes Durchsetzungshindernis.

Auch dem Urteil des BGH vom 29. Juni 1977 („Erdbeerplantagen")[353] lag die Konstellation einer erst nach Vertragsabwicklung gegebenen Möglichkeit zur Ermittlung des Gefährdungspotentials zugrunde. In dem Fall hatte sich nachträglich die Unverträglichkeit des vom bekl. Verkäufer bezogenen Insektizids „F.-Öl" mit

---

[348] Mit näheren Nachweisen dazu weiter unten. Da es im Rahmen der vorliegenden Untersuchung ausschließlich um Rechtsgüterschutzinteressen geht, werden hier solche Entscheidungen außer Ansatz gelassen, in denen der Ausgleich von Äquivalenzinteressen oder die Kompensation von erlittenen Vermögensschäden im Vordergrund steht, so in OLG Hamburg, in: Schmidt-Salzer, Entscheidungssammlung Produkthaftung, II. 96; OLG Düsseldorf, NJW-RR 1992, 284 f.

[349] Kein Entwicklungsrisiko lag z. B. der „Honda"-Entscheidung (BGHZ 99, 167 ff.) zugrunde. In diesem Sinne auch Joerges, Rationalisierungsprozesse im Recht der Produktsicherheit, UTR 1994, 141 (163). Auch bei den „Kindertee"-Entscheidungen, wo die Schädlichkeit durch eine „Prüfung" ermittelbar war, lag ein Entwicklungsrisiko nicht vor; ebenso nicht in den folgenden Fällen, obwohl dort die Produktbeobachtungspflicht bemüht wurde: BGH NJW 1994, 517 ff. mit Anm. Brüggemeier, JZ 1994, 578 ff., „Gewindeschneidemittel I"; BGH NJW-RR 1995, 342 f., „Gewindeschneidemittel II"; BGH NJW 1994, 3349 ff., „Atemüberwachungsgerät".

[350] BGHZ 59, 158 ff., „Braunfäule", vgl. auch schon § 1 II. und § 2 I.

[351] BGHZ 59, 158 (160 f.).

[352] BGHZ 59, 158 (162), vgl. auch bereits zu dieser Entscheidung unter § 2 I. 1.

[353] BGH WM 1977, 1027 ff., „Erdbeerplantagen".

dem im Anschluß daran eingesetzten Herbizid T eines anderen Herstellers herausgestellt. Auch hier standen ausschließlich die kaufvertragsrechtlichen Schadensersatznormen im Zentrum der Prüfung. Der BGH thematisierte insbesondere eine Haftung wegen kaufvertraglicher Nebenpflichtverletzung in der Form einer Beratungspflichtverletzung, die aber schließlich aufgrund der zum Zeitpunkt der Vertragsabwicklung nicht gegebenen Erkennbarkeit der Unverträglichkeit der Präparate und damit mangels Verschuldens verneint wurde.[354] Selbst zum Entscheidungszeitpunkt (1977) hätte nach den Feststellungen des Gerichts noch keine wissenschaftlich gesicherte Klarheit darüber bestanden, warum gerade die Mittel T. und „F-Öl" unverträglich seien. Es hätten weder in der Wissenschaft noch in der Praxis Bedenken gegen die gleichzeitige Verwendung beider Mittel bestanden. Eine *nachvertragliche Produktbeobachtungs- und Informationspflichtverletzung* wurde vom VIII. Zivilsenat in der Entscheidung nicht in Erwägung gezogen. Da das Herbizid unmittelbar nach dem Kauf im März 1966 eingesetzt worden war, hätte ein solches nachvertragliches Verhaltensprogramm in der Tat wohl auch eine Schadensersatzverpflichtung der Herstellerin nicht begründen können. Mangels Vorhersehbarkeit der Unverträglichkeit und damit mangels Verschuldens zum Zeitpunkt der Übergabe, mußte zudem schließlich eine mögliche Haftung aus pVV wegen Schlechtleistung negativ ausfallen.[355] Wie im Regelfall waren auch dort für eine Zusicherung einer Eigenschaft keine Anhaltspunkte vorhanden[356], so daß die Klage schließlich als unbegründet abgewiesen wurde.[357] Eine vor- oder nachvertragliche Verpflichtung zur Gefahr-Erforschung der Verträglichkeit der Mittel unter Vorantreiben des wissenschaftlichen Erkenntnishorizonts wurde nicht in Betracht gezogen.[358]

Die bereits mehrfach angesprochenen „Apfelschorf"-Entscheidungen „Derosal"[359] und „Benomyl"[360] gehören, wenn man den Feststellungen des BGH folgen will, ebenfalls zu den hier einschlägigen Judikaten. In beiden Fällen ist allerdings letztlich offen geblieben, ob die Bekl. bereits vor Vertragsabschluß und Gefahrübergang die Möglichkeit zur Erkenntnis der Unwirksamkeit der Fungizide hatte.[361]

---

354 BGH WM 1977, 1027 (1028 f).
355 BGH WM 1977, 1027 (1029).
356 So BGH WM 1977, 1027 (1029).
357 OLG Hamburg, in: Schmidt-Salzer, Produkthaftung, II. 96, „Automatenumrüstung".
358 Allerdings hat der BGH hier eine Verpflichtung der Herstellerin zur Durchführung von Versuchen erwogen. Diese Überlegung spricht indessen dafür, daß es in der Entscheidung der Sache gar nicht um ein Entwicklungsrisiko ging, denn nur jenseits des Entwicklungsrisikos läßt sich die Schädlichkeit mittels der am „Stand von Wissenschaft und Technik" institutionalisierten Versuchs- und Testreihen ermitteln, vgl. bereits näher unter § 1 I. 3.
359 BGHZ 80, 186 ff.
360 BGHZ 80, 199 ff.
361 Allerdings führt der BGH in der „Benomyl"-Entscheidung aus, daß australische Forscher bereits in der Zeit zwischen Dezember 1973 und Februar 1974 die Resistenzbildung gegenüber dem Pro-

Ähnlich wie in dem „Erdbeerplantagen"-Fall ging es in den „Apfelschorf"-Entscheidungen um die Unwirksamkeit eines Pflanzenschutzmittels, die hier nicht aus der Unverträglichkeit mit dem kombinierten Mittel, sondern gerade aus der unterbliebenen Verwendung mit sog. Kontaktfungiziden resultierte. Anders als in dem vorangegangenen Fall wurde hier lediglich eine deliktische Haftung aus § 823 I BGB in Erwägung gezogen. Trotz der vom BGH in diesen Fällen erstmalig begründeten Produktbeobachtungspflicht[362], blieben die Klagen der Obstbauern aus dem „Alten Land" auf Ersatz ihrer erlittenen Ernteeinbußen doch letztlich erfolglos, weil die bekl. Herstellerinnen ihrer Produktbeobachtungspflicht nachgekommen waren und die Kl. schließlich nicht den Beweis erbringen konnten[363], daß bereits neue wissenschaftliche Erkenntnisse Anlaß zur Warnung im Hinblick auf die unmittelbar bevorstehende Resistenz des Apfelschorfpilzes gegeben hätten.[364] Eine Pflichtverletzung in nachvertraglicher Hinsicht wurde weder im „Derosal-" noch im „Benomyl"-Fall[365] in Erwägung gezogen. Zwischen Hersteller und Produkterwerber bestanden allerdings auch keine (quasi-)vertraglichen Beziehungen. Eine Haftung des Vertragspartners wäre aufgrund der von der Rechtsprechung bislang an die Händler gestellten reduzierten Sorgfaltsanforderungen in der Tat erst Recht nicht erfolgversprechend gewesen.[366]

Auch in einer Entscheidung des LG Berlins[367] ging es offenbar um ein erst nach dem Kauf erkennbares Schadenspotential. Hier hatten die Kläger einen Teppichboden von einem Händler erworben, der bei den Klägern zu Gesundheitsschäden

---

dukt erforscht hatten. Genau genommen lag damit bereits ein Fall vor Vertragsabwicklung objektiv gegebener Erkennbarkeit der Unwirksamkeit vor. Der BGH verneinte jedoch eine Verletzung der Produktbeobachtungspflicht, weil Erkenntnisse jedenfalls nicht auch in der Forschungsabteilung der Herstellerin hätten erkannt werden können, BGHZ 80, 199 (202).

[362] Vgl. bereits oben unter § 2 II. 2. b).

[363] Nach dem BGH treffe den Geschädigten die Beweislast dafür, daß die Herstellerin aufgrund der im Zuge der Produktbeobachtung gewonnenen neuen Erkenntnisse bereits Anlaß zu einer Warnung gehabt hat, vgl. BGHZ 80, 186 (195 ff.), „Derosal"; BGHZ 80, 199 (205), „Benomyl". Nur wenn feststehe, daß das Produkt mit einem Instruktionsfehler in den Verkehr gegeben wurde, treffe den Schädiger die Beweislast für mangelndes Verschulden, BGHZ 116, 60 (72), „Kindertee I", BGH NJW 1995, 1286 (1288), „Kindertee III". Näher zur Frage der Beweislast bei dem hier zu ermittelnden nachvertraglichen Konzept unter Teil 3 der Arbeit.

[364] BGHZ 80, 186 (194, 195).

[365] In der „Benomyl"-Entscheidung thematisierte der BGH lediglich eine mögliche Haftung aus Garantievertrag, BGH NJW 1981, 1606 (1607).

[366] Über einen nahezu identischen Fall hatte das OLG Frankfurt a. M. zu entscheiden, allerdings war nach der Feststellung des Gerichts die Schädlichkeit dort bereits zum Zeitpunkt des Vertragsabschlusses erkennbar. Das OLG Frankfurt sah dort den Beweis, daß die Herstellerin infolge des fortschreitenden Erkenntnisstandes von der Unwirksamkeit des Mittels Kenntnis hätte haben können, durch zwei Sachverständigen-Gutachten als geführt an, vgl. OLG Frankfurt a. M., VersR 1987, 1196 f., „Spritzmittel D".

[367] LG Berlin NJW-RR 1996, 501 f., „Teppichboden".

geführt hatte. Die daraufhin durchgeführten Untersuchungen ergaben eine erhebliche Kontamination des Hausstaubs mit Lösungsmitteln und Permethrin. Das LG Berlin hat die Klage gegen den Händler [Bekl. zu 1)] und die Herstellerin [Bekl. zu 2)] gleichwohl als unbegründet abgewiesen. Vertragliche Ansprüche gegen den Beklagten zu 1) aus pVV und § 463 Satz 1 BGB seien bereits verjährt.[368] Eine mögliche Haftung aufgrund nachvertraglicher Informationspflichtverletzung wurde auch hier nicht in Betracht gezogen. Für eine Haftung des Beklagten zu 1) aus § 823 I BGB - so das Gericht - fehle es des weiteren an einem Verschulden. Zum einen hätten die Kläger nicht schlüssig vorgetragen, daß der Beklagte zu 1) die gesundheitliche Bedenklichkeit des Teppichs gekannt habe oder diese ihm bekannt sein mußte. Zum anderen wurde die Verletzung einer dem Beklagten zu 1) obliegenden Verkehrssicherungspflicht abgelehnt, weil einen Händler grundsätzlich nur dann eine Pflicht zur Überprüfung der Ware treffe, wenn aus besonderen Gründen Anlaß dazu bestehe.[369] Eine Einstandspflicht der Herstellerin - als Beklagte zu 2) - wurde mit der Begründung negiert, daß der Teppichboden zum Zeitpunkt der Herstellung dem „Stand von Wissenschaft und Technik" entsprochen habe.[370] Die von dem Teppichboden ausgehende Konzentration von max. 30,3 mg Permethrin pro kg Teppichboden habe zum Zeitpunkt der Herstellung und des Inverkehrbringens dem Stand der Wissenschaft genügt.[371] Auch hier konnten die Kläger nach Auffassung des Gerichts nicht dartun, daß die Beklagte zu 2) die Schädlichkeit nach neueren Erkenntnissen und aufgrund ihrer Produktbeobachtung bekannt sein mußte. Diesbezüglich seien die Kläger jedoch beweisbelastet gewesen. Die von der Klägerin dargelegte neuere Studie zur Schädlichkeit von Permethrin aus dem Jahre 1994 wurde von dem Landgericht, zu Unrecht, als unbeachtlich erklärt, da sie erst nach Lieferung an den Bekl. zu 1) und die spätere Lieferung an die Kläger erschienen sei.[372] Hier hatte das Gericht noch nicht einmal die Pflicht zur nachträglichen Warnung in Erwägung gezogen.

Zu guter Letzt reiht sich noch ein vom OLG Frankfurt[373] entschiedenes Judikat in diesem Zusammenhang ein. In diesem Fall ging es um die gesundheitsgefährdende Wirkung eines Pflanzenschutzmittels. Ein Landwirt hatte beim Aufbringen und Einatmen des von der bekl. Herstellerin vertriebenen Pflanzenschutzmittels eine dauernde Lungenfunktionsstörung erlitten, die zur Berufsunfähigkeit bzw. Er-

---

368 LG Berlin NJW-RR 1996, 501.
369 LG Berlin NJW-RR 1996, 501 (502).
370 LG Berlin NJW-RR 1996, 501 (502).
371 LG Berlin NJW-RR 1996, 501 (502). Das LG stellte in diesem Zusammenhang fest, daß die schädliche Wirkung von Permethrin grundsätzlich außer Zweifel stehe. Umstritten war nur, wie regelmäßig bei toxisch wirkenden Stoffen, ab welcher Konzentration und in welcher Form der Aufnahme des Giftes eine toxikologische Wirkung eintritt.
372 LG Berlin NJW-RR 1996, 501 (502).
373 OLG Frankfurt NJW-RR 1997, 1519 f., „Fungizid S".

werbsminderung des Kl. führte. Das OLG Frankfurt prüfte hier ausschließlich eine Haftung aus § 823 BGB und verneinte schließlich einen solchen Schadensersatzanspruch, weil der Kl. nicht darzutun vermochte, daß der Bekl. im Jahre 1985 die Gefahr einer Atemwegserkrankung bei der Verwendung ihres Fungizides erkennbar gewesen wäre. Die Herstellerin habe weder Pflichten im Zusammenhang mit dem In-den-Verkehr-bringen noch der Produktüberwachung verletzt. Weder aus dem Meldeerfassungssystem noch aus der am neuesten Stand der Wissenschaft orientierten Prüfpflicht habe die Bekl. auf eine schädliche Wirkung ihres Produktes schließen können. Aufgrund des unmittelbar nach dem Kauf erfolgten Produkteinsatzes wäre hier allerdings wiederum eine nachvertragliche Haftungsbegründung nicht in Betracht gekommen.
In den übrigen Entscheidungen, bei denen es gegenständlich um die Haftung für Entwicklungsrisiken ging, war die Schädlichkeit des Produktes bereits objektiv vor Vertragsabschluß bekannt.[374] Sie sind daher für die vorliegende judizielle Bestandsaufnahme nicht von Interesse.

Die nahezu durchgängig klageabweisenden Urteile belegen deutlich das derzeit nur unzureichende haftungsrechtliche Schutzkonzept der Judikatur im Stadium nach Vertragsabwicklung. Die Rechtsprechungsübersicht hat gezeigt, daß der Käufer im Fall einer erst nach Vertragsdurchführung einsetzenden Option zur Gefahrermittlung kaum eine reale Chance zur Internalisierung seines Schadens hat. Dies gilt im besonderen auf der Basis des derzeitigen - von der Rechtsprechung herangezogenen - schuldvertraglichen Pflichtenkonzeptes. Vertragliche Schadensersatzansprüche waren entweder bereits verjährt[375] oder es fehlte aufgrund des Abstellens auf den Zeitpunkt des Vertragsabschlusses bzw. des Gefahrübergangs an der entscheidenden Pflichtverletzung bzw. am Verschulden seitens des Vertragspartners. Was die Durchsetzbarkeit der Ansprüche anbelangt, so ist die zitierte

---

[374] OLG Stuttgart VuR 1993, 313 ff. „Sadolins PX 65"; LG Köln VuR 1987, 168 ff., „Xyladecor" mit Anm. Micklitz; BGH VuR 1995, 132 ff., „Xyladecor"; LG Frankfurt NJW-RR 1991, 225 f. Bei dieser Entscheidung wurde auch eine vertragliche Haftung aus §§ 480 Abs. 1, 463 S. 1 BGB und der pVV in Erwägung gezogen, aber wegen Verjährung abgelehnt. Für eine deliktische Haftung des Händlers hat es nach Auffassung des Gerichts an einer Verkehrspflichtverletzung und einem entsprechenden Verschulden gemangelt. Die bekl. Händlerin hatte bei Auftauchen von Berichten über mögliche Gefährdungen durch Formaldehyd bei ihrer Lieferantin nachgefragt und diese hatte ihr die gesundheitliche Unbedenklichkeit bestätigt, da die Formaldehydemissionen den geltenden Richtwerten von 0,1 ppm entsprochen hätten. Auch der Entscheidung des LG Köln vom 17.12. 1986 (NJW-RR 1987, 541 ff.) lag m. E., entgegen der Auffassung des Gerichts, kein Fall erst nach Leistungsdurchführung gegebener Möglichkeit zur Erkenntnis des Gefährdungspotentials zugrunde, vgl. Dohmeier, VuR 1988, 301 ff. Ebenfalls ging es in der „Bremsen III"-Entscheidung (BGH VersR 1971, 80 ff.) wohl um einen Fall vor Vertragsabschluß gegebener Erkennbarkeit des Sicherheitsdefizits, wobei allerdings fraglich ist, ob es sich bei dem dort zugrunde liegenden Konstruktionsfehler überhaupt um ein Entwicklungsrisiko handelte.
[375] So im „Teppichboden"-Fall explizit das LG Berlin, NJW-RR 1996, 501.

„Braunfäule"-Entscheidung[376] eher die Ausnahme als die Regel, da üblicherweise die Einrede der Verjährung erhoben wird. Da zum Zeitpunkt des Leistungstransfers objektiv die Möglichkeit zur Erkenntnisgewinnung versagt ist, gehen letztlich auch die Ansprüche aus pVV wegen (vertraglicher) Nebenpflichtverletzung und wegen Schlechtleistung ins Leere. Dies gilt im besonderen für den Fall, daß der Vertragspartner des Produkterwerbers Händler ist. Eine Haftung wegen Verletzung der nachvertraglichen Verhaltenspflicht zur Produktbeobachtung und Warnung wurde in keinem Fall erwogen, wenn an dieser Stelle allerdings einzuräumen bleibt, daß das hier präferierte verschuldensabhängige nachvertragliche Schutzprogramm regelmäßig nur dann ein geeignetes Haftungsinstrument darstellt, wenn es um *langlebige Gebrauchsgüter* geht, da bei den Verbrauchsgütern die Verwendung zumeist unmittelbar im Anschluß an den Erwerb erfolgt. Im Hinblick auf die Verbrauchsgüter bleibt in der Regel kaum eine reale Chance eine Warnverpflichtung zu begründen bzw. die Unterlassung einer solchen noch als kausal für die Produkteinsatzentscheidung zu begreifen. Kommt es infolge des Verbrauchs dieser Produkte zu einem Schaden, so ist notwendige Konsequenz, daß der Geschädigte den Schaden selbst zu tragen hat.[377] In derartigen Konstellationen verbleibt nur die Möglichkeit, den Verkäufer im Hinblick auf die *künftige* Produktveräußerung entsprechend in die Pflicht zu nehmen. Pflichten zur eigenständigen aktiven Produktion neuer Schädlichkeitserkenntnisse unter Fortentwicklung des Wissenschaftsstandes und der Erkenntnisverfahren wurden in keinem Fall thematisiert.

Aber auch bei den deliktisch entschiedenen Fällen, wo die Produktbeobachtungs- und Warnverpflichtung regelmäßig geprüft wurde, hat dies den Käufer im Ergebnis kaum in eine günstigere Position versetzt. Denn nach den grundlegenden „Apfelschorf"-Entscheidungen[378] muß der Käufer beweisen, daß der Hersteller aufgrund des Fortschritts in der Wissenschaft von der Schadensträchtigkeit Kenntnis hätte haben können. Diese Beweislastzuweisung wurde in den Entscheidungen „Derosal", „Benomyl", „Teppichboden" und „Fungizid S" zu der maßgeblichen Hürde für die Kläger.[379] Bislang waren auch Verhaltenspflichten zur aktiven Produktion neuer Schädlichkeitsinformationen auf wissenschaftlicher Ebene in der Rechtsprechung kein Thema.

---

[376] BGHZ 59, 158 ff.
[377] Vgl. näher zur Haftungsbegründung nachvertraglicher Pflichten unter § 3 III.
[378] Vgl. näher oben.
[379] Zur Beweislast näher im Teil 3 der Arbeit.

V. Zusammenfassung und Fortgang der Untersuchung

Im Produkthaftpflichtbereich nimmt (Quasi-)Vertragsrecht allgemein und im Verhältnis zu der stark expandierenden Anwendung deliktischer Haftungsregeln bislang einen vergleichsweise geringen Stellenwert ein. Immerhin konnte in jüngster Zeit von einer Wieder- oder Neuentdeckung der vertragshaftungsrechtlichen Rechtsbehelfe im Kontext der Bewältigung der zahlreichen Umweltrisiken gesprochen werden.[380] Daß Vertragsrecht unlängst zu einem Medium der Bewältigung von (modernen) Gefährdungslagen geworden ist, ist im wesentlichen der rechtsfortbildenden - und Bestandsschutz integrierenden - Ergänzung des kaufvertraglichen Gewährleistungsrechts zu verdanken.[381] Dennoch sollte an dieser Stelle nicht übersehen werden, daß Schuldvertragsrecht nach wie vor grundsätzlich auf die klassische Zweier-(Vertrags-)Beziehung zugeschnitten ist und vertikale arbeitsteilige Prozesse im Produkthaftungsbereich durch die Rechtswissenschaft und Judikatur bislang kaum eine hinlängliche (quasi-)vertragsrechtliche Verarbeitung erfahren haben.[382]

Bei der Bestandsaufnahme der Möglichkeiten zur vertragshaftungsrechtlichen Bewältigung der durch die wissenschaftlich-technische Realisation induzierten Entwicklungsrisiken konnte immerhin einstweilen ein positiver Befund verzeichnet werden. In Reaktion auf die bei den Entwicklungsrisiken geforderte Flexibilität im Hinblick auf die zeitliche und wissensbezogene Dimension hat sich die culpa post contractum finitum als tauglicher Rechtsbehelf zur haftungsrechtlichen Bewältigung der Entwicklungsrisiken herauskristallisiert.[383] In Anknüpfung an die aufgezeigte spezifische (Entwicklungsrisiko-)Problematik, des Erfordernisses der Produktion neuer Erkenntnisse auf empirischer und/oder wissenschaftlicher Basis und der auf parteilicher Ebene diesbezüglich anzutreffenden asymmetrischen Informations- und Kompetenzverteilung[384], konnte mit den *Informationsobligationen* und den *vorgeschalteten Pflichten zur Rezeption und Produktion neuer schädlichkeitsbezogener Erkenntnisse* das zentrale mögliche Schutzinstrumentarium herausgearbeitet werden.[385] Mit der Herausarbeitung dieses denkbaren (Schutz-)Kon-

---

[380] Vgl. bereits unter § 1 III.

[381] Dazu bereits ausführlicher unter § 2 I. 1.

[382] Dazu insbesondere näher unter § 4 und § 5 der Arbeit. Immerhin läßt sich in jüngster Zeit für den deliktischen Bereich eine Verschärfung der an den Händler gerichteten Sorgfaltsanforderungen nachzeichnen, vgl. BGH NJW 1994, 517 ff., „Gewindeschneidemittel I"; BGH NJW 1995, 1286 (1289), „Kindertee III".

[383] Vgl. unter § 2 I.

[384] Dazu näher unter § 2 II. 1.

[385] Siehe dazu unter § 2 II. 2.

zeptes hat zugleich das nachvertragliche Pflichtenprogramm der culpa post contractum finitum an Konturen gewonnen.[386]

[386] Dazu unter § 2 II. 2. und III.

Teil 2: Die Haftung aus culpa post contractum finitum - Nachvertragliche Informationspflichten und vorgeschaltete Risiko-/Gefahrermittlungs- und -erforschungspflichten als Schutzkonzept zur Bewältigung von Entwicklungsrisiken

Teil 2 der Arbeit wird sich nunmehr der Begründung der nachvertraglichen Haftung annehmen. Dazu bedarf es zunächst einiger Grundlegungen, die das Institut der „Nachwirkungen von Schuldverhältnissen" betreffen (§ 3). Denn, obwohl heute Einvernehmen darüber herrscht, daß über die Abwicklung des Leistungsprogramms hinaus Schutzpflichten existieren können, gehört die Entwicklung, die dogmatische Fundierung einschließlich der Frage der Haftungsgrundlegung von „Fortwirkungen" zu den wenig bekannten bzw. gesicherten Themenbereichen. Dies gilt namentlich für die Pflichten zur nachträglichen Risiko-/Gefahrenaufklärung und die vorgeschalteten Erkenntnispflichten.[387]
Im Anschluß daran läßt sich sodann der Frage nach den Voraussetzungen der Statuierung von nachträglichen Warn- und Erkenntnispflichten und deren inhaltliche und umfangmäßige Konkretisierung nachgehen (§ 4).

Da sich die Schadensersatzhaftung aus der culpa post contractum finitum nur bei einem Verschuldensvorwurf begründen läßt und dem geschädigten Käufer regelmäßig lediglich ein Händler als Haftungsadressat gegenüber steht, stellt sich darüber hinaus die Frage nach der Zurechnung und Zurechenbarkeit fremden Fehlverhaltens bzw. Verschuldens. Diesem Themenkomplex wird sich der § 5 zuwenden.

---

[387] Näher zum Haftungsgrund nachvertraglicher Pflichten unter III. Auf dem allgemein zivilistischen Gebiet existieren lediglich relativ breit und auf eine umfassende Untersuchung der möglichen Nachwirkungen angelegte Arbeiten wie die von Elger, Nachwirkungen nach Ende des Rechtsverhältnisses im BGB, 1936; Kreyenberg, Nachwirkungen von Verträgen, 1958; Christensen, Verschulden nach Vertragsende, culpa post contractum finitum, 1958; Zenz, Zur Geschichte und Dogmatik nachwirkender Vertragspflichten, 1975; Hoffmans, Nachwirkende Nebenpflichten aus Schuldverhältnissen, 1986. Speziell mit den Nachwirkungen von Lieferverträgen hat sich noch Ramm, Fortwirkungen von Verträgen, insbesondere von Lieferverträgen, 1965, beschäftigt.

§ 3 Nachvertragliche Nebenpflichten: (Dogmatische) Entwicklung - kaufvertragliche Pflichtenkonzeptionen - Haftungsgrund nachvertraglicher Schutzpflichten

Die Entwicklung des bereits dargestellten Schutzkonzeptes erfordert zunächst einiges an Grundlagenarbeit. Dazu gehört zunächst eine Aufbereitung der in der Literatur und Rechtsprechung vollzogenen Entwicklung nachvertraglicher Nebenpflichten (I.). Beabsichtigt wird dabei weniger eine allumfassende Darstellung, als vielmehr eine Aufbereitung der groben Entwicklungslinien der Anerkennung von Schutzpflichten nach Vertragserfüllung im engeren Sinne. In diesem Zusammenhang reiht sich eine Übersicht über die bislang in Rechtsprechung und Lehre anerkannten Nebenpflichten von Kaufverträgen ein (II.). Entgegen der vielfach vertretenen Ansicht, „einfache Warenaustauschverträge" seien regelmäßig nicht in der Lage Nachwirkungen hervorzubringen[388], wird die Übersicht über die bislang im Kaufrecht vertretenen „Fortwirkungen" eher das Gegenteil belegen. Auch im kaufrechtlichen Schuldvertragsbereich haben Nachwirkungen von Anbeginn ihrer Entwicklung an eine relevante Rolle gespielt, wenn es auch nicht um die hier relevanten leistungsbezogenen Schutzpflichten ging.[389] Bereits *Ramm*[390] kam daher folgerichtig in seiner Untersuchung zu dem Ergebnis, daß selbst Kaufverträge, und zwar vor allem solche über „langlebige Gebrauchsgüter", geradezu auf „Fortwirkungen" angelegt seien.[391] Ebenso wie bei sonstigen Schuldvertragstypen geht es auch hier um die noch nach dem Stadium der Leistungsbereitstellung gegebene Möglichkeit zur Beeinträchtigung schutzwürdiger Vertrags- und Bestandsinteressen. Wie der mit dem Vertrag bezweckte Leistungserfolg oder weitergehende Vertragszwecke noch nachträglich vereitelt oder beeinträchtigt werden können, so kann es nachträglich noch zu Integritätseinbußen kommen. Hier wie dort ist es die fortwährende Möglichkeit zur Beeinträchtigung der Interessen des Vertragspartners, die einen leistungs- oder integritätsbezogenen Schutzbedarf im weiteren Sinne zutage fördert und die die Anwendung vertraglicher Haftungsgrundsätze legitimiert. Nachvertragliche Obligationen sind dem Umstand geschuldet, daß eine Beeinträchtigung von Vertrags- und Integritätsinteressen nicht nur während der Leistungsbewirkung erfolgen kann, sondern darüber hinaus noch nach Vertragsabwicklung möglich ist.[392]

---

[388] So Christensen, Verschulden nach Vertragsende, S. 73; Kreyenberg, Nachwirkungen von Verträgen, S. 92.
[389] Dazu näher unter II. und III.
[390] Ramm, Fortwirkungen von Verträgen, insbesondere von Lieferverträgen, S. 33 f.
[391] Allerdings sah Ramm in der Möglichkeit der Beeinträchtigung der Vertragszwecke den entscheidenden Ansatzpunkt, vgl. näher § 3 III. 4.
[392] Dazu näher unter § 3 III.

Mit der Frage des Haftungsgrundes der nachvertraglichen produktbezogenen Schutzpflichten wird sich der Abschnitt III. eingehender beschäftigen. Denn im Gesamtkonzept des 2. Teils der Arbeit ist vor allem die Bezeichnung und Präzisierung des Haftungsgrundes von Bedeutung, da dieser den *„Rahmen"*[393] für die nachfolgende Begründung der Obligationen (unter dem Gesichtspunkt von Treu und Glauben) vorgibt. Nachvertragliche Verhaltenspflichten sind solange möglich, wie jeweils ein haftungsbegründendes Schuldverhältnis existiert.

I. Die (dogmatische) Entwicklung nachvertraglicher Pflichten in der Rechtswissenschaft und Judikatur

Nachvertragliche Verkehrspflichten sind im Laufe dieses Jahrhunderts erst allmählich entwickelt worden. Das am 1.1.1900 in Kraft getretene BGB, das selbst noch von dem aktionenrechtlichen Denken des 19. Jahrhunderts beherrscht war und ist, betrachtet Beziehungen der Partner untereinander im wesentlichen aus der Perspektive der prozessual verfolgbaren Ansprüche heraus.[394] Aus Sicht der Gesetzesverfasser erschienen Schuldverhältnisse vor allem reduziert auf Haupt- und Nebenansprüche, als „Quelle" daraus resultierender klagbarer Erfüllungsansprüche.[395] Dementsprechend bestimmt § 241 S. 1 BGB, daß der Gläubiger *kraft des Schuldverhältnisses berechtigt* ist, die *Leistung zu fordern.*[396]

Ging das BGB noch von einem leistungsanspruchsbezogenen Verständnis des Schuldverhältnisses aus, so setzte aber schon vor Inkrafttreten des Gesetzes im Schrifttum eine Diskussion um das Wesen und die Inhalte von Schuldverhältnissen ein, die nach 1900 noch intensiver geführt wurde. Schuldverhältnisse als „Sonderverbindung zu sozialem Zusammenwirken" (*Stammler*[397]), als „Organis-

---

393 Näher zu der Funktion des Haftungsgrundes unter III.

394 Esser, Lehrbuch des Schuldrechts, 1. Aufl., § 6, S. 7; Kreyenberg, Nachwirkungen von Verträgen, S. 7.

395 Vgl. noch Kress, Lehrbuch des Allgemeinen Schuldrechts, § 4, S. 25.

396 Nach dem Vorschlag der Schuldrechtskommission soll künftig mit § 241 Abs. 2 KE-BGB klargestellt werden, daß sich Schuldverhältnisse auf bloße Schutzpflichten beschränken können. Allerdings soll nach der Begründung zu § 241 Abs. 2 S. 2 KE-BGB ausdrücklich offen bleiben, ob der Entstehungsgrund dieses Schuldverhältnisses ein gesetzlicher oder ein vertraglicher ist, vgl. Brüggemeier, Referat zum Thema: Empfiehlt sich die von der Schuldrechtskommission vorgeschlagene Neuregelung des allgemeinen Leistungsstörungsrechts, der Mängelhaftung bei Kauf- und Werkvertrag und des Rechts der Verjährung?, in: Verhandlungen des 60. Deutschen Juristentages, Bd. II Sitzungsberichte, K 50.

397 Stammler, Das Recht der Schuldverhältnisse in seinen allgemeinen Lehren, S. 8, 215 ff.

mus" (*Siber*[398]) oder als „konstante Rahmenbeziehung" (*Herholz*[399]) prägten seinerzeit die wissenschaftliche Auseinandersetzung um ein neues und zugleich erweitertes Schuldrechtsverständnis, ohne daß damit an dieser Stelle auch nur annähernd ein Überblick über die damaligen Begriffsschöpfungen präsentiert worden wäre.[400] *Esser* spricht später von dem Schuldverhältnis als einer „Lebenseinheit, als ein zweckbedingtes soziales Band"[401]. Schuldverhältnisse wurden damit fortan nicht mehr nur als „Quelle" einzelner oder summierter schuldrechtlicher Einzelansprüche, sondern als Rechtsgrundverhältnisse verstanden, aus denen Gestaltungsrechte, Einreden und ergänzende Treuepflichten erwachsen können sollten.[402] Die zunehmend einsetzende Verfeinerung der Verkehrsmoral unter dem Treue- und Vertrauensgesichtspunkt führte im folgenden nicht nur zu einer Ergänzung der Leistungspflichten im Hinblick auf leistungsbegleitende und dem Erfüllungsinteresse dienende Nebenpflichten und solche, die die Gefährdung oder Vereitelung des Obligationszwecks untersagten[403]; Weiterungen des pflichtenbegründenden Schuldverhältnisses wurden namentlich auch in Richtung solcher Sorgfaltspflichten gedacht, die den Integritätsschutz im Visier haben und die anläßlich des Eintretens in die Einflußsphäre des Geschäftspartners entstehen sollten. Schuldverhältnisse sollten auch Nebenpflichten zum Schutze des primären Vermögens und der Rechtsgüter des Vertragspartners hervorbringen können.[404] So zeigte etwa *Herholz*[405], daß eine pflichtenbegründende Sonderbeziehung, die „Rahmenbeziehung", bereits mit der Aufnahme der rechtsgeschäftlichen Beziehung zustande kommt und diese geeignet ist, Sorgfaltspflichten zum Schutze des Interessenkreises der in den Gefahrenkreis eintretenden Partei zu begründen. In Anknüpfung an

---

[398] Siber, IheringsJ, Band 70, 230 (266 ff.); Siber, in: Planck, Kommentar zum BGB, Vorbem. zu § 24 1 I. 1. a).

[399] Herholz, AcP 130 (1929), 257 (260, 295).

[400] Zu der Begriffsvielfalt und weiteren Nachweisen z. B. Hoffmans, Nachwirkende Nebenpflichten aus Schuldverhältnissen, S. 31, Fn. 2; vgl. zudem Kreyenberg, Nachwirkungen von Verträgen, S. 7 ff.; Schmidt, in: Staudinger, BGB, Einl. zu §§ 241 BGB, Rdn. 199 ff. (201).

[401] Esser, Lehrbuch des Schuldrechts, 1. Aufl., § 6, S. 8; später auch Ruhig, Die Nebenpflichten im Schuldrecht, S. 34.

[402] Siber verstand unter dem Schuldverhältnis als „Organismus" ein „Rechtsverhältnis, dem ein oder mehrere Einzelansprüche, aber auch Gestaltungsrechte, Einreden und andere Rechtswirkungen entspringen können", Siber, in: Planck, Kommentar zum BGB, Vorbem. zu § 241, I. 1.; Siber, IheringsJ, Bd. 70, 223 (227); Herholz, AcP 130 (1929), 257 (294 ff.); Stoll, AcP 136 (1932), 257 (287 ff.).

[403] Vgl. Zenz, Zur Geschichte und Dogmatik nachwirkender Vertragspflichten, S. 40, sog. negative Seite der Leistungspflicht.

[404] Vgl. Kress, Lehrbuch des Allgemeinen Schuldrechts, S. 580. Kress spricht allerdings noch von einem „Schutzanspruch". Vgl. bereits näher zu der Ergänzung des vertraglichen Konzepts im Hinblick auf die Schutzebene: Teil 1, § 2 I. 1.

[405] Herholz, AcP 130 (1929), 257, insbesondere S. 295 ff., 312 ff.

Herholz[406] stützte Stoll diese Schutzpflichten auf ein gesondertes Schuldverhältnis, das mit der „besonderen Einwirkungsmöglichkeit in den fremden Rechtskreis und des durch sie begründeten Vertrauensverhältnisses“ entstehen sollte.[407] Seien Schuldverhältnisse von dem Grundsatz von Treu und Glauben beherrscht[408], so *Stoll*[409], führe dieser Grundsatz auch bei der Sonderbeziehung infolge der Möglichkeit der Einwirkung auf die Personen und Sachen der anderen Partei zu der Pflicht, sich jeder schädigenden Einwirkung zu enthalten. Der „gesteigerte soziale Kontakt“ und der Vertrauensgedanke wurden später zur Haftungsbegründung nachvertraglicher Pflichten aufgegriffen.[410]

Mit dem erweiterten und um Nebenpflichten ergänzten Verständnis des zuvor ausschließlich leistungsanspruchsorientierten Schuldverhältnisses waren zugleich die Voraussetzungen für die Anerkennung „nachwirkender“ Pflichten geschaffen.[411] Sollten den Schuldverhältnissen nunmehr sowohl Leistungsansprüche, wie auch Nebenpflichten erwachsen können, so stand der § 362 Abs. 1 BGB, wonach das Erlöschen des Schuldverhältnisses mit der Bewirkung der geschuldeten *Leistung* eintritt, dem Fortbestand des Schuldverhältnisses im weiteren Sinne fortan nicht mehr im Wege. So kam bereits *Weilbauer* im Jahre 1922 zu der Erkenntnis, daß es bei den „ergänzenden Leistungspflichten“ gerade nicht um vereinbarte Pflichten geht, sondern um solche „nach Abschluß oder erst später dem Vertrag hinzutretende Handlungs- und Unterlassungspflichten“, die sich aus dem Gebote von Treu und Glauben, § 242 BGB, ergeben würden.[412] Daß das Ende des Schuldverhältnisses nicht gleichbedeutend sein würde mit der Erfüllung der Leistungspflichten, erkannten namentlich auch die oben bezeichneten Autoren. So hält *Herholz*[413] das Ende seiner „konstanten Rahmenbeziehung“ in dem Moment für gegeben, in dem die rechtsgeschäftliche Verbundenheit zwischen den Parteien gelöst

---

[406] Herholz selber hatte den Schritt zur Begründung eines gesonderten Schuldverhältnisses noch nicht vollzogen.

[407] Stoll, AcP 136 (1932), 257 (298). Bereits Herholz verstand die „konstante Rahmenbeziehung“ als ein gesetzliches Schuldverhältnis, das infolge des Eintritts der Interessensphäre der einen Partei in die Gefahrensphäre der anderen Partei ihren Entstehungsgrund finde, Herholz, AcP 130 (1929), 257 (297, 313 f.). Mit der Unterscheidung zwischen Leistungsanspruch und Schutzanspruch auch schon Kress, Lehrbuch des Allgemeinen Schuldrechts, § 1, S. 6 f.; § 23, S. 578 ff. Allerdings wollte Kress, anders als Stoll, von dem Schutzanspruch auch die Gefährdung des Vertragszwecks erfaßt sehen, vgl. Kress, a.a.O., S. 582.

[408] Der § 242 BGB ist vom Wortlaut her schon auf die Leistungsbeziehung zugeschnitten.

[409] Stoll, AcP 136 (1932), 257 (288).

[410] Zum Haftungsgrund nachvertraglicher produktbezogener Schutzpflichten näher unter III.

[411] Ebenso Hoffmans, Nachwirkende Nebenpflichten aus Schuldverhältnissen, S. 31; Zenz, Zur Geschichte und Dogmatik nachwirkender Vertragspflichten, S. 8 ff.

[412] Weilbauer, Die ergänzenden Leistungspflichten nach Treu und Glauben, S. 4 f.

[413] Herholz, AcP 130 (1929), 257 (312).

werde. Dies sei mit der Beendigung der tatsächlichen Beziehung der Fall.[414] Weniger erhellend, aber wohl inhaltlich im wesentlichen identisch, formulierte *Stoll*, daß das Vertrauensverhältnis solange andauere, „bis die letzten Wirkungen aus dem Leistungsverhältnis erloschen sind"[415]. *Esser*[416] konzedierte später, im Jahre 1949, daß „zwar mit der Beendigung des Schuldverhältnisses die Ansprüche untergingen, es aber nicht umgekehrt so sei, daß mit der Erfüllung der Hauptleistung das Schuldverhältnis im ganzen erlösche". *Kreyenberg* zufolge seien trotz Beendigung des Vertrages als solchem noch Nachwirkungen des Vertrages denkbar, weil das vertragliche Schuldverhältnis u. U. über die Leistungsbeziehung weit hinausragen könne.[417] *Hoffmans*[418] spricht von dem mit der Bewirkung der Leistung verbleibenden „Restbestand" des vertraglichen Schuldverhältnisses.

Bereits frühzeitig hatte die reichsgerichtliche Rechtsprechung begonnen, wenn auch ohne dogmatische Fundierung[419], die im wesentlichen erst durch die Rechtswissenschaft nachgeliefert wurde, vereinzelt (Schutz-)Pflichten nach Leistungsbereitstellung anzunehmen.[420] So hat das RG[421] bereits 1903 einem Fahrgast, der sich aufgrund von Glatteis nach Verlassen des Zuges auf dem Bahnhof einen doppelten Bruch des Unterschenkels zugezogen hatte, einen Anspruch auf Schadensersatz aus vertraglicher Haftung zugestanden. Das RG hielt das Eisenbahnunternehmen hier erstmalig vertraglich für verpflichtet, für einen gefahrlosen Abgang des Fahr-

---

[414] Herholz, AcP 130 (1929), 257 (313). Auch Kress hatte schon 1929 festgestellt, daß das Schuldverhältnis noch nach Erfüllung des Hauptanspruchs bestehen bleiben könne. Der Fortbestand des Schuldverhältnisses begründe sich jedoch aus der Sicht von Kress ausschließlich auf den gesetzlich begründeten Nebenansprüchen, wie etwa dem Anspruch auf Gewährleistung wegen Sachmängel oder im Fall einer Schenkung eines noch nach Erfüllung des Schenkungsversprechens andauernden Rückforderungsanspruchs wegen Notbedarfs oder aus besonderen vertraglichen Abreden, vgl. Kress, Lehrbuch des Allgemeinen Schuldrechts, § 4, S. 27 f., 579.

[415] Vgl. Stammler, der bereits 1897 festgestellt hatte, daß das Erlöschen der Einzelansprüche nicht notwendigerweise den Untergang des gesamten Schuldverhältnisses bedeute, Stammler, Das Recht der Schuldverhältnisse, S. 215 ff., 219. Vgl. insgesamt zur Übersicht der dogmatischen Entwicklung der nachvertraglichen Pflichten auch Zenz, Zur Geschichte und Dogmatik nachwirkender Vertragspflichten, insb. S. 8 ff.; Kreyenberg, Nachwirkungen von Verträgen, S. 3 ff. In Anbetracht dieser Erkenntnisse, ist kaum nachvollziehbar, wie heute noch Bedenken gegen die Existenz nachvertraglicher Pflichten unter dem Gesichtspunkt der Erfüllung vorgebracht werden können, vgl. etwa Messer, in: Kullmann/Pfister, Produzentenhaftung, Kza. 1426, S. 13 f. für den Produktbeobachtungsbereich.

[416] Esser, Lehrbuch des Schuldrechts, 1. Aufl., § 6, S. 7.

[417] Kreyenberg, Nachwirkungen von Verträgen, S. 17.

[418] Hoffmans, Nachwirkende Nebenpflichten aus Schuldverhältnissen, S. 30.

[419] Generell wird man in früheren wie in späteren Entscheidungen dogmatische Ausführungen kaum antreffen.

[420] Natürlich gab es auch in der Literatur bereits zuvor Stellungnahmen, die einzelne nachvertragliche Pflichten bejahten, ohne aber auf das Problem der „Nachwirkung" einzugehen, vgl. Zenz, Zur Geschichte und Dogmatik nachwirkender Pflichten, S. 18 ff.

[421] RGZ 55, 335 ff., „Eisenbahnbetriebsunternehmen".

gastes zu sorgen. Die Verpflichtung des Unternehmens, Personen von einem zum anderen Orte zu befördern, könne nicht schon in dem Augenblick der Ankunft des Bahnzuges als erfüllt angesehen werden, so das RG, sondern umfasse vielmehr die Verpflichtung, dem Reisenden einen sicheren Ausgang aus dem Bahnhofe zu gewähren.[422]

Fraglos war mit dieser Entscheidung eine allgemeine Anerkennung von nachvertraglichen Pflichten in der judiziellen Spruchpraxis noch nicht vollzogen, da das RG im folgenden in ähnlich gelagerten Fällen eine nachvertragliche Pflicht zum Schutze der Rechtsgüter des Vertragspartners verneinte. So hat das RG[423] in einem Fall, in dem eine Frau nach einigen Einkäufen und im Zuge des Begebens in eine andere Abteilung des Warenhauses einen Körperschaden erlitten hatte, eine Haftung unter Vertragsgesichtspunkten abgelehnt und lediglich eine Verpflichtung zum Schadensersatz aus unerlaubter Handlung bejaht. Das RG meinte, daß eine vertragliche Haftung nur bei Vertragsbeziehungen in Betracht käme, die sich gerade auf die Benutzung eines Raumes erstreckten, wie dies z. B. bei dem Verhältnis zwischen Wirt und Gast der Fall sei.[424] Mit gleichen Erwägungen verneinte das RG in einer weiteren (kaufbezogenen) Entscheidung vom 14. Juni 1910 eine nachvertragliche Haftung aus Vertrag.[425] Schon 3 Jahre später nahm das RG jedoch erneut eine Pflicht zur Erhaltung der Rechtsgüter des „bisherigen" Vertragspartners an, dieses Mal jedoch auf dem Mietrechtssektor.[426] Mit der Erwägung, die in § 536 BGB enthaltene Pflicht, die Mietsache „während der Mietzeit" in vertragsgemäßem Zustand zu erhalten, könne nicht so eng gefaßt werden, bejahte das RG eine Schutzpflicht, die sich auf den Zeitraum des Auszuges nach Ablauf des Mietvertrages erstrecken sollte.[427]

Lassen sich noch bis Mitte der 20er Jahre nachvertragliche Sorgfaltspflichten nur vereinzelt nachzeichnen, so markiert RGZ 111, 298 ff. die entscheidende Wendemarke, von der ab „Fortwirkungen" - und insbesondere solche mit vertragszwecksichernder Intention[428] - in der reichsgerichtlichen Rechtsprechung zunehmend Anerkennung erfahren haben.[429] In dieser einen Forderungskauf betreffenden Entscheidung konzedierte das RG, daß, wenn der schuldrechtliche Vertrag auf Über-

---

[422] RGZ 55, 335 (336).
[423] RG JW 1914, 759.
[424] RG JW 1914, 759.
[425] RGZ 74, 124 (126), „Metzgerei".
[426] RG, WarnRspr 1913, Nr. 316, S. 381.
[427] RG, WarnRspr 1913, Nr. 316, S. 381.
[428] Vgl. aber bereits die Entscheidung des OLG Hamburg, Seufferts Archiv, Bd. 76, Nr. 136, S. 218 f., „Abtretungsurkunde". Das OLG Hamburg hielt den Bekl. aufgrund des Schenkungsvertrages für verpflichtet, die Abtretungserklärung nochmals zu erteilen.
[429] Allerdings lassen sich auch in der Folgezeit noch vereinzelt ablehnende Judikate ausmachen.

tragung und Erwerb eines Forderungsrechts gerichtet sei, der Zedent selbst nach geschehener Abtretung vertraglich gehalten sei, alles zu unterlassen, was dem neuen Gläubiger (Zessionar) die Einziehung der Forderung beeinträchtige.[430] Dieser konstitutiven Entscheidung folgten schon bald solche, die in ähnlicher Weise nachträglichen Vereitelungen des Leistungserfolges und der Vertragszwecke entgegen treten wollten. So nahm das RG[431] - im Zuge der von Treu und Glauben beherrschten Verkehrssitte - ein nachvertragliches Wettbewerbsverbot eines Herausgebervertrages an. Ebenso sah das RG den Verkäufer eines kaufmännischen Geschäftes aufgrund von Treu und Glauben und dem Kaufvertragsinhalt für verpflichtet an[432], nach Abwicklung des Kaufes Wettbewerb zu unterlassen.[433] Eine anschließende Konkurrenztätigkeit, so das RG, würde hier den Vertragszweck vereiteln.[434] Es folgten nunmehr noch weitere Entscheidungen im Kaufrecht, die dem Verkäufer eine nachträgliche Beeinträchtigung des Vertragserfolges untersagten.[435] So stellte das RG in seiner Entscheidung vom 5. Januar 1933 fest, daß dem Verkäufer eines Grundstückes die auf den §§ 157, 242 BGB beruhende Nebenverpflichtung obliege, den Käufer nach Übergabe und Übereignung des Grundstückes in ungestörtem Besitz zu belassen.[436] In dem bekannten „Venusberg"-Fall[437] führte das RG, unter Berufung auf RGZ 111, 298 ff., aus, daß das durch vollständige Erfüllung herbeigeführte Ende eines Vertrages noch gewisse Nachwirkungen der vertraglichen Bindung zulasse, wie sich andererseits schon aus der Anbahnung von Vertragsverhandlungen Vorwirkungen ergeben könnten. Die hier vorgenommene Klassifizierung der nachvertraglichen Obligationen als „Nachwirkungen" des Schuldverhältnisses läßt indessen deutlich werden, daß sich das RG seiner Zeit von dem leistungsbezogenen Schuldrechtsverständnis noch

---

430 RGZ 111, 298 (303), „Forderungskauf". Das RG bejahte eine Haftung unter dem Gesichtspunkt der pVV.

431 RGZ 113, 70 (72 f.).

432 Die Entscheidung datiert noch vor dem bereits oben angeführten reichsgerichtlichen Urteil (RG LZ 1929, Sp. 1463), in dem erstmalig auf dem kaufvertraglichen Sektor eine Schutzpflicht angenommen wurde.

433 RGZ 117, 176 ff., „Wettbewerbsverbot", vgl. auch noch später z. B. OLG Stuttgart NJW 1949, 27.

434 RGZ 117, 176 (180).

435 RG HRR 1933, Nr. 1177; für den kaufvertraglichen Bereich ablehnend allerdings noch RG JW 1931, 2904 (2906). Vgl. zu den nachwirkenden Pflichten eines Maklervertrages, RG LZ 1931, Sp. 624 (Sp. 625); BGHZ 48, 344 (346).

436 RG HRR 1933, Nr. 1177. Vgl. zudem RG JW 1932, 585 (586): Nach dem RG ergebe sich aus den Grundsätzen von Treu und Glauben die Vertragspflicht eines Einkäufers, nach Beendigung des Vertragsverhältnisses und Abwicklung der gegenseitigen Verpflichtungen, die Interessen seines Auftraggebers zu wahren.

437 RGZ 161, 330 (338), „Venusberg", vgl. näher auch unter II.

nicht gänzlich gelöst hatte.[438] Der BGH setzte diese reichsgerichtliche Rechtsprechung fort.[439]

Nach 1945 folgte auf dem arbeitsrechtlichen Sektor erstmalig höchstrichterrechtlich[440] durch das BAG die Anerkennung „nachwirkender" Pflichten von Arbeitsverhältnissen.[441] Zu den nachvertraglichen Verhaltensanweisungen zählte das BAG etwa die Pflicht zur Zeugnisausstellung[442], zur Auskunftserteilung durch den Arbeitgeber und die Pflicht auf Arbeitnehmerseite zur Geheimhaltung von Betriebsgeheimnissen.[443] Trotz der offenkundig schon sehr weitgehenden Anerkennung von Verhaltenspflichten nach Beendigung des Arbeitsverhältnisses, sollten „Nachwirkungen" nach eigenen Bekunden des BAG jedoch nur in „sehr begrenztem Umfang" in Betracht kommen. Im Anschluß an die grundlegende Entscheidung des BGH zum Wiedereinstellungsanspruch eines entlassenen Arbeitnehmers[444] aus dem Jahre 1956, erweiterte das BAG aber schon bald den Katalog der möglichen „Nachwirkungen" auf einen - im Einzelfall unter Berücksichtigung der Grundsätze von Treu und Glauben anzunehmenden - Anspruch des Arbeitnehmers

---

[438] Die Bezeichnung der nachvertraglichen Pflichten als „Nachwirkungen" läßt darauf schließen, daß das RG das eigentliche vertragliche Schuldverhältnis bereits für beendet hielt, aus dem sich aber noch gewisse „Nachwirkungen" ergeben können. Die Bezeichnung der Pflichten nach Vertragsabwicklung als „Nachwirkungen" war zu der damaligen Zeit - und ist im übrigen auch heute noch - eine gängige Terminologie. Sie ist insofern mißverständlich, da es sich bei den nachvertraglichen Pflichten nicht um „Nachwirkungen" eines *beendeten* Schuldverhältnisses handelt, sondern um Pflichten eines *fortbestehenden* Schuldverhältnisses. Entweder besteht das Schuldverhältnis noch fort oder es ist erloschen. Im letzteren Fall sind auch keine (nachwirkenden) Pflichten mehr denkbar; so zutreffend bereits v. Bar, AcP 179 (1979), 460/461; Hoffmans, Nachwirkende Nebenpflichten aus Schuldverhältnissen, S. 30, der aber die Terminologie der „Nachwirkungen" aufgrund allgemeiner Gebräuchlichkeit beibehält. Kritisch auch bezügl. der Terminologie der „Nachwirkung" auf dem arbeitsrechtlichen Sektor, Zöllner, Die vorvertragliche und die nachwirkende Treue- und Fürsorgepflicht im Arbeitsverhältnis, in: Tomandl (Hrsg.), Treue- und Fürsorgepflicht im Arbeitsrecht, S. 95 f.

[439] BGH LM, § 362, Nr. 2, „Holzverkaufs-Fall", näher dazu unter II.

[440] Das RAG hat bis 1945 seine ablehnende Haltung gegenüber nachvertraglichen Pflichten beibehalten. Allerdings gab es schon vor 1945 einige untere Gerichte, die auch bei Arbeitsverhältnissen Nachwirkungen annahmen, vgl. m. w. N. Zenz, Zur Geschichte und Dogmatik nachwirkender Vertragspflichten, S. 24.

[441] BAGE 3, 139 ff. Vor allem das Gesetz zur nationalen Ordnung der Arbeit (AOG) aus dem Jahre 1934 und dessen § 2 Abs. 2, in dem die Treue- und Fürsorgepflicht explizit fixiert wurde, führte bereits das RAG zu der Frage, ob nicht aufgrund der veränderten Auffassung vom Wesen des Arbeitsverhältnisses eine neue Beurteilung der Existenz nachwirkender Pflichten angezeigt sei. Das RG ließ dies jedoch offen, RG ARS, Bd. 42, 145 (149).

[442] Da es sich um einen gesetzlichen Anspruch handelt, gehört die Pflicht allerdings genau genommen nicht den nachwirkenden Pflichten an.

[443] BAGE 3, 139 (140 f.).

[444] BGH NJW 1956, 1513, „Wiedereinstellung".

auf Wiedereinstellung.[445] Nachvertragliche Pflichten durchziehen mittlerweile nahezu sämtliche Schuldrechtsgebiete.[446]

Neben der zunehmenden Anerkennung nachwirkender Vertragspflichten vor allem im arbeitsrechtlichen Bereich, läßt sich bei den Gerichten darüber hinaus namentlich auf dem unabhängigen Dienstleistungs- und Werkvertragssektor die Tendenz zu einer verstärkten Befürwortung von „Fortwirkungen" nachzeichnen.[447] Nachvertragliche Nebenpflichten erscheinen als fortbestehende Verhaltensanweisungen etwa von Anwalts-, Steuerberater- oder Architektenverträgen, die primär auf den Vermögensschutz abzielen. Des weiteren lassen sich im Arzt- und Krankenhausrecht solche Pflichten nach „Vertragsbeendigung" nachzeichnen. Diesbezüglich kann auf die Darstellung der nachvertraglichen Informationspflichten unter § 2 III. verwiesen werden.

II. Nachvertragliche Nebenpflichten von Kaufverträgen

Im Zuge der Entwicklung und Anerkennung von Nebenpflichten nach „Vertragsbeendigung" gehörten insbesondere Kaufverträge zu denjenigen Schuldverhältnissen, denen „Nachwirkungen" zugeschrieben wurden. Wenn auch heute in der Praxis die Bedeutung nachvertraglicher Handlungsanleitungen im Kaufrecht nahezu gänzlich geschwunden ist[448], so haben kaufrechtliche Sorgfaltspflichten nach Durchführung des Leistungsprogramms noch in der reichsgerichtlichen Rechtsprechung eine zentrale Rolle gespielt. Insoweit sei nochmals erinnert an und hingewiesen auf die konstitutive Entscheidung des RG zum Forderungs-

---

[445] BAGE 3, 332 (338 f.), vgl. insgesamt ausführlicher zu den in der Literatur und Rechtsprechung vertretenen „Nachwirkungen" von Arbeitsverhältnissen, Zenz, Zur Geschichte und Dogmatik nachwirkender Vertragspflichten, S. 23 ff. und S. 132 mit dem Hinweis, daß es sich bei dem Anspruch auf Wiedereinstellung nicht um ein der Nachwirkung zugehöriger Problemkreis handelt; Zöllner, Die vorvertragliche und die nachwirkende Treue- und Fürsorgepflicht im Arbeitsverhältnis, a.a.O., S. 91 ff. m. w. N.

[446] Vgl. etwa die Übersicht bei Roth, in: Münchener Kommentar, BGB, § 242, Rdn. 161 ff., 197; Hoffmans, Nachwirkende Nebenpflichten aus Schuldverhältnissen, S. 56 ff.; zu den nachvertraglichen Informationspflichten etwa eines Auskunftsvertrages jüngst: BGH NJW 1998, 448. Für den Mietvertragsbereich z. B. BGH LM Nr. 2 zu § 556; BGH WarnR 1971, 337, Nr. 126; LG Göttingen, AnwBl 1966, 103.

[447] Im Hinblick auf die nachvertraglichen Informationspflichten vgl. bereits § 2 III.

[448] Aus neuerer Zeit lediglich AG München, NJW 1970, 1852 f. und LG Hannover, NJW-RR 1986, 1278 f., jeweils näher unten.

kauf[449], in der das RG den Zedenten nach geschehener Abtretung für verpflichtet hielt, „alles zu unterlassen, was dem neuen Gläubiger die Einziehung der Forderung beeinträchtige", oder aber auf die Entscheidung vom 31. 05. 1927[450], in der das RG ein nachvertragliches Wettbewerbsverbot nach Veräußerung eines kaufmännischen Geschäfts annahm.

Im Jahre 1929 folgte sodann erstmalig die Anerkennung nachvertraglicher Obhutspflichten eines Warenhausinhabers.[451] Das Warenhaus wurde dafür haftbar gemacht, daß eine Käuferin nach getätigtem Einkauf bei Benutzung des Fahrstuhls einen Körperschaden erlitten hatte.[452] Allerdings hat sich das RG noch der Konstruktion eines stillschweigend abgeschlossenen Beförderungsvertrages bedient.[453] Die Verpflichtung zu einem Treu und Glauben gemäßen Verhalten sollte demnach sowohl die Pflicht beinhalten, den Leistungserfolg nicht nachträglich wieder zu beeinträchtigen oder zu vereiteln, wie sich jedweder schädlichen Einwirkung zu enthalten.
Unter Berufung auf die grundlegende „Forderungskauf"-Entscheidung bejahte das RG folgerichtig sodann eine Pflicht des Verkäufers eines Grundstücks, dem Käufer nach Übergabe und Übereignung den ungestörten Besitz zu belassen.[454] Ähnlich untersagte das RG dem Verkäufer die Bebauung des Hinterlandes, weil der Käufer ein bestimmtes Grundstück nur aufgrund des schönen Fernblicks und im Vertrauen auf die Unbebaubarkeit des Hinterlandes erworben hatte („Venusberg"-Fall).[455] „Aus dem Gebote redlicher und verkehrsüblicher Vertragserfüllung" - so das Gericht - „könne für den Schuldner auch nach der eigentlichen Leistung eine Rechtspflicht zu bestimmten Handlungen übrig bleiben."[456] Habe die Klägerin das Grundstück gerade im Vertrauen auf die Unbebaubarkeit des Hinterlandes erworben, so folge daraus die Verpflichtung des beklagten Verkäufers, diesen Vertragszweck nicht nachträglich zu vereiteln.[457] Das RG fügte allerdings sogleich einschränkend hinzu, daß „bei einem einmaligen, rasch sich abwickelnden Güterumsatzgeschäft die Fortdauer einer Schuldnerpflicht zu einem beständig mit dem Vertragszweck des anderen Teils im Einklang bleibenden Verhaltens in der Regel

---

[449] RGZ 111, 298 ff., „Forderungskauf"; vgl. auch RGZ 112, 373 ff. zum Verkauf eines Anspruchs auf Lieferung von Mais.
[450] RGZ 117, 176 ff., „Wettbewerbsverbot".
[451] RG LZ 1929, Sp. 1463. Die Entscheidungen sind bereits sämtlich Gegenstand des vorangegangenen Abschnitts gewesen.
[452] RG LZ 1929, Sp. 1463 f.
[453] Vgl. RG LZ 1929, Sp. 1463.
[454] RG HRR 1933, Nr. 1177.
[455] RGZ 161, 330 (338 f.).
[456] RGZ 161, 330 (338).
[457] RGZ 161, 330 (338 f.).

nicht ohne weiteres und nicht auf unbegrenzte Zeit angenommen werden könne."[458]
Der BGH bestätigte in dem „Holzverkaufs"-Fall[459] diese Rechtsprechung. Auch nach Erfüllung, so der BGH, könne sich „aus dem Einzelfall die Verpflichtung der Vertragsteile zu einem Treu und Glauben gemäßen Verhalten ergeben, insbesondere die Verpflichtung alles zu unterlassen, was den Vertragszweck gefährden oder vereiteln könne"[460]. Daher hafte ein Verkäufer unter dem Gesichtspunkt der positiven Vertragsverletzung, wenn er den bezahlten und übereigneten Kaufgegenstand nochmals anderweitig verkaufe.[461] In einer neueren Entscheidung hielt das LG Hannover[462] den Verkäufer eines Grundstücks für schadensersatzpflichtig, weil dieser nicht dafür Sorge getragen hatte, daß die Nachbargrundstücke ebenso - und wie vertraglich vorausgesetzt - in gleicher Weise mit Einfamilien-Reihenhäusern bebaut wurden. Unter Berufung auf die „Venusberg"-Entscheidung des RG konzedierte das Landgericht, daß „nach der beiderseitigen Vertragserfüllung noch nachwirkende Pflichten der Parteien zu bestimmten Handlungen oder Unterlassungen bestehen bleiben können, deren Verletzung Schadensersatzansprüche begründen"[463].

Vom Schrifttum sind diese Judikate zumeist vorbehaltlos rezipiert worden. Das nachvertragliche Verhaltensprogramm ist von der Rechtswissenschaft darüber hinaus mittlerweile um eine Vielzahl weiterer Sorgfaltspflichten ergänzt worden, die teils ebenso auf nachträgliche Sicherung und Erhaltung des Vertragserfolges bzw. -zwecks abzielen, teils den nachträglichen Bestandsschutz des Käufers bezwecken. So sei, neben dem Verkäufer, auch der Käufer während des vertraglichen Kontaktes zu einem sorgsamen Umgang mit den Rechtsgütern des Verkäufers verpflichtet, wie sich zudem aus den Umständen eine Pflicht des Käufers ergeben könne, den Vertragszweck nicht zu gefährden.[464] Da die Nutzung von technischen Geräten entscheidend von der Nachlieferung von Ersatzteilen abhängt, treffe den gewerblichen Verkäufer die Pflicht, noch nach Beendigung des Vertrages im engeren Sinne für die gewöhnliche Nutzungsdauer[465] des Vertragsobjektes

---

[458] RGZ 161, 330 (338/ 339).
[459] BGH LM § 362 BGB, Nr. 2.
[460] BGH LM § 362 BGB, Nr. 2.
[461] BGH LM § 362 BGB, Nr. 2. Vgl. auch zu einem Fall, in dem der BGH den Käufer für verpflichtet hielt, die ihm als Beweismittel für die Beschaffenheit des Kaufgegenstandes vor Vertragsabschluß ausgehändigte Probe noch aufzubewahren, BGHZ 6, 224 (227), „Kauf nach Probe".
[462] LG Hannover, NJW-RR 1986, 1278.
[463] LG Hannover, NJW-RR 1986, 1278.
[464] So Kreyenberg, Nachwirkungen von Verträgen, S. 91.
[465] A. A. Rodig, BB 1971, 854 (855), der die Pflicht zur Ersatzteillieferung lediglich für die Dauer der steuerlichen Abschreibungsfrist annehmen will. In der Rechtsprechung und Lehre wird z. T. mit unterschiedlichen, aber ähnlichen Formulierungen operiert; so spricht das AG München, NJW

Ersatzteile zu bevorraten und gegen entsprechendes Entgelt zu liefern, soweit diese nicht anderweitig zu beschaffen sind.[466] Dies soll insbesondere dann gelten, wenn der Hersteller die Fertigung der bisherigen Serie aufgibt.[467] Ähnlich wird beim Auslaufen von Serienartikeln, wie Porzellanservicen, die Pflicht des Produktveräußerers zur Sicherstellung der Lieferbarkeit von weiteren Einzelteilen für eine angemessene Zeit angenommen.[468] Jedenfalls für komplizierte und wartungsbedürftige Anlagen soll der Verkäufer des weiteren einen technischen Kundendienst aufrecht erhalten müssen.[469]

Auf die in der Lehre befürworteten Informationspflichten nach Kaufvertragsabwicklung wurde schon hingewiesen.[470] Sie verpflichten den Verkäufer im nachhinein noch zur Informationsbereitstellung, wenn der Käufer die Ware andernfalls nicht gebrauchen kann. Erlangt der Leistungsschuldner im Zuge des Erkenntnisfortschritts beispielsweise Wissen darüber, daß die erfolgte Instruktion unzureichend oder fehlerhaft war und daß das Produkt deswegen nicht funktionstüchtig

---

1970, 1852 von der „gewöhnlichen Betriebsdauer", Finger, NJW 1970, 2049 (2050) von der „üblicherweise zu erwartenden Nutzungszeit".

[466] Ramm, Fortwirkung von Verträgen, insbesondere von Lieferverträgen, S. 67 ff.; Ruhig, Die Nebenpflichten aus Schuldverhältnissen, S. 171/172; AG München, NJW 1970, 1852 f; Greulich, BB 1955, 208 (210); Finger, NJW 1970, 2049 (2050); Rodig, BB 1971, 854 f.; Kühne, BB 1986, 1527 (1528) jeweils mit weiteren Einzelheiten; zudem auch Zenz, Zur Geschichte und Dogmatik nachwirkender Vertragspflichten, S. 145; Hoffmans, Nachwirkende Nebenpflichten aus Schuldverhältnissen, S. 57; Kreyenberg, Nachwirkungen von Verträgen, S. 87/88; Roth, in: Münchener Kommentar, BGB, § 242, Rdn. 166. Zu diesem Problemkreis auch Ullrich/Ulbrich, BB 1995, 371 ff. Ebenso für spezifische Betriebsstoffe, Zenz, Zur Geschichte und Dogmatik nachwirkender Vertragspflichten, S. 145; Kreyenberg, Nachwirkungen von Verträgen, S. 87; Ruhig, Die Nebenpflichten im Schuldrecht, S. 171; Greulich, BB 1955, 208 (210); Westermann, in: Münchener Kommentar, BGB, § 433, Rdn. 71; Emmerich, in: Münchener Kommentar, Vor § 275, Rdn. 404; Köhler, in: Staudinger, BGB, § 433, Rdn. 154.

[467] Ramm, Fortwirkung von Verträgen, insbesondere von Lieferverträgen, S. 72 f.; Finger, NJW 1970, 2049 (2050).

[468] Greulich, BB 1955, 208 (209); Hoffmans, Nachwirkende Nebenpflichten aus Schuldverhältnissen, S. 57; Zenz, Zur Geschichte und Dogmatik nachwirkender Vertragspflichten, S. 146; Westermann, in: Münchener Kommentar, BGB, § 433, Rdn. 71; Kreyenberg, Nachwirkungen von Verträgen, S. 86, der allerdings diese Pflicht nur aus den besonderen Umständen des Einzelfalls (etwa Erklärung des Verkäufers, das Muster auch später liefern zu können) bejahen will. Auch will Ramm eine Pflicht zur Beibehaltung einer Serie nur dann annehmen, wenn die Absicht des Käufers, einzelne Teile nachzukaufen, bei Vertragsabschluß erkennbar war, Ramm, Fortwirkung von Verträgen, insbesondere von Lieferverträgen, S. 88.

[469] Ramm, Fortwirkung von Verträgen, insbesondere von Lieferverträgen, S. 80 ff. mit weiteren Einzelheiten; Zenz, Zur Geschichte und Dogmatik nachwirkender Vertragspflichten, S. 145; Greulich, BB 1955, 208 (210); im Sinne einer Wartungspflicht beim Kraftfahrzeugkauf: Vollert, Nachwirkungen des Kraftfahrzeugkaufes, S. 220 ff.

[470] Vgl. bereits näher auch unter § 2 III.

ist, so hat dieser den Produkterwerber nachträglich davon zu unterrichten.[471] Informationsobligos greifen überdies dann ein, wenn der Verkäufer etwa nachträglich einen gefährlichen Konstruktionsfehler entdeckt.[472] Dann kommt eine unverzügliche Reaktion in der Form einer Warnung in Betracht.[473] Bemerke der Lieferant eines Flugzeuges, so *Kreyenberg*[474], daß einzelne Bauteile schadhaft sind und daß dadurch ein Flugzeugunfall verursacht werden kann, so verletze dieser die „nachwirkende" Vertragspflicht, wenn er den Käufer nicht sofort davon in Kenntnis setzt. Auch sei der Hersteller-Verkäufer nachvertraglich zur Produktbeobachtung verpflichtet. Die funktionell auf die Bewältigung von Entwicklungsrisiken zugeschnittene Pflicht zur nachträglichen Überwachung der Bewährung der Produkte auf dem Markt und zur Verfolgung des einschlägigen „Standes von Wissenschaft und Technik" gehört, wie schon ausgeführt, mittlerweile in der Literatur zu den anerkannten „Nachwirkungen" von Kaufverträgen.[475]

Zu den in der Rechtswissenschaft befürworteten Fortwirkungen gehören zudem die Rückrufpflichten. Wenn der Verkäufer dieser Rechtsauffassung zufolge aber noch nach Leistungsbereitstellung und Ablauf der 6-monatigen Verjährungsfrist zur Beseitigung des gefahrenträchtigen Zustandes, zur Rücknahme des Erzeugnisses gegen Kaufpreisrückzahlung oder zur Lieferung eines neuen gefahrlosen Produktes verpflichtet angesehen wird[476], so ist eine solche Auffassung jedenfalls de lege lata mit der (abschließenden) kaufvertraglichen Regelung in den §§ 459 ff. BGB nicht vereinbar.[477]

---

[471] Hoffmans, Nachwirkende Nebenpflichten aus Schuldverhältnissen, S. 56; Teichmann, in: Soergel, BGB, § 242, Rdn. 167; Teichmann, JA 1984, 709 (712).

[472] Elger, Nachwirkungen nach Ende des Rechtsverhältnisses im BGB, S. 12; Ramm, Fortwirkung von Verträgen, insbesondere von Lieferverträgen, S. 92 f.; Kreyenberg, Nachwirkungen von Verträgen, S. 87; Honsell, in: Staudinger, BGB, Vorbem. zu §§ 459 ff., Rdn. 87; allgemein in Bezug auf gefährliche Mängel, Greulich, BB 1955, 208 (210).

[473] Kreyenberg, Nachwirkungen von Verträgen, S. 87; Zenz, Zur Geschichte und Dogmatik nachwirkender Vertragspflichten, S. 137; Hoffmans, Nachwirkende Nebenpflichten aus Schuldverhältnissen, S. 56/57; Ramm, Fortwirkung von Verträgen, insbesondere von Lieferverträgen, S. 92 f.; Honsell, in: Staudinger, BGB, Vorbem. zu §§ 459 ff., Rdn. 87.

[474] Kreyenberg, Nachwirkungen von Verträgen, S. 87; mit einem ähnlichen Fall bereits Greulich, BB 1955, 208 (210).

[475] Emmerich, in: Münchener Kommentar, BGB, Vor § 275, Rdn. 404; Jäckle, Die Produzentenhaftung unter dem Zeitaspekt betrachtet - insbesondere zu den nachträglichen Pflichten des Warenherstellers, S. 204; Schreiber, Produkthaftung bei arbeitsteiliger Produktion, S. 53.

[476] So für den Kraftfahrzeugkauf Vollert, Nachwirkungen des Kraftfahrzeugkaufs, S. 244 ff.

[477] So wohl auch OLG Hamburg, in: Schmidt-Salzer, Entscheidungssammlung, II. 96, das nach Ablauf der Gewährleistungsfrist nur noch von einer Warnverpflichtung ausgeht. Ebenso Schreiber, Produkthaftung bei arbeitsteiliger Produktion, S. 53 f. Vgl. dazu schon § 2 III.

III. Zum Haftungsgrund nachvertraglicher Schutzpflichten - namentlich der fortbestehenden Warn- und Erkenntnispflichten

Nachdem nunmehr die Entwicklung nachvertraglicher Nebenpflichten und die bislang anerkannten Pflichteninhalte näher aufgezeigt wurden, wird im folgenden dem Haftungsgrund der fortbestehenden und speziell der hier interessierenden nachvertraglichen Warn- und Erkenntnispflichten nachzugehen sein. Der Haftungsgrund der Schutzobligationen nach Leistungsvollzug gehört zu den vergleichsweise wenig beachteten Problemkomplexen und dies, obwohl die Haftungsgrundlegung namentlich für die weitere Pflichtenstatuierung von entscheidender Bedeutung ist. So lassen sich Schutzpflichten grundsätzlich erst dann begründen, wenn zuvor der „Rahmen" schutzwürdiger Konstellationen umrissen wurde, wie es *Breidenbach*[478] recht plastisch formuliert hat. Der Haftungsgrund von Schutzpflichten gibt an, warum eine Rechtsordnung eine Seite schützt, indem sie der anderen Seite mit dem Schutz korrespondierende Handlungsanleitungen auferlegt.[479] Haftungsrelevante Konstellationen lassen sich auf diese Weise von den nicht schutzwürdigen Fällen scheiden.[480] Die Frage nach der Pflichtenstatuierung unter Treu und Glauben läßt sich erst im Anschluß an die Haftungsbegründung und die sich daran anschließende Schutzwürdigkeitsbewertung beantworten.[481]

In der Literatur wird der Haftungsgrund von „Fortwirkungen" zum Teil in Abhängigkeit von der jeweiligen Schutzausrichtung der Pflichten bestimmt. Nach dieser Auffassung sollen nachvertragliche Schutzpflichten auf anderem Haftungsgrund beruhen, als Nebenpflichten zur Sicherstellung des Leistungs- bzw. Gebrauchsinteresses. Da hier mit den nachvertraglichen Informations- und Erkenntnispflichten ausschließlich solche Verhaltensanweisungen Gegenstand der Arbeit sind, die dem Rechtsgüterschutz des Käufers dienen, wird im folgenden nur nach dem

---

478 Breidenbach, Die Voraussetzungen von Informationspflichten beim Vertragsschluß, S. 23.

479 Breidenbach, Die Voraussetzungen von Informationspflichten beim Vertragsschluß, S. 23. Ähnlich soll nach Canaris der Haftungsgrund - in Abgrenzung zum Zurechnungsprinzip - den „Grund" angeben, „warum und unter welchen Voraussetzungen die Rechtsordnung eine Partei schütze", Canaris, Vertrauenshaftung, S. 470. Das Zurechnungsprinzip entscheide dagegen, warum und unter welchen Voraussetzungen die andere Partei mit einer entsprechenden Pflicht belastet wird.

480 Im Sinne dieser Funktionsbestimmung des Haftungsgrundes grundsätzlich Loges, Die Begründung neuer Erklärungspflichten und der Gedanke des Vertrauensschutzes, S. 27 mit Blick auf die deliktische Abgrenzung.

481 Vgl. Breidenbach, Die Voraussetzungen von Informationspflichten beim Vertragsschluß, S. 51. A. A. Bohrer, der auf die Stufung von Haftungsgrund einerseits und Bestimmung des Umfangs (objektiver) Pflichten andererseits gänzlich verzichten und statt dessen eine einheitliche Betrachtungsweise auf der Grundlage der im Einzelfall zugrunde liegenden Vertrauensbeziehungen vornehmen will, Bohrer, Die Haftung des Dispositionsgaranten, insb. S. 300 f.

Haftungsgrund von solchen *Schutz*pflichten zu fragen sein. Für diese integritätswahrenden Sorgfaltspflichten werden im wesentlichen zwei gegenläufige Meinungen vertreten: Die eine will die nachvertraglichen Schutzpflichten auf das fortbestehende vertragliche Schuldverhältnis stützen (1); die andere Ansicht sieht diese „Fortwirkungen" in einem selbständigen „gesetzlichen" Schutzpflichtverhältnis begründet (2). Unter Einbeziehung der Rechtsprechung wird der insoweit vorfindliche Meinungsstand zunächst darzustellen sein. Dem folgt eine eigene Stellungnahme und eine nähere Bestimmung des Schutzbereiches des nachvertraglichen Schuldverhältnisses im Hinblick auf die produktbezogenen Warn- und Erkenntnispflichten (3.).

1. Das vertragliche Schuldverhältnis als Haftungsgrund nachvertraglicher Schutzpflichten - ein Teil der Literatur und die Rechtsprechung

Nach einem Teil des Schrifttums sind die Schutzpflichten nach Vertragsabwicklung Ausfluß des „vorangegangenen" Vertrages. Nachwirkende Nebenpflichten existieren, so *Hoffmans*[482], weil das vertragliche Schuldverhältnis noch gegenwärtig sei. Als Unterfall der positiven Vertragsverletzung beruhten sie grundsätzlich auf dem fortbestehenden Vertragsschuldverhältnis.[483] Auch älteren Stellungnahmen zufolge seien die integritätswahrenden Nebenpflichten als vertragliche einzustufen. *Christensen* spricht davon, daß die nachvertraglichen Pflichten ihren „inneren Grund in dem vorangegangenen Rechtsverhältnis als Gefüge" finden und bringt damit zum Ausdruck, daß auch er die Pflichten nach Leistungsbereitstellung als vertragliche begreift.[484] Allerdings will *Christensen* zur näheren Konkretisierung des nachvertraglichen Schutzumfangs die Vertrauenskomponente heranziehen: Es sei das während des Rechtsverhältnisses geknüpfte „Band des gegenseitigen Vertrauens", das die Parteien noch nach Vertragsende für „eine gewisse Zeit" binde.[485] „Fortwirkende Pflichten", so *Christensen*[486], „würden aus dem Vertrauensverhältnis der Parteien entstehen, das seine innere Begründung in dem vorausgegangenen, einem Organismus vergleichbaren Rechtsverhältnis

---

[482] Hoffmans, Nachwirkende Nebenpflichten aus Schuldverhältnissen, S. 133.

[483] Hoffmans, Nachwirkende Nebenpflichten aus Schuldverhältnissen, insb. S. 133, 139 f.

[484] Christensen, Verschulden nach Vertragsende, culpa post contractum finitum, S. 88, 92 ff. (94). Mißverständlich spricht Christensen jedoch an einigen Stellen von „fortwirkenden Pflichten aus dem beendeten Rechtsverhältnis" oder davon, daß die Pflichten aus dem Vertrauensverhältnis entspringen würden, Christensen, Verschulden nach Vertragsende, culpa post contractum finitum, S. 68, 89.

[485] Christensen, Verschulden nach Vertragsende, culpa post contractum finitum, S. 65.

[486] Christensen, Verschulden nach Vertragsende, culpa post contractum finitum, S. 72.

finde". Entsprechend der vertrauensgeleiteten Sichtweise geht er schließlich von einem „allmählichen Auslaufen des Nachwirkungsstadiums" aus.[487]

Auch *Kreyenberg*[488] gelangt zu dem Ergebnis, daß als Grundlage für die Pflichten nach Vertragsabwicklung nur der „einstige Vertrag" in Betracht komme. Dieser sei der maßgebliche pflichtenerzeugende Tatbestand. „Hätten die Parteien einmal durch Willenseinigung ein Vertragsverhältnis begründet, könne das auf dieser Willenseinigung beruhende Vertragsverhältnis besondere Wirkkraft entfalten und Nachwirkungen haben"[489]. Nur hatte sich auch *Kreyenberg* zu der damaligen Zeit noch nicht von der leistungsanspruchsbezogenen Sichtweise des Schuldverhältnisses distanziert, wenn er an anderer Stelle ausführt, daß „das durch den Vertrag begründete Schuldverhältnis fortbestehen könne, obwohl der Vertrag beendet sei und die Hauptpflichten ihr Ende gefunden hätten"[490]. Da sich nach *Kreyenberg* die Nachwirkungen nach der Dauer und der Intensität des Vertragsbandes richten, kommt dieser allerdings zu dem Resultat, daß bei einfachen Austauschverträgen, bei denen die Parteien „nur in kurze belanglose Beziehungen" treten, fortwirkende Pflichten nur in geringem Umfang möglich seien.[491]
Der fortbestehende Vertrag bildet ebenfalls nach *Ramm*[492] den Haftungsgrund für integritätsschützende Verhaltenspflichten, wenngleich er solche „nachwirkenden" Schutzpflichten ausschließlich unter dem Gesichtspunkt der Erhaltung und Sicherung der Vertragszwecke des Käufers subsumierte. Ebenso sieht *Vollert*[493] das „ehemalige Schuldverhältnis, den erfüllten Vertrag" als Grund „nachwirkender" Pflichten an.

Soweit von den Gerichten nachvertragliche Schutzpflichten angenommen wurden, sind diese ebenso regelmäßig auf den „fortbestehenden" Vertrag gestützt worden. Allerdings sind den judiziellen Stellungnahmen nur selten nähere Ausführungen zum Haftungsgrund zu entnehmen. Zumeist läßt sich nur aus dem Zusammenhang und dem Hinweis auf die pVV als einschlägige Anspruchsgrundlage die vertragliche Herkunft der „Nachwirkungen" ableiten.
Als vertragliche sind vor allem die bereits angeführten zahlreichen Belehrungs- und Betreuungspflichten mit vermögenssorgender Ausrichtung eingestuft worden. „Nachwirkungen" erscheinen hier regelmäßig als nachvertragliche Pflichten aus

---

[487] Christensen, Verschulden nach Vertragsende, culpa post contractum finitum, S. 79. Zur Kritik näher unter 4.
[488] Kreyenberg, Nachwirkungen von Verträgen, S. 111 f.
[489] Kreyenberg, Nachwirkungen von Verträgen, S. 120.
[490] Kreyenberg, Nachwirkungen von Verträgen, S. 123.
[491] Kreyenberg, Nachwirkungen von Verträgen, S. 112, 114.
[492] Ramm, Fortwirkung von Verträgen, insbesondere von Lieferverträgen, S. 13 f., 23 ff., 33 ff., 92 ff.
[493] Vollert, Nachwirkungen des Kraftfahrzeugkaufes, S. 12.

dem Anwaltsvertrag, dem Architektenvertrag etc.[494] In einem Fall, in dem es um rechtsgüterbezogene Erhaltungspflichten nach „Beendigung“ des Mietverhältnisses ging, führte der BGH aus, daß dem bekl. Vermieter bis zur Rückgabe der vom Mieter eingebrachten Gegenstände eine Obhutspflicht oblegen hätte und zwar als *Auswirkung des beendeten Mietverhältnisses.*[495] Auch der Oberste Gerichtshof für die Britische Zone nahm in ähnlicher Weise eine fortbestehende Schutzpflicht des Verwahrers mit der Begründung an, daß selbst nach Beendigung der Hauptverpflichtung (hier: der Pflicht das Glas zu verwahren) - *in Nachwirkung des Verpflichtungsverhältnisses* - Benachrichtigungspflichten im Rahmen des § 242 BGB bestünden. Weitergehende Ausführungen lassen sich einer Entscheidung des LG Tübingen[496] entnehmen, in der es um Schutzpflichten aus dem fortbestehenden Beförderungsvertrag ging. Hat der Fahrgast versehentlich Sachen im Taxi zurückgelassen, so gehöre es zu den Pflichten des Taxiunternehmers, bei der Sicherstellung dieser Gegenstände zweckdienliche Hilfe zu leisten. Eine solche Obhutspflicht ergebe sich aus der „allgemeinen gegenseitigen Treuepflicht“, aus der sich auch nach der erbrachten Beförderung noch Nebenpflichten ergeben würden, „sofern aufgrund besonderer Umstände noch nicht sämtliche Beziehungen der Vertragspartner beendet seien, sondern solche in unmittelbarem Zusammenhang mit der bevorstehenden Beförderung noch weiterbeständen“[497].

2. Der „gesteigerte soziale Kontakt“ oder auch die „Vertrauenshaftung“ als Haftungsgrund der Schutzpflichten nach Leistungsbereitstellung - ein Teil des Schrifttums

Nach einer im Vordringen befindlichen Literaturmeinung beruhen die nachvertraglichen Schutzpflichten dagegen, ebenso wie die vor und nach Vertragsschluß existierenden, auf einem fortwährenden „gesetzlichen“ Schutzpflichtverhältnis. Ebenso wie bei der culpa in contrahendo - so *v. Bar* - „der Eintritt in Vertragsverhandlungen einen Vertrauenstatbestand schaffe, der den Vertragspartner zu gesteigerter Sorgfalt verpflichte, könne nach der Beendigung des Leistungspflichtverhältnisses das einmal begründete Vertrauensverhältnis und damit das gesetzliche Schutzpflichtverhältnis noch bestehen“[498]. Ähnlich will *Strätz*[499] die nachvertraglichen Nebenpflichten auf ein fortbestehendes Vertrauensverhältnis stützen. Auch

---

[494] Nachweise wie unter § 3 I. und § 2 III.
[495] BGH LM Nr. 2 zu § 556; ebenso BGH WarnR 1971, 337, Nr. 126; ähnlich OLG Düsseldorf, MDR 1976, 842.
[496] LG Tübingen, NJW-RR 1989, 1053.
[497] LG Tübingen, NJW-RR 1989, 1053.
[498] V. Bar, AcP 179 (1979), 452 (467).
[499] Strätz, in FS für Bosch, 999 (1012).

andere Stimmen in der Literatur sehen in dem fortdauernden gesteigerten sozialen Kontakt den Haftungsgrund von integritätswahrenden Nebenpflichten nach dem Leistungstransfer.[500] Nach *Löwisch*[501] sei es das „gesetzliche" Schuldverhältnis, das mit der Vertragsbeendigung wieder auflebe und das den Rechtsgrund für die rechtsgüterschutzorientierten Sorgfaltsanforderungen bilde.
Sämtliche Autoren greifen dabei auf den „gesteigerten sozialen Kontakt" als maßgeblichen Grund der Haftung zurück. In besonderer Akzentuierung des Vertrauensmoments wird zum Teil in der Lehre auch von der (negativen) „Vertrauenshaftung"[502] gesprochen.[503] Schutzpflichten werden nach dieser Auffassung als Ausfluß einer Sonderverbindung angesehen, die im Zuge der durch den beiderseitigen Kontakt „eröffneten Einwirkungsmöglichkeit in den fremden Rechtskreis und des dadurch begründeten Vertrauensverhältnisses zur Gegenpartei" entsteht.[504] Nach dieser Lehre ist es die finale Sonderbegegnung der jeweiligen Partner, die sich von den allgemeinen - primär deliktisch anvisierten - Zufallskontakten abhebt und die eine entsprechende Sonderverbindung zwischen den Partnern mit erhöhten Sorgfalts- und Rücksichtnahmepflichten entstehen läßt.[505] Der „gesteigerte soziale Kontakt" und das damit einhergehende „Vertrauen"[506] [507] werden hier als die konstituierenden Elemente des Schutzpflichtverhältnisses angesehen.[508] Aufgrund des fortbestehenden sozialen Kontaktes und der fortwährenden Vertrauensbeziehung,

---

[500] Teichmann, JA 1984, 709 (713); Roth, in: Münchener Kommentar, BGB, § 242, Rdn. 197.

[501] Löwisch, in: Staudinger, BGB, Vorbem. zu §§ 275 ff., Rdn. 37.

[502] Bei der negativen Vertrauenshaftung scheidet von vornherein ein Anspruch auf Vertrauensentsprechung aus, ist also Schadensersatzhaftung, Bohrer, Die Haftung des Dispositionsgaranten, S. 297. Vgl. allgemein zur Abgrenzung der „negativen" von der „positiven" Vertrauensverletzung bei Canaris, Vertrauenshaftung, S. 5 f.

[503] Abzugrenzen ist diese Haftungsbegründung etwa von der von Lorenz vertretenen; Lorenz will in entsprechender Anwendung des § 122 BGB und in Anknüpfung an die vom Produzenten getätigten Werbemaßnahmen eine „Vertrauenshaftung" begründen, Lorenz, Karlsruher Forum 1963, 8 ff.

[504] Stoll, AcP 136 (1932), 257 (298); ähnlich bereits Herholz, AcP 130 (1929), 257 (294 ff.; 312 ff.), vgl. näher bereits unter § 3 I.

[505] Esser/Schmidt, Schuldrecht, Bd. I, Allg. Teil, Teilb. 2, § 29 I.

[506] Hier hat insbesondere und vor allem Ballerstedt auf die (mit-)haftungsbegründende Bedeutung des Vertrauens hingewiesen, wenn er von der „Verpflichtung durch Gewährung in Anspruch genommenen Vertrauens" spricht, Ballerstedt, AcP 151 (1950/51), 501 (507). Grundlegend bereits Stoll, Die Lehre von den Leistungsstörungen, S. 26 f.; Stoll AcP 136 (1932), 257 (298).

[507] „Vertrauen" als ein haftungsbegründendes Element wird dabei ganz überwiegend nicht nur als ein real psychologischer Tatbestand begriffen, sondern als eine von dem tatsächlich existenten subjektiven Vertrauen abstrahierende Größe. In der Form eines geforderten „vertrauen dürfens" wird „Vertrauen" nicht nur zu einer typisierten, an äußere Umstände anknüpfende, objektive Kategorie, sondern zugleich zu einer Größe, bei der eine rechtlich normative Bewertung vertrauenserheblicher Umstände („berechtigtes Vertrauen") stattfindet. Frotz zufolge werde dem jeweiligen (vertrauensbegründenden) Verhalten ein rechtlich relevanter „Vertrauenswert" zugewiesen, Frotz, in: GS Gschnitzer, S. 169.

[508] Vgl. bereits Dölle, ZgesStW 103, 67 (74); Canaris, JZ 1965, 475 (476); Canaris, in: FS für Larenz, S. 27 (105 ff.); Esser/Schmidt, Schuldrecht, Bd. I, Allg. Teil, Teilb. 2, § 29 I.

so die oben genannten Stellungnahmen, sei das Schutzpflichtverhältnis auch im Stadium nach Vertragsdurchführung geeignet, Schutzpflichten zu begründen.

Entsprechend der haftungsbegründenden Elemente, dem „gesteigerten sozialen Kontakt und dem Vertrauensmoment, enden die nachvertraglichen Schutzpflichten erst dann, wenn infolge der *Vertragsabwicklung ein besonderer Vertrauenstatbestand nicht mehr vorliege.*[509] Oder wie es *Strätz* formuliert: Die Sonderverbindung dauere solange an, wie „ein aufgrund aller Modalitäten des Einzelfalls festzustellendes, besonderes Vertrauensverhältnis zwischen den Parteien des erfüllten Vertrages als schützenswert anerkannt werden könne“[510]. Ein solches Schuldverhältnis beginne „mit der Aufnahme der Sonderverbindung zum Zwecke des Vertragsabschlusses und *vergehe mit der schwindenden Bedeutung des gegenseitig beanspruchten Vertrauens.*“[511] Zur näheren Konturierung dieser Vertrauensbeziehung[512] greifen die Literaturstimmen dabei auf den fortbestehenden gesteigerten sozialen Kontakt zurück, ohne diesen indessen näher zu konkretisieren.[513] Nach *Strätz* besteht das Vertrauensverhältnis dementsprechend solange, wie die eröffneten erweiterten Eingriffsmöglichkeiten gegeben sind und diese in ein allgemeines schädliches Ausgeliefertsein des Einzelnen übergingen.[514] Schutzpflichten existierten solange, so *v. Bar*, wie der „durch den Vertragsschluß bewirkte gefahrerhöhende Umstand“ noch fortwirke.[515] Ähnlich stellt sich *Teichmann* ohne weitergehende Präzisierung auf den Standpunkt, daß es das gesetzliche Schutzpflichtverhältnis sei, das neben der Leistungsbeziehung vom ersten Kontakt an bestehe und u. U. über den Leistungsaustausch hinaus fortbestehe, bis der *soziale Kontakt ende.*[516]

3. Stellungnahme: Das „gesetzliche“ Schutzpflichtverhältnis als Haftungsgrund für die Warn- und Erkenntnispflichten nach Leistungsbewirkung

Von den Begründern der Lehre vom „gesteigerten sozialen Kontakt“ ist in überzeugender Weise herausgearbeitet worden, daß pflichtenbegründende Schuldver-

---

[509] V. Bar, AcP 179 (1979), 452 (460 f., 474) mit Hervorhebung durch die Verf.
[510] Strätz, in: FS für Bosch, 999 (1012).
[511] Strätz, in: FS für Bosch, 999 (1012) mit Hervorhebung durch die Verf.
[512] Dem Vertrauen kommt ein eigener „Rechtswert“ nicht zu (so schon Loges, Die Begründung neuer Erklärungspflichten und der Gedanke des Vertrauensschutzes, S. 54 ff.).
[513] Kritisch dazu im Rahmen der Stellungnahme unter 3.
[514] Strätz, in: FS für Bosch, 999 (1012) mit Hervorhebung durch die Verf.
[515] V. Bar, AcP 179 (1979), 452 (468/469).
[516] Teichmann, JA 1984, 709 (713), vgl. zudem Roth, Münchener Kommentar, BGB, § 242, Rdn. 197.

hältnisse nicht nur durch parteiliche Willenseinigung zustande kommen können, wie es dem klassischen Vertragskonzept entspricht, sondern sich solche auch auf einen (ungeschriebenen) Satz des objektiven Rechts zurückführen lassen[517]. Oder mit anderen Worten: Schuldverhältnisse können im Zuge der gezielten Kontaktaufnahme und der damit einhergehenden vertrauensgeleiteten Öffnung der eigenen Rechts- und Vermögenssphäre ihren Ursprung finden.[518] Mit der Öffnung der eigenen Rechtssphäre - auf gleichgerichtete fremde Veranlassung hin - entsteht auf diese Weise eine Sonderbeziehung, die die Partner zu einer erhöhten Sorgfalt verpflichtet. Dieser Lösungsansatz erscheint im besonderen für das zeitliche Stadium nach Vertragsdurchführung überzeugend. Dafür spricht zunächst, daß auch die vor Vertragsschluß angesiedelten Schutzpflichten anerkanntermaßen auf einem Schuldverhältnis beruhen, das unabhängig von dem Willen der künftigen Vertragspartner zur Entstehung gelangt und daher als „gesetzliches" bezeichnet werden kann. Insoweit bietet sich eine einheitliche Handhabung der auf den Rechtsgüterschutz abzielenden Obligationen an. Zwar ist die nachvertragliche Situation nicht mit der vorvertraglichen vergleichbar, als im erstgenannten Fall ein Vertrag existiert, auf den die Schutzpflichten gestützt werden könnten. Andererseits erscheint aber auch heute noch die Vorstellung von einer über Jahre oder gar Jahrzehnte andauernden *vertraglichen Beziehung* eher befremdlich. Das hängt mit der nach wie vor primär leistungsbezogenen Sichtweise des Vertragsverhältnisses zusammen. Nicht zuletzt aufgrund der Identität der Schutzpflichten vor, während und nach Vertragsabwicklung sollte daher eine für alle Konstellationen einheitliche Haftungsgrundlegung erfolgen. Insoweit erscheint die Annahme eines neben dem Vertragsverhältnis bestehenden „einheitlichen Schutzpflichtverhältnisses", das über den Zeitpunkt der Vertragserfüllung hinaus andauert, konsequent. Dies sollte auch im Zuge der Novellierung des Schuldrechts entsprechend berücksichtigt werden. So könnte im Rahmen des § 305 BGB-KE durch Hinzufügen eines gesonderten dritten Absatzes klargestellt werden, daß das Schutzpflichtverhältnis über den Zeitpunkt der Vertragsdurchführung hinaus fortbestehen kann. Daß sich ein Schuldverhältnis darauf beschränken kann, jeden Teil zu besonderer Rücksicht auf die Rechte und die Rechtsgüter des anderen Teils zu verpflichten, sieht der § 241 Abs. 2 BGB-KE bereits ausdrücklich vor.

---

[517] Vgl. schon oben.

[518] Vgl. Esser/Schmidt, Schuldrecht, Bd. I, Allg. Teil, Teilb. 2, § 29 I. Nach Frost liege ein „Mindesttatbestand" mit „positiver Zielsetzung" vor, wenn die Beteiligten ihre Rechtskreise zur Erreichung eines gemeinsam verfolgten Zweckes öffnen und eine Verschmelzung der betreffenden Rechtskreise zulassen, Frost, „Vorvertragliche" und „vertragliche" Schutzpflichten, S. 55 ff. Umstritten ist, ob der gezielte Kontakt zu rechtsgeschäftlichen Zwecken erfolgen muß (so v. Lackum, Verschmelzung und Neuordnung von „culpa in contrahendo" und „positiver Vertragsverletzung", S. 107 ff.) oder ob die Verfolgung sonstiger Zwecke ausreicht [so grundlegend Dölle, ZgesStW 103, 67 (72 ff.)]; Thiele, JZ 1967, 649 (652).

Da die Haftung somit nicht auf privatautonomer, sondern auf „gesetzlicher" Begründung beruht, ist dieses Schutzpflichtverhältnis jedenfalls nicht ohne weiteres disponibel.[519] Insoweit sollte künftig für den Verkäufer die Möglichkeit zur *Haftungsfreizeichnung* durch AGB ausgeschlossen sein.[520] Nach der derzeitigen Rechtslage ist der Haftungsausschluß immerhin noch für einfache Fahrlässigkeit zulässig, § 11 Nr. 7 AGBG.

Was den *Schutzumfang dieses Schutzpflichtverhältnisses* betrifft, so ergibt sich dieser unmittelbar aus den *fortwährenden Einflußmöglichkeiten auf die Rechtsgüter des Käufers.* Das Schuldverhältnis besteht über den Leistungsaustausch hinaus fort, weil sich die gegenüberliegenden Vertragsparteien nach wie vor entsprechender Einflußmöglichkeiten ausgesetzt sehen. Insoweit geht es um *einwirkungsbezogene Schutzbereichskonturierungen.* So sind beispielsweise Obhutspflichten noch nach Leistungsbereitstellung möglich, weil die mit dem räumlich-geschäftlichen Kontakt eröffnete Schädigungsmöglichkeit noch fortbesteht. Die untersuchungsgegenständlichen produktbezogenen Schutzpflichten existieren, weil sich der Käufer nach wie vor einer fortwährenden Schädigungsoption infolge des Produkteinsatzes ausgesetzt sieht, die den Schutzbereich der Sonderbeziehung in sachlicher und zeitlicher Hinsicht näher konturiert. Hier ist es die fortwährende und mit der Produktübergabe erst beginnende *enge Schicksalsgemeinschaft zwischen dem Produkt einerseits und den Rechtsgütern des Produkterwerbers andererseits*, die die Schutzwürdigkeit zutage fördert und die den Schutzumfang des Schuldverhältnisses bestimmt.[521] Namentlich *Hoffmans*[522] hat zutreffend auf diesen Zusammenhang aufmerksam gemacht, wenn er ausführt, daß die *„leistungsbezogenen Schutzpflichten von der Leistungserbringung* oder ihrer Vorbereitung abhängig seien, *weil erst dadurch die Möglichkeit der Schädigung geschaffen werde".* Dementsprechend seien etwa Aufklärungspflichten über nachträglich erkannte Gesundheitsgefahren nur dann anzunehmen, wenn *die Leistung auch erbracht wurde.* In der Tat ist es die mit der Leistungsbereitstellung hergestellte

---

[519] Esser/Schmidt, Schuldrecht, Bd. I, Allg. Teil, Teilb. 2, § 29 I. 2.

[520] Nach der Verbrauchsgüterrichtlinie 1999/44/EG sollen zumindest die primären Gewährleistungsrechte nicht zur Disposition des Verkäufers stehen, Art. 7 Abs. 1 der Richtlinie. Eine Ausnahme gilt nur für gebrauchte Güter, vgl. Art. 7 Abs. 1 S. 2 Richtlinie 1999/44/EG.

[521] Wenig plausibel ist dagegen die von Vollert für den Fall des Kraftfahrzeugkaufes angenommene nachvertragliche Einwirkungsmöglichkeit: „Die besondere Einwirkungsmöglichkeit ergibt sich zudem nicht zuletzt daraus, daß der Käufer zur Durchsetzung seiner Ansprüche auf den - oft allein fachkundigen - Verkäufer angewiesen ist, bis zu einem gewissen Grad sogar von ihm für verhältnismäßig lange Zeit abhängig ist. Schließlich bleibt ihm im Fall eventueller Schäden keine andere Wahl, als bei „seinem" Händler zu erscheinen, ganz abgehen von den häufigen (in der Regel alle 5.000 bis 7.000 km durchzuführenden) Inspektionen. Er setzt somit seine Rechtsgüter dem Einfluß anderer aus". Vollert hält diese Einwirkungsmöglichkeit im Rahmen der Inhaltsbestimmung nachvertraglicher Pflichten für bedeutsam, Vollert, Nachwirkungen des Kraftfahrzeugkaufs, S. 19.

[522] Hoffmans, Nachwirkende Nebenpflichten aus Schuldverhältnissen, S. 170.

enge Verknüpfung zwischen dem Produkt und den Rechtsgütern des Käufers, die jene faktische Einwirkungsmöglichkeit begründet und die sich als produktvermittelter Einwirkungstatbestand beschreiben läßt.[523] Nur vor diesem Hintergrund versteht sich zudem der in Teil 1 nachgezeichnete informationelle Schutzbedarf des Produkterwerbers. Die Notwendigkeit zum Rechtsgüterschutz - mit der Möglichkeit der Pflichtenprogrammierung - besteht grundsätzlich solange, wie die Einwirkungsmöglichkeit besteht, nämlich grundsätzlich für die Dauer des Produktgebrauchs bzw. -verbrauchs.[524] Nachvertragliche Schutzpflichten werden demzufolge nicht durch den Vertrag selbst, dessen Dauer und Intensität, bestimmt.[525] Fehl geht daher insbesondere die Ansicht, daß „einfache" Austauschverträge aufgrund der kurzen und belanglosen vertraglichen Beziehungen nur in geringem Umfang geeignet sind, Nachwirkungen hervorzubringen"[526]. Zwar mag dieser Satz für die Geschäfte des täglichen Lebens zutreffend sein, weil es sich hier regelmäßig um Verbrauchsgüter handelt, deren fortwährende Schädigungsoption naturgemäß zeitlich begrenzt ist. Eine andere Bewertung ergibt sich jedoch bei den langlebigen Gebrauchsgütern. Vom Ergebnis her zutreffend hatte daher bereits *Ramm*[527] festgestellt, daß Kaufverträge über langlebige Gebrauchsgüter zu den Schuldverhältnissen gehören, die in erheblichem Umfang zur Hervorbringung von Nachwirkungen in der Lage sind.

Auch läßt die einwirkungsvermittelte Konturierung des Schutzbereichs erkennen, daß das Nachwirkungsstadium nicht „allmählich ausläuft", so wie es insbesondere von *Christensen*[528] vertreten wird. Denn aufgrund der gleichbleibenden Einflußmöglichkeit bleibt das Schuldverhältnis grundsätzlich unverändert. Nicht aus haftungsbegründenden, sondern allenfalls aus pflichtenstatuierungsbezogenen Erwä-

---

[523] Ähnlich sprechen Weimar und v. Lackum von dem produktvermittelten Rechtsgüterkontakt. So führte etwa Weimar im Zusammenhang mit der Begründung der Hersteller-Verbraucher-Beziehung aus, daß sich der Rechtsgüterkontakt dadurch vollziehe, daß die in den Verkehr gebrachte Sache, sobald sie in den Bereich des Verbrauchers gelange, durch ihre Nähe die Rechtsgüter derselben berühre und, falls sie Mängel aufweise, konkret gefährde, Weimar, Untersuchungen zum Problem der Produktenhaftung, S. 84. In Erkenntnis dieses Zusammenhangs führt des weiteren v. Lackum aus, daß im Warenvertrauen und im Rechtsgüterkontakt der Berührungspunkt zwischen Produkthaftpflicht und Ersatzverpflichtung im Rahmen eines einheitlichen gesetzlichen Schutzpflichtverhältnisses liege, v. Lackum, Verschmelzung und Neuordnung von „culpa in contrahendo" und „positiver Vertragsverletzung", S. 254.

[524] Nach Bodewig seien nachvertragliche Pflichten grundsätzlich nur für die gewöhnliche Benutzungsdauer möglich, längstens aber für 30 Jahre (§ 195 BGB), Bodewig, Der Rückruf fehlerhafter Produkte, S. 159 f.

[525] So Kreyenberg, Nachwirkungen von Verträgen, S. 111 f., 126 f.

[526] Kreyenberg, Nachwirkungen von Verträgen, S. 112; ebenso Christensen, Verschulden nach Vertragsende, culpa post contractum finitum, S. 73.

[527] Ramm, Fortwirkung von Verträgen, insbesondere von Lieferverträgen, S. 34.

[528] Christensen, Verschulden nach Vertragsende, S. 79.

gungen heraus (§ 242 BGB), könnte sich daher ein verminderter Schutz im Laufe der Zeit ergeben. Darauf wird zurückzukommen sein.[529]

Von dem soeben beschriebenen Grundsatz, daß Schutzpflichten für die Dauer des tatsächlichen Produkteinsatzes möglich sind, gibt es natürlich auch Ausnahmen. Das ist dann der Fall, wenn durch den Verkäufer entsprechende *zeitliche* Schutzbereichsbestimmungen vorgenommen wurden. Hat der Verkäufer beispielsweise für die Kaufsache eine *bestimmte Gebrauchs- oder Verbrauchsdauer* vorgegeben, so kann der Käufer *berechtigterweise nur in diesem Rahmen auf nachvertraglichen Schutz vertrauen.* Häufig lassen sich derartige Bestimmungen bei Verbrauchsgütern antreffen, etwa in der Form eines Verfalldatums. Liegen solche zeitlichen Grenzen vor, so sind Schutzpflichten nur in diesem zeitlichen Rahmen denkbar. Jenseits solcher Vorgaben richtet sich, wie schon ausgeführt, die Dauer des Schuldverhältnisses nach der fortbestehenden Einwirkungsmöglichkeit, also dem tatsächlichen Produkteinsatz durch den jeweiligen Käufer.

Im Gegensatz zu der hier vorgenommenen inhaltlichen Schutzbereichsbestimmung sind die bislang in der Rechtswissenschaft hierzu vertretenen Aussagen weit weniger eindeutig. So soll beispielsweise nach *Strätz*[530] ein Schuldverhältnis solange existent sein, wie ein besonderes Vertrauensverhältnis zwischen den Parteien des erfüllten Vertrages als schützenswert anerkannt werden könne. Immerhin läßt sich *Strätz*[531] sodann zur näheren Konkretisierung des Vertrauensmoments der Hinweis entnehmen, daß dieses solange bestünde, wie die eröffneten erweiterten Zugriffsmöglichkeiten existierten und diese in ein allgemeines schädliches Ausgeliefertsein übergingen. In ähnlicher Weise konzediert *v. Bar*[532], daß ein Schuldverhältnis solange andauere, wie ein besonderer Vertrauenstatbestand noch feststellbar sei. Hier sei es der durch den Vertrag bewirkte gefahrerhöhende Umstand und dessen Fortwirkung, der die Rechtfertigung für die nachvertragliche Pflichtenbegründung liefere.[533] Wenig erhellend und aussagekräftig sind auch so allgemeine Formeln wie den von den „verbleibenden Zugriffsmöglichkeiten" oder dem „verbleibenden sozialen Kontakt"[534]. Dem Rechtsanwender vermögen derartige Formulierungen kaum zur gesicherten Erkenntnis darüber zu verhelfen, welche Fallkonstellationen nun zu den schutzwürdigen gehören und welche nicht. Wie gezeigt werden konnte, ist es in diesem Zusammenhang die verbleibende produktliche Schädigungsoption, die den Schutzumfang vorgibt. Über das Rechtsinstitut

---

[529] Näher unter § 4 II. und III.
[530] Strätz, in: FS für Bosch, 999 (1012).
[531] Strätz, in: FS für Bosch, 999 (1012).
[532] V. Bar, AcP 179 (1979), 452 (460 f., 474).
[533] V. Bar, AcP 179 (1979), 452 (468 f.). Ähnlich Jäckle, Die Produzentenhaftung unter dem Zeitaspekt betrachtet, S. 205.
[534] Etwa Teichmann, JA 1984, 709 (713).

des Vertrages mit Schutzwirkung zugunsten Dritter können auch Dritte in den Schutzbereich dieses Schuldverhältnisses einbezogen werden.

IV. Zusammenfassung

Nachvertragliche Verhaltenspflichten sind im wesentlichen seit Mitte der 20er Jahre allgemein anerkannt. Möglich wurden sie von dem Zeitpunkt an, von dem ab Schuldverhältnisse nicht mehr nur als „Quelle" daraus sich ergebender Leistungsansprüche gesehen wurden, sondern als Sonderbeziehungen, aus denen Gestaltungsrechte, Einreden und ergänzende Treuepflichten erwachsen können.[535] Vergleichbar dem (vor-)vertraglichen Bereich hat sich namentlich für das „Nachwirkungsstadium" mittlerweile ein breites Spektrum verschiedener nachvertraglicher Verhaltensanweisungen herausgebildet, die höchst differente Schutzanliegen verfolgen. Pflichten nach dem Leistungstransfer können etwa die Vereitelung des Leistungserfolges untersagen, sie können der nachträglichen Sicherung der weitergehenden Vertragszwecke oder aber dem Vermögens- oder Rechtsgüterschutz des Vertragspartners dienen. Solche „Nachwirkungen" durchziehen mittlerweile nahezu sämtliche Schuldrechtsgebiete und kommen insbesondere im Kaufrecht vor. Mit den nachvertraglichen rechtsgüterwahrenden Informations- und Erkenntnispflichten ist ein in der Literatur grundsätzlich anerkannter Pflichtenbereich Gegenstand der vorliegenden Untersuchung.

Nach der hier vertretenen Auffassung beruhen die produktbezogenen Schutzpflichten auf einem „gesetzlichen" Schuldverhältnis, das über den Zeitraum der Vertragsdurchführung hinaus andauert. Als Ausfluß dieser Sonderverbindung sind fortbestehende Warn- und Erkenntnispflichten möglich, sofern jeweils die Möglichkeit zur Beeinträchtigung der Integrität fortbesteht. Sie bestehen gerade nach der Vertragsdurchführung, weil insoweit die *enge Schicksalsgemeinschaft zwischen den Rechtsgütern des Käufers und dem Produkt fortwährt*. In zeitlicher Hinsicht bestimmt sich der Schutzumfang der Sonderbeziehung entweder nach dem konkreten Produkteinsatz oder der zeitlichen Gebrauchs- bzw. Verbrauchsdauerbestimmung durch den Verkäufer. Integritätswahrende Nebenpflichten sind folglich vor allem bei langlebigen Gebrauchsgütern denkbar. Unzutreffend ist daher die vielfach vertretende Rechtsauffassung, daß einfache Tauschgeschäfte kaum in der Lage seien, Nachwirkungen hervorzubringen. Auch sind, ausgehend von den jeweiligen Schutzkonstellationen, nachvertragliche Pflichten grundsätzlich für die

[535] Siber, in: Planck, Kommentar zum BGB, Vorbem. zu § 241, Anm. I. 1.; Herholz AcP 130 (1929), 257 (294 ff.); Stoll AcP 136 (1932), 257 (287 ff.).

gesamte Dauer gleichbleibend möglich, so daß aus haftungsbegründender Perspektive heraus nicht von einem „allmählichen Auslaufen des Nachwirkungsstadiums“ [536] gesprochen werden kann.

§ 4 Zur Begründung und Bestimmung des Inhalts und des Umfangs nachvertraglicher Informationspflichten und vorgeschalteter Gefahrermittlungs- und -erforschungspflichten unter dem Gesichtspunkt von Treu und Glauben, § 242 BGB

Im Rahmen dieses nachgezeichneten Schutzumfangs wird nunmehr der näheren Begründung des zur Bewältigung der Entwicklungsrisiken tauglich befundenen Schutzkonzeptes nachzugehen sein. Informationspflichten mit integritätsschützender Ausrichtung und entsprechend vorgelagerte „Hilfspflichten“, die den Anspruchsgegner zur Gewinnung neuer Schädlichkeitsinformationen verpflichten, wurden als das mögliche Programm zum Umgang mit den erst nach Vertragsabwicklung erkennbar werdenden Sicherheitsdefiziten herausgearbeitet. § 4 der Arbeit nimmt sich der Begründung und der Präzisierung dieses nachvertraglichen Verhaltensobligos unter dem Gesichtspunkt von Treu und Glauben an, § 242 BGB.[537]

Der Abschnitt I. wird sich dabei zunächst mit den Voraussetzungen bzw. der Statuierung der bezeichneten Pflichten beschäftigen.[538] Daran schließt sich - in Bezug auf Inhalt und Umfang - eine Konkretisierung der nachvertraglichen Warnpflichten (II.) und des vorgeschalteten Pflichtenkonzeptes zur Schädlichkeitsermittlung und -erforschung an (III.).

---

[536] So Christensen, Verschulden nach Vertragsende, culpa post contractum finitum, S. 79; Kreyenberg, Nachwirkungen von Verträgen, S. 127.

[537] Älteren Stellungnahmen zufolge sollten sich Nebenpflichten vor allem aus der ergänzenden Vertragsauslegung ergeben, § 157 BGB, vgl. etwa Ramm, Fortwirkungen von Verträgen, S. 7 f., 10.

[538] Vgl. bereits unter § 2 II. 2. b). und § 2 III.

I. Zur Statuierung nachvertraglicher Warn- und Produktbeobachtungspflichten und anlaßbezogener Gefahr-/Risikoerforschungspflichten

Wie sich in Bezug auf die nachvertraglichen Schutzpflichten generell kaum dogmatische Grundlegungen ausmachen lassen, so sind auch die Voraussetzungen der Statuierung solcher Sorgfaltspflichten weitgehend ungeklärt. Nur wenn die dieser Pflichtenbegründung zugrunde liegenden Kriterien näher aufbereitet werden, lassen sich aber zuverlässige Aussagen darüber treffen, ob und in welchen Fällen den Verkäufer eine nachvertragliche Verpflichtung zur Erkenntnisgewinnung mit anschließender Risikoaufklärung trifft. Ziel der nachfolgenden Analyse wird es daher zunächst sein, für die dem Grunde nach anerkannten Produktbeobachtungs- und Warnpflichten die maßgeblichen pflichtenbegründenden Kriterien herauszuarbeiten. Da sich der Judikatur und Rechtswissenschaft aber diesbezüglich wenig aussagekräftige Inhalte entnehmen lassen, setzt die Ermittlung der pflichtenkonstituierenden Elemente bei den (vor-)vertraglichen Informations- und Erkenntnispflichten an, um auf diese Weise für das zeitliche Stadium nach Leistungsbereitstellung entsprechende Erkenntnisgewinne zu erzielen.[539]

In einem weiteren Schritt läßt sich sodann zeigen, daß sich unter den genannten Voraussetzungen, je nach Fallgestaltung, auch nachvertragliche Pflichten zur Erforschung des jeweiligen Risikos begründen lassen (2.). Wie schon dargelegt, geht es hierbei inhaltlich und thematisch um die Fortschreibung des bislang existenten Pflichtenprogramms in eine Richtung, die den Verkäufer - bei Vorliegen bestimmter Risikomomente - zur Risiko- und Gefahrerforschung unter Vorantreiben des wissenschaftlichen Erkenntnishorizonts und der jeweiligen Verfahren verpflichtet.[540]
Inwieweit namentlich auf Seiten des Händlers solche Pflichten begründbar sind, wird Gegenstand der Ausführungen unter 3. sein. Dem folgt eine Zusammenfassung der gefundenen Ergebnisse (4.).

---

[539] Im zeitlichen Rahmen nach Vertragsabwicklung können insoweit keine anderen Grundsätze gelten wie im (vor-)vertraglichen Bereich.

[540] Daß die Entwicklungsrisiko-Bewältigung angesichts der im Ausgangspunkt anzutreffenden Nichterkennbarkeit des Sicherheitsdefizits nach dem „Stand von Wissenschaft und Technik" mehr als nur ein passiv rezipierendes Schutzkonzept fordert, wurde bereits ganz allgemein dargelegt, vgl. § 2 II. Das sollte vor allem deshalb gelten, weil Entwicklungsrisiken innovations- und komplexitätsinduziert sind.

1. Die Voraussetzungen der Statuierung nachvertraglicher Informations- und Erkenntnispflichten unter besonderer Berücksichtigung der bisherigen Rechtsprechung und Lehre

Rechtsprechung und Lehre gehen nach eigenem Bekunden im Bereich der Informationspflichten nach wie vor von dem Grundsatz aus, daß es jeder Partei selbst obliege, die für sie relevanten Informationen zu beschaffen.[541] Dies würde schon deshalb gelten, weil grundsätzlich jede Vertragspartei prinzipiell über dieselben Informationsquellen verfüge.[542] Insoweit gäbe es grundsätzlich keine allgemeine Pflicht, alle Umstände zu offenbaren, die für die Entschließung des anderen Teils von Bedeutung sein könnten.[543] Dies soll selbst für die integritätsschützenden Informationspflichten gelten, wenn beispielsweise das OLG München[544] in einem Fall, in dem es um Gefährdungen durch ungeeignete Stoßdämpfer ging, ausführt, daß beim Kaufvertrag die Aufklärungspflicht grundsätzlich nicht zu den Vertragspflichten des Verkäufers gehöre. Ausnahmen werden als begründungsbedürftig angesehen. Und so sei der Verkäufer grundsätzlich nur im Einzelfall hinsichtlich besonderer und zusätzlicher Umstände zur Bereitstellung von Informationen verpflichtet, so etwa, wenn vom Käufer nach bestimmten Umständen ausdrücklich gefragt wurde.[545]

Unterzieht man allerdings namentlich die Rechtsprechung einer näheren Analyse, so wird sehr schnell deutlich, daß die restriktive Begründungstendenz, zumindest was die Verpflichtung zum Ausspruch einer Warnung anbelangt, nur eine vordergründige ist. Denn die Gerichte haben *im Ergebnis* stets dann eine Pflichtigkeit zur Informationsbereitstellung angenommen, sobald es um eine konkrete Produktgefahr ging, also um für den Käufer wesentliche Vertragsumstände, von denen dieser keine Kenntnis hatte, während dem Leistungsschuldner das Gefahrenpotential bekannt war oder er zumindest aufgrund seiner Sachkunde davon hätte wissen können und müssen. Jenseits der Nachfrage besonderer Umstände durch den Käufer, worauf noch sogleich zurückzukommen sein wird, sind Informationspflichten immer dann bejaht worden, wenn informationsbezogener Schutzbedarf auf der einen und komplementäre Informationsmöglichkeit aufgrund der überlegenen Fach- und Sachkunde auf der anderen Seite gegeben waren. Und in der Tat würde eine tatsächlich restriktive Pflichtenstatuierung spätestens dann fragwürdig erscheinen, wenn es um so bedeutsame Umstände wie zu erwartende Rechtsgüterschäden als Folge des Produkteinsatzes geht. Warnpflichten wurden dann statuiert,

---

541 Emmerich, in: Münchener Kommentar, BGB, Vor § 275, Rdn. 79.

542 Emmerich, in: Münchener Kommentar, BGB, Vor § 275, Rdn. 79, vgl. bereits oben § 2 II.

543 LG Berlin, RdE 1991, 180 (183); BGH WM 1983, 1007, siehe schon § 2 II. 2 a).

544 OLG München, MDR 1985, 934.

545 LG Düsseldorf, RdE 1991, 180 (183); LG Berlin, NJW-RR 1989, 504 (505); Huber, in: Soergel, BGB, § 433 Anh. I, Rdn. 73; Emmerich, in: Münchener Kommentar, BGB, Vor § 275, Rdn. 82.

wenn von dem Produkt eine etwaige *(vermutete) Schädlichkeit ausging, also wesentliche Vertragsumstände*[546] *vorlagen, Informationen bzw. entsprechende Kompetenzen ungleich verteilt waren (asymmetrische Informations-/Kompetenzverteilung) und der Verkäufer aufgrund dessen zumindest über das Wissen hätte verfügen können und müssen (Möglichkeit zur Information), während dem Käufer diese Information nicht bekannt* war (*Angewiesenheit auf die Information*).[547] So hat der BGH[548] beispielsweise in einem Fall, in dem es um die Schädlichkeit des Leitungswassers infolge von (unüblicher) Chlorung ging, die beklagte Stadtgemeinde für verpflichtet angesehen, auf die Chlorung des Leitungswassers hinzuweisen. Dabei stützte der II. Zivilsenat das Urteil darauf, daß die Stadtgemeinde von der Chlorung Kenntnis hatte und von der möglichen Schädlichkeit für die Klägerin Kenntnis hätte haben können.[549] Infolge dessen habe für die Beklagte die Pflicht bestanden, die Klägerin auf die Versetzung des Leitungswassers mit Chlor hinzuweisen. Die Klägerin selbst habe von der Chlorung des Wassers keine Kenntnis gehabt oder hätte haben können, weil die Veränderung des Geruchs durch den Chlorzusatz nicht so groß gewesen sei, daß diese von den Arbeitern der Gurkenlegerei hätte erkannt werden können.[550]
Auch in der bereits zitierten „Haartonicum"-Entscheidung[551] nahm der VIII. Zivilsenat des BGH eine Pflicht zur Aufklärung und Warnung des Verkäufers an. Gehen von einem Produkt spezifische Gefahren aus, so sei anerkannt, daß den Hersteller und Händler eine Pflichtigkeit zur Information aus der kaufvertraglichen Nebenpflicht treffe.[552] Der Verkäufer habe jedenfalls Friseure auf die Gefahr einer sich unbemerkt vollziehenden Entwicklung zu einer irreparablen polyvalenten Überempfindlichkeit hinweisen müssen, da diese aufgrund ihrer Berufsausbildung und -erfahrung über die Gefahren nicht informiert gewesen seien.[553]

---

[546] Dazu näher unter II.
[547] Ähnlich allgemein für Informationspflichten: Teichmann, in: Soergel, BGB, § 242, Rdn. 139 ff.; Teichmann, JA 1984, 545 (527). Einer Informationspflicht bedarf es demnach folgerichtig nicht, wenn der Käufer selbst sachkundig und informiert ist, vgl. Wiedemann, in: Soergel, BGB, Vor § 275, Rdn. 467 und Köck/Meier, JZ 1992, 548 (555). Breidenbach hat für die vertragsschlußbezogenen Informationspflichten mit dem „Informationsbedarf", der „Möglichkeit zur Information" und dem „Funktionskreis" die drei maßgeblichen (beweglichen) Elemente zur Begründung solcher Informationspflichten herausgearbeitet (Breidenbach, Die Voraussetzungen von Informationspflichten beim Vertragsschluß, 1989). Vgl. auch näher zu den Kriterien für die Bestimmung von Aufklärungs- und Beratungspflichten von Kreditinstituten: Hopt, in: FS für Gernhuber, S. 169 (185 ff.).
[548] BGHZ 17, 191 ff., „chloriertes Wasser".
[549] BGHZ 17, 191 (193 f.).
[550] BGHZ 17, 191 (195).
[551] BGHZ 64, 46 ff., „Haartonicum".
[552] BGHZ 64, 46 (49).
[553] BGHZ 64, 46 (50 f.).

In einem anderen Fall, in dem die Beeinträchtigung der Fahrstabilität eines (alten) Fahrzeugs beim Einbau neuer Stoßdämpfer in Rede stand, bejahte das OLG München[554] ein Obligo des Beklagten zur Informationsbereitstellung, denn der Kläger habe erwarten dürfen, daß die Beklagte als Fachunternehmen mit Renault-Service ihn entsprechend aufklärt. Als Spezialhändlerin habe diese gewußt, daß die Firma Renault vom Jahre 1979 an neue Stoßdämpfer auf den Markt gebracht hat, die für ein Fahrzeug des Baujahres 1977 nicht geeignet waren.[555]
Aufgrund des Konkurrenzverhältnisses zu den §§ 459 ff. BGB betrafen die genannten Informationspflichten allerdings nur Gefahren infolge der Art und Weise des Produkteinsatzes und nicht solche, die sich generell als Folge der Verwendung des Produktes darstellen, da diese vertragsrechtlich unter die Fehler-Haftung der pVV subsumiert werden.[556] Als Offenbarungspflichten sind sie unaufgefordert zu erteilen.[557]

Im Unterschied und in Abgrenzung zu den spontan zu erfüllenden Offenbarungspflichten können sich, wie schon angedeutet, erweiterte Informationspflichten im Anschluß an die Nachfrage bestimmter Produkteigenschaften/-risiken oder spezifischer Verwendungseignungen ergeben. Informationspflichten hängen in Bestand und Ausmaß also zudem davon ab, inwieweit der Käufer nach bestimmten Umständen explizit gefragt und der Verkäufer daraufhin die Erklärung übernommen hat.[558] Ist die Sicherheitsbeurteilung von Produkten namentlich von ihrem Verwendungseinsatz abhängig, so sind damit bei den Entwicklungsrisiken die eigentlich sicherheitsrelevanten Nachfragekonstellationen aufgezeigt. Integritätsgefährdungen können sich bei den realisierenden Entwicklungsrisiken namentlich aus dem Einsatz des Produktes zu spezifischen Verwendungszwecken ergeben[559], was praktisch vor allem im Hinblick auf in Aussicht genommene besondere (Produkt-)*Kombinationsverwendungen* der Fall sein kann.[560] Mit Blick auf und in praktischer Abgrenzung zu den vorbenannten - spontan zu erfüllenden -

---

[554] OLG München, MDR 1985, 934.
[555] In einer eine latente Umweltgefahr durch PCP-gekühlte Transformatoren betreffenden Entscheidung nahm das LG Düsseldorf eine Informationspflicht des Verkäufers von PCP-gekühlten Transformatoren im Hinblick auf die daraus resultierende latente Umweltgefahr u. a. unter dem Gesichtspunkt des „erheblichen Wissensvorsprungs" des Bekl. an, LG Düsseldorf, RdE 1991, 180 (183).
[556] Anders im nachvertraglichen Stadium. Zu den Fällen von Instruktionsfehlern, die deliktisch entschieden wurden, vgl. näher unter II.
[557] Wiedemann, in: Soergel, BGB, Vor § 275, Rdn. 153.
[558] Köhler, in: Staudinger, BGB, § 433, Rdn. 143.
[559] Vgl. bereits unter § 1 I. 2.
[560] Für die Fälle sich erst nach Vertragsabwicklung einstellender Möglichkeit zur Schädlichkeitserkenntnis wird es aufgrund der mangelnden Erkennbarkeit und Vorhersehbarkeit des Sicherheitsdefizits nur um die Nachfrage allgemein unspezifischer sicherheitsrelevanter Umstände wie besonderer Produktverwendungen gehen.

Aufklärungspflichten sind diese nachfrageinitiierten Warnpflichten in Bezug auf solche Verwendungsbestimmungen bedeutsam, die sich jenseits der allgemein gebräuchlichen und vorhersehbaren Verwendungszwecke bewegen.[561] Fragt der Käufer also die Eignung des Produktes bzw. die (Un-)Schädlichkeit zu einer besonderen Einsatzmöglichkeit nach, so ist der Verkäufer *im Fall der Erklärungsübernahme*[562] grundsätzlich zur wahrheitsgemäßen und vollständigen Aufklärung diesbezüglich verpflichtet. Will er dies nicht, so muß er die Auskunft verweigern.[563] Die Auskunftsübernahme verpflichtet hier zu einer an dem konkret nachgefragten Umstand ausgerichteten umfassenden Aufklärung, die sowohl die Tauglichkeits- wie auch die (Un-)Schädlichkeitsbeurteilung umfaßt. Selbiges gilt natürlich auch dann, wenn die Verkäufer-Partei von sich aus die Beratung angeboten und der Käufer in diesem Zusammenhang die beabsichtigte Verwendung mitgeteilt bzw. nachgefragt hat. Auch hier ist der Leistungsschuldner selbstverständlich gehalten, den Produkterwerber auf die damit einhergehenden Gefahren hinzuweisen. [564] Andernfalls erklärt er zumindest konkludent die gefahrlose Eignung der Kaufsache zu dem erklärten spezifischen Verwendungseinsatz. Im Ergebnis hängen Informationspflichten also zudem davon ab, inwieweit der Produkterwerber nach bestimmten Umständen (hier: spezifischen Verwendungszwecken) ausdrücklich gefragt und der Verkäufer die Auskunft erteilt und damit zugleich die Verpflichtung zur vollständigen und inhaltlich korrekten Information des Käufers übernommen hat.

Betrachtet man nun das zeitliche Stadium nach Vertragsabwicklung näher, so zeigt sich, daß sich auch diese Warnpflichten auf die benannten Kriterien zurückführen lassen. Nur sind diese Pflichten inhaltlich weitergehend, als sie zudem zur Offenbarung von *Produktfehlern*[565] verpflichten. Gibt es objektiv keine Möglichkeit zur Erkenntnisgewinnung vor Vertragsabschluß, so kommt die Begründung einer nachvertraglichen Warnpflicht von dem Moment an in Betracht, von dem an der Verkäufer von der Schädlichkeit konkret Kenntnis erlangt oder hätte erlangen

---

[561] Näher dazu unter II.

[562] Der Begriff der Beratung bzw. Beratungsübernahme wird hier eher gemieden, da mit der Beratung auch solche Sachverhalte gemeint sein können, in denen eine umfassende anwendungs- und risikobezogene Aufklärung geschuldet ist, vgl. BGH WM 1977, 1027 ff. „Erdbeerplantagen" für den Fall des Anbietens eines Beratungsservices. Thematisch geht es hier weniger um umfassende Risiko- und Anwendungsaufklärung, da vor und während des Vertragsabschlusses noch keine Erkenntnismöglichkeit bestand. Hier geht es mehr um Beratungskonstellationen, die Erklärungen in Bezug auf den nachgefragten Einsatzzweck betreffen.

[563] Emmerich, in: Münchener Kommentar, BGB, Vor § 275, Rdn. 82.

[564] Anerkannt ist, daß auch die dem Verkäufer bekannt werdenden besonderen vertraglichen Verwendungszwecke den Inhalt und Umfang der vertraglichen Instruktionshaftung bestimmen, vgl. Messer, in: Kullmann/Pfister, Produzentenhaftung, Kza. 1426, S. 12/13.

[565] Zur inhaltlichen Konkretisierung siehe näher unter II.

können.[566] Pflichten zur Warnung vor Produktgefahren erscheinen hier ebenfalls primär als Ergebnis einer Risikoverteilung, die auf den Kriterien der *asymmetrischen Informationsausstattung und Kompetenzverteilung* und einer daraus *resultierenden (konkreten) Möglichkeit zur Information und einer entsprechenden Angewiesenheit bzw. einem Informationsbedarf auf Seiten des Käufers* fußt. Nachvertragliche Warnpflichten greifen demnach dann ein, wenn es um konkrete Produktgefahren oder den Verdacht eben solcher geht[567] (Stichwort: wesentliche Vertragsumstände) und der Verkäufer aufgrund seiner Wissensausstattung und Sachkunde zumindest über die Sicherheitsgefahr hätte informiert sein müssen, während der Käufer über entsprechendes Wissen nicht verfügt (asymmetrische Informations-/Kompetenzverteilung und (Nicht-)Möglichkeit zur Informationserlangung). Sofern sich in der Literatur Aussagen zu den nachvertraglichen Obligationen zur Informationsbereitstellung antreffen lassen, bewegen sich diese offenbar auf dieser Linie, wenn der Verkäufer nach so oder ähnlich lautenden Formulierungen dann zur Aufklärung verpflichtet angesehen wird, wenn er nach Durchführung des Vertrages erkennt, daß die Benutzung der Sache mit einer Gefahr verbunden ist.[568]

Rechtliche Handlungsanleitungen nach Durchführung des Leistungsprogramms lassen sich darüber hinaus aber auch auf die Nachfragetätigkeit und die Erklärungsübernahme als einem weiteren pflichtenbegründenden Element zurückführen. Bestand und Umfang von Pflichten zur Risikoaufklärung erscheinen daher in Abhängigkeit davon, inwieweit der Verkäufer (zuvor) auf die Nachfrage des Produkterwerbers in positiver Hinsicht reagiert und bestimmte Auskünfte erteilt hat. Denn, wer ausdrücklich oder zumindest schlüssig Erklärungen im Hinblick auf die Eignung bzw. die Unschädlichkeit eines Produktes abgibt, verpflichtet sich zugleich zur nachträglichen Richtigstellung, wenn sich erst später aufgrund neuer Erkenntnisse die Unrichtigkeit der ursprünglichen Aussage herausstellt. Solche „Berichtigungspflichten" sind Folge der jeweiligen *Erklärungs- und Auskunftsübernahme* und des damit zugleich *geschaffenen Vertrauenstatbestandes im Hinblick auf die Richtigkeit und Vollständigkeit der Erklärungen.* Aktuell werden sie bei sich nachträglich einstellendem Korrekturbedarf. Erfährt also der Anspruchsgegner nachträglich von der Unrichtigkeit seiner Aussage, etwa daß das Produkt zu dem besonderen Kombinationseinsatz doch ungeeignet bzw. schädlich ist, so ist er zur Benachrichtigung des Käufers und Berichtigung der getroffenen Erklärung verpflichtet. Dies gilt natürlich wiederum nicht nur für die nachfrageinitiierte

[566] Dazu sogleich näher.
[567] Zu dem geforderten Grad der Erkenntnissicherheit näher unter II.
[568] Hoffmans, Nachwirkende Nebenpflichten aus Schuldverhältnissen, S. 56/57; Kreyenberg, Nachwirkungen von Verträgen, S. 87; Honsell, in: Staudinger, BGB, Vorbem. zu §§ 459 ff., Rdn. 87; Meier, Ökologische Aspekte des Schuldvertragsrechts, S. 38; Köck/Meier, JZ 1992, 548 (555); Wiedemann, in: Soergel, BGB, Vor § 275, Rdn. 474; weitere Nachweise vgl. bereits unter § 2 III. der Arbeit.

Auskunftstätigkeit im engeren Sinne, sondern auch für die Konstellationen, in denen der Verkäufer seinerseits die Beratung übernommen und in diesem Zusammenhang die Eignung zu einem spezifischen vom Käufer in Aussicht genommenen Produkteinsatz zumindest konkludent bestätigt hat. Insoweit können Warnpflichten nach dem Leistungstransfer nicht nur Ergebnis einer ungleichen Wissens- und Kompetenzverteilung sein, sondern sich - in einem erweiterten Sinne - auch aus der *Erklärungsübernahme* und *dem damit in Anspruch genommenen Vertrauen* ergeben.[569] Die *Pflichtigkeit zur nachträglichen Korrektur abgegebener und nachträglich als unrichtig erkannter vertraglicher Auskünfte* gehört im übrigen im Bereich der vermögenssorgenden Nebenpflichten zu den allgemein konsentierten Verhaltenserwartungen.[570] Für die rechtsgüterwahrenden Pflichten gelten solche Sorgfaltsmaßstäbe allemal. Rechtsprechung und Literatur stellen in diesem Kontext regelmäßig auf die Inanspruchnahme besonderen Vertrauens ab.[571] Natürlich sind derartige Berichtigungspflichten nur dann gegeben, wenn der Verkäufer die Möglichkeit zur Information bzw. Informationserlangung hatte und der Käufer seinerseits auf die Information angewiesen war.[572] Anders als bei den spontan zu erfüllenden Aufklärungspflichten liegt der Schwerpunkt der Vorwerfbarkeit bei diesen Konstellationen in der unterlassenen Richtigstellung der bereits zuvor erteilten Positiv-Auskunft.

Nun geht es im kaufbezogenen Schuldvertragsrecht gerade nicht nur um Risikoverteilung auf der Basis von aktuell präsentem Wissen des Pflichtigen, sondern darüber hinaus um Risikozuweisung, die an die - je nach Sachverhaltslage - differenten informationellen Anforderungen zur Kenntniserlangung und die entsprechenden Erkenntnismöglichkeiten anknüpft. Auf der Grundlage dieser Pflichten zur Erkenntnisgewinnung beurteilt sich dann die „Möglichkeit zur Information bzw. Informationserlangung" und damit schließlich die Festschreibung von Informationsverantwortlichkeiten. Je nach Anforderungen an die Kenntnisgewinnung tragen dem beispielsweise Untersuchungspflichten Rechnung. Nicht aktuell vorhandenes Wissen, sondern „hätte wissen können" auf der Basis des rechtlich geforderten Sorgfaltsstandards wird dann zum Maßstab vertraglicher Risikover-

---

569 Ähnlich soll nach v. Westphalen, in: Produkthaftungshandbuch, § 4, Rdn. 70 der Verkäufer bei Gefahren, die aus der spezifischen Verwendung resultieren und die erst bei der Vertragsdurchführung bekannt werden, noch zur Aufklärung verpflichtet sein, sofern aufgrund vorangegangener Verhandlungen beim Käufer ein bestimmtes Vertrauen geweckt wurde.

570 Vgl. z. B. BGHZ 61, 176 ff., „Scheckauskunft"; BGHZ 74, 281 ff., „Dienstleistungszeugnis"; im Hinblick auf einen rechtsgeschäftlich erteilten Rat: BGH WM 1962, 932 f. (Steuerberater); BGH NJW 1998, 448 (Anlagenvermittler); im Hinblick auf die c.i.c.-Fallgruppe „Haftung wegen unlauterer Bestimmung zum Vertragsschluß": BGHZ 71, 92 ff.; BGH NJW 1983, 2493 f.; vgl. zudem Graf v. Westphalen, in: Produkthaftungshandbuch, § 4, Rdn. 70; Emmerich, in: Münchener Kommentar, BGB, Vor § 275, Rdn. 413.

571 Vgl. vorangehende Fußnote.

572 Die Wesentlichkeit der Information versteht sich hier von selbst.

teilung. Die nähere Analye dieser Wissensbeschaffungspflichten zeigt, daß sich diese letztlich ebenfalls auf das parteiliche Wissens- und Kompetenzgefälle zurückführen lassen. Insoweit lassen sich die oben benannten Kriterien sinngemäß auf die vorgeschalteten Untersuchungs- und Prüfungspflichten übertragen: Auch hier werden bei Wesentlichkeit der Information für den Käufer die ungleich verteilte Sach- und Fachkunde und eine darauf basierende konkrete Möglichkeit bzw. Unmöglichkeit zur Informationserlangung zu den entscheidenden Voraussetzungen der Pflichtenbegründung.[573] Dementsprechend werden Untersuchungspflichten, wiederum entgegen der propagierten restriktiven Begründungstendenz, insbesondere dann bejaht, wenn bestimmte Anhaltspunkte auf schädliche Eigenschaften des Produktes hindeuten.[574] Dahinter verbirgt sich offenkundig eine Risikozuweisung, die auf das Sachkriterium der überlegenen Gefahrerkennungs- und -ermittlungskompetenz zurückgeht.[575] Untersuchungspflichten werden stets dann angenommen, wenn der Verkäufer aufgrund seiner überlegenen Kompetenz eine gefährliche Eigenschaft konkret für möglich hält oder halten mußte.[576] Dementsprechend konzedierte der BGH etwa in der „Klappfahrrad"-Entscheidung[577], daß Untersuchungspflichten dann anzunehmen seien, wenn der Vertragspartner aufgrund seiner überlegenen Erfahrung und Sachkunde oder bereits eingetretener Schadensfälle mit der besonderen Gefährlichkeit des Vertragsgegenstandes rechnen mußte. Natürlich erscheinen solche Überprüfungspflichten auch jenseits bestimmter Verdachtsmomente bei Annahme einer generellen Gefährlichkeit begründbar.[578]

---

[573] Zu den erweiterten nachfrageinitiierten Pflichten weiter unten.

[574] Vgl. etwa BGH WM 1977, 220 ff., „Adventstollen"; BGH NJW 1980, 1219, „Klappfahrrad"; im Hinblick auf den Gebrauchtwagenhandel: BGHZ 74, 383 (388 f.); BGH NJW 1977, 1055 (1056); BGH NJW 1979, 1707, weitere Nachweise unten.

[575] Dazu näher unter 2. Daneben sollen sich Untersuchungspflichten etwa noch aus der Verkehrssitte ergeben können, vgl. Emmerich, in: Münchener Kommentar, BGB, Vor § 275, Rdn. 239.

[576] RGZ 125, 76 (78), „Martinsöfen"; BGH BB 1953, 992, „Granatzünder"; BGH NJW 1981, 2250 f., „Asbestzementplatten"; Wiedemann, in: Soergel, BGB, Vor § 275, Rdn. 476; auf dem Gebrauchtwagensektor: BGH NJW 1977, 1055 (1056); BGH NJW 1979, 1707; OLG Düsseldorf, NJW-RR 1997, 431 (432).

[577] BGH NJW 1980, 1219 ff., „Klapprad"; vgl. bereits BGH VersR 1960, 855, „Kondensomat"; BGH VersR 1977, 839, „Autokran" und später „Asbestzementplatten": BGH NJW 1981, 2250 f.

[578] Und so haben einige Instanzgerichte zu Recht auf dem Gebrauchtwagensektor eine generelle Pflicht zur Untersuchung des Verkäufers angenommen, vgl. OLG Köln, NJW-RR 1997, 1214 f.; OLG Düsseldorf, WM 1973, 473 (474). Auch der BGH hatte in der „Granatzünder"-Entscheidung eine generelle Untersuchungspflicht des Schrotthändlers bejaht, BGH BB 1953, 992. Für eine Untersuchungspflicht des Händlers: Rust, Das kaufrechtliche Gewährleistungsrecht, S. 174 f.; ähnlich Breidenbach, Die Voraussetzungen von Informationspflichten beim Vertragsschluß, S. 59: „Konsequenterweise müßten der Aufklärungspflicht vorgeschaltete Untersuchungs- und Nachforschungspflichten die Folge der Pflichtenbegründung durch den Topos der besonderen Sachkunde sein". Vgl. zu den Überwachungs- und Kontrollpflichten eines Heizöllieferanten: BGH NJW 1971, 1036 ff.; BGH NJW 1983, 1108 ff.

In Bezug auf die nachmarktlichen Pflichten zur Fortschrittsverfolgung kann insoweit nichts anderes gelten. Auch diese „Ermittlungspflichten“[579] sind Ergebnis *asymmetrischer Zugangs-, Beschaffungs-, Auswertungs- und Überprüfungsfähigkeiten*[580] der Vertragsparteien. Die ungleich verteilten Kompetenzen gehen auf die unterschiedlichen marktlichen Positionen und die damit einhergehende Spezialisierung und Professionalisierung zurück.[581] Dementsprechend kommt die Statuierung der Produktbeobachtungspflicht dann in Betracht, wenn sich der Verkäufer in der überlegenen Position befindet, die Bewährung der Produkte in der Praxis und den fortschreitenden Erkenntnisstand in der Wissenschaft zu verfolgen. So sei der Verkäufer eben auch nach der Leistungsbereitstellung noch zur Beobachtung seiner Produkte auf bekanntwerdende schädliche Eigenschaften und zur Verfolgung des „Standes von Wissenschaft und Technik“ verpflichtet.[582]
Sofern man auf die Judikatur und herrschende Lehre abstellt, so wird allerdings auch bei der Produktbeobachtungspflicht, wie generell bei der Bestimmung der produktbezogenen Verkehrspflichten, weiter nach der jeweiligen berufsspezifischen und marktlichen Rolleneinnahme differenziert. So seien die Verkehrspflichten der Hersteller eben deutlich von denen der Vertriebshändler abzugrenzen.[583] Demnach soll also nicht nur die ungleiche Kompetenzverteilung zwischen den Parteien darüber entscheiden, ob eine Pflichtenzuweisung erfolgt, sondern darüber hinaus die konkrete Berufs- und Funktionseinnahme des jeweiligen Vertragspartners am Markt. Allerdings ist mittlerweile selbst für die Vertriebshändler anerkannt, daß ihnen zumindest die Verpflichtung zur „passiven“ Produktbeobachtung[584] obliegt. Dies gilt im besonderen für die alleinvertriebsberechtigten inländischen Vertriebsgesellschaften ausländischer Hersteller (Importeure)[585] und die sog. Quasi-Hersteller[586], aber auch für die „einfachen“ Vertriebshändler[587], so daß die rollenspezifische Differenzierung schon im Ansatz in Frage gestellt ist. Die

---

579 Begriff bei Möllers, Rechtsgüterschutz im Umwelt- und Haftungsrecht: Präventive Verkehrspflichten und Beweiserleichterungen in Risikolagen, S. 97, siehe bereits unter § 2 II. 2. b).

580 Zu den nachvertraglichen Prüfungspflichten, die namentlich in der „Honda“-Entscheidung näher thematisiert wurden und die am wissenschaftlichen Erkenntnishorizont institutionalisiert sind, bereits näher unter § 2 II. 2. b). Zu dem Inhalt nachvertraglicher Wissensrezeptions- und -produktionspflichten unter III.

581 Siehe näher im Rahmen der Darstellung der allgemeinen Asymmetrie- und Schutzproblematik unter § 2 II. 1. b).

582 Emmerich, in: Münchener Kommentar, BGB, Vor § 275, Rdn. 404; LG Frankfurt, NJW-RR 1991, 225.

583 Kullmann, in: Kullmann/Pfister, Produzentenhaftung, Kza. 1524, S. 1.

584 Zum Begriff der „passiven“ Produktbeobachtung schon § 2 II. 2. b).

585 BGHZ 99, 167 ff., „Honda“; BGH NJW 1994, 517 ff., „Gewindeschneidemittel I“.

586 BGH NJW-RR 1995, 342 f., „Gewindeschneidemittel II“.

587 LG Frankfurt, NJW-RR 1991, 225; Foerste, in: Produkthaftungshandbuch, § 26, Rdn. 29; Johannsen/Rademacher, BB 1996, 2636 (2639); Schmidt-Salzer, Produkthaftung, Deliktsrecht, Rdn. 4.402 f.

Verpflichtung zur „passiven“ Produktbeobachtung ist insofern also Resultat einer zwischen den Vertragspartnern anzutreffenden Ungleichgewichtslage.[588]

Überträgt man zudem den Grundsatz, daß Bestand und Umfang von Sorgfaltspflichten von der jeweiligen Erklärungsübernahme abhängen, auf die vorgeschalteten Erkenntnispflichten, so sind hier ebenfalls im Anschluß daran erweiterte und auf die jeweiligen Erklärungen ausgerichtete Nachmarktüberwachungspflichten begründbar. Für die Untersuchungspflichten ist dies im Zusammenhang mit der Beratungsübernahme anerkannt.[589] Aber auch für die Verpflichtung zur Nachmarktbeobachtung kann nichts anderes gelten. Verpflichtet die Auskunftsübernahme und das damit einhergehende Vertrauen auf die Korrektheit und Vollständigkeit der (Zweckeignungs-)Erklärungen zugleich zur nachträglichen Berichtigung der getroffenen Aussage, sofern sich diese später als unrichtig erweist, so ist die Marktüberwachung gerade Voraussetzung der Erfüllung einer solchen nachträglichen Informationsverpflichtung. Inhaltlich geht es dann um eine (auch) auf die spezifischen sicherheitsrelevanten Zweckeignungserklärungen ausgerichtete Marktkontrolle. Ebenso wie Nachforschungs- und Prüftätigkeiten Voraussetzung einer ordnungsgemäßen Beratung sein können und damit zugleich in diesem Zusammenhang geschuldet sind[590], ist die Produktbeobachtung für den Fall erst nachträglich gegebener Erkenntnismöglichkeit Voraussetzung für das spätere Erkennen des aus dem spezifischen Verwendungszweck resultierenden Gefahrenpotentials und damit konsequenterweise eine mit der Erklärungsübernahme (mit-) übernommene Pflicht. Dies gilt zumindest in bezug auf spezifische Zweck- und Kombinationseignungszusagen im Hinblick auf deren mögliche sicherheitsrelevante Bedeutung. Die Produktbeobachtung dient hier der Sicherstellung der Unschädlichkeit des Produktes zu dem bestätigten und bislang nicht näher geprüften Gebrauchseinsatz und ist notwendiges Element der geschuldeten nachträglichen Korrekturverpflichtung.

2. Die Fortschreibung des bisherigen nachvertraglichen Pflichtenkonzeptes auf der Basis der pflichtenbegründenden Kriterien

Mit den herausgearbeiteten Kriterien sind nunmehr zugleich die Grundlagen für die Beantwortung der Frage gelegt worden, ob und unter welchen Voraussetzun-

---

[588] Vgl. näher unten unter 4.

[589] BGH NJW 1968, 2238 (2239), „Treibstoff“; BGH NJW 1977, 1055 (1056); Breidenbach, Die Voraussetzungen von Informationspflichten beim Vertragsabschluß, S. 88; Emmerich, in: Münchener Kommentar, BGB, Vor § 275, Rdn. 239; Köhler, in: Staudinger, BGB, § 433, Rdn. 138; dazu näher unter 3.

[590] Nachweise siehe oben unter 1.

gen sich je nach Einzelfall die bereits mehrfach thematisierten anlaßbezogenen Forschungspflichten begründen lassen. Konsequenterweise beurteilt sich dies ebenfalls auf der Basis der bezeichneten pflichtenstatuierenden Elemente, der Risikozuweisung auf der Grundlage der asymmetrischen Informations- und Kompetenzverteilung [a)] und der - inhaltlich und umfangmäßig erweiterten - auf der Basis der jeweiligen Erklärungsübernahme [b)]. Inhaltlich geht es um die Begründung eines Sorgfaltsstandards, der die Verantwortlichen im Einzelfall zu einem aktiven Ungewißheits- und Risikomanagament unter Vorantreiben des jeweiligen Forschungsstandes verpflichtet.

Da die Pflichtenbegründung entscheidend von den jeweiligen Kompetenzen abhängt und die Kompetenzbeurteilung auf Seiten des Händlers noch einiger zusätzlicher Bemerkungen bedarf, wird im folgenden einstweilen von einer herstellerspezifischen Sachkunde auszugehen sein. Mit der Frage der an den Händler zu richtenden Sorgfaltsanforderungen wird sich der Abschnitt 3. eingehender beschäftigen.

a) Nachvertragliche Risikoverteilung hin zu einer Risikozuweisung (auch) auf der Basis asymmetrischer Kompetenzverteilung zur Gefahrerforschung

Entscheidet die parteiliche Wissens- und Kompetenzausstattung darüber, ob den potentiellen Pflichtenadressaten eine Verpflichtung zur Erkenntnisgewinnung trifft, so zeigt sich, daß sich auf dieser Grundlage und je nach Fallkonstellation Pflichten zur Risiko- und Gefahrerforschung begründen lassen. Forschungspflichten sind immer dann begründbar, wenn die Akteure über die am „Stand von Wissenschaft und Technik" institutionalisierte Gefahrermittlung hinausgehend auch über Möglichkeiten verfügen, die Erkenntnisse um die naturwissenschaftlichen Wirkungsmechanismen und Verfahren selbst fortzuschreiben. Ob dies der Fall ist, ist, wie generell, eine Frage des konkreten Falles. Für die Annahme einer Verpflichtung zur Erforschung des Risikopotentials muß der Verkäufer also im Vergleich zum Produkterwerber über einen Kompetenzvorsprung verfügen, der ihn in die Lage versetzt, die maßgebliche Fortentwicklung der naturwissenschaftlichen Daten und Verfahren zu betreiben. Damit sind zugleich die Voraussetzungen der Statuierung solcher Pflichten näher bezeichnet.

Daß die Produzenten über diese Kompetenzen und Möglichkeiten zur Risikoerforschung verfügen können, wurde schon im Zusammenhang mit der Herausarbeitung der möglichen Pflichteninhalte dargelegt.[591] Hingewiesen sei an dieser Stelle nur auf die besondere Informationsausstattung der Produzenten, die sich gewissermaßen als „Kuppelprodukt“ aus der Produktentwicklung und -herstellung ergibt. Da für jedwede Forschungstätigkeit ein Mindestmaß an Risikogerichtetheit gegeben sein muß, ergeben sich Möglichkeiten zum Wissensfortschritt namentlich aus den sich einstellenden Erfahrungen im Umgang mit dem Produkt, auf deren Grundlage, wenn schon nicht empiriegestützte Schädlichkeitsinformationen von gewünschter Begründungsdichte zu erlangen sind[592], so doch ein weitergehender wissenschaftlich-theoretischer Erkenntnisprozeß eingeleitet werden kann (Stichwort: erfahrungsinitiierter Erkenntnisprozeß). Sofern der Hersteller selbst nicht über die Kapazitäten und das entsprechende Know-how verfügt, bleibt aber stets die Frage, ob dieser nicht entsprechende Forschungsunternehmen mit der Durchführung der Risikoerforschung hätte beauftragen können und aufgrund dessen die Ermittlung des Sicherheitsdefizits möglich gewesen wäre. Die Produktanbieter sind im Verhältnis zum privaten Produkterwerber jedenfalls regelmäßig „näher dran“, entsprechende Wissensherstellung zu betreiben, die u. U. die Fortentwicklung der naturwissenschaftlichen Erkenntnisse und der wissenschaftlichen Methoden zur Kenntniserlangung mit einschließt.[593] Pflichten zur Gefahr-/Risiko-Erforschung lassen sich dementsprechend auf die *asymmetrische Informationsbasis und den ungleich verteilten Kompetenzen zum anlaßbezogenen Vorantreiben des naturwissenschaftlichen Erkenntnishorizonts zurückführen.* Unter diesen Voraussetzungen sind Forschungspflichten begründbar.[594] Selbstverständlich - und darauf sei zur Klarstellung nochmals ausdrücklich hingewiesen - bestehen solche Pflichtigkeiten grundsätzlich nur im Anschluß an bestimmte Risikomomente, die auf eine Schadensträchtigkeit hinweisen.[595] Zielgerichtete Forschung läßt sich nur in Anknüpfung an bestimmte Verdachts- im Sinne von Risikotendenzen betreiben.[596]

Im Ergebnis ist ein derartiger Sorgfaltsstandard auch überzeugend. Denn sind Entwicklungsrisiken nicht nur Folge des wissenschaftlich-technischen Fortschritts, sondern fordern zu ihrer Bewältigung selbst ein entsprechendes Fortschrittskonzept zur Ungewißheits- und Risikobewältigung ein[597], so liegt es nahe, den Produzenten eine komplementäre fortschrittsgeleitete Verantwortlichkeit zuzuschreiben.

---

[591] Teil 1, § 2 I.

[592] Möglich ist, daß die Datenbasis in qualitativer und quantitativer Hinsicht noch nicht ausreichend ist, um daraus bestimmte Regel- und Erfahrungssätze ableiten zu können, vgl. bereits unter § 2 II.

[593] Vgl. zum „näher dran“-Argument in Bezug auf die „Prüfpflichten“ auch v. Westphalen, ZIP 1992, 18 (22).

[594] Diese wurden bereits ganz allgemein skizziert, dazu näher unter § 2 II. 1. b).

[595] Näher zum Inhalt der Erkenntnispflichten unter III.

[596] Gawel, Reguliertes Wissen um Unwissen, in: Hart (Hrsg.), Privatrecht im „Risikostaat“, S. 265 (299 f.).

[597] § 2 II. 1. a).

Wer anderes als die Produktanbieter selbst sind besser und schneller in der Lage, produktbezogene Risikoforschung unter Fortentwicklung der dazu benötigten naturwissenschaftlichen Erkenntnisse und Verfahren zu betreiben?[598] Hier müßte gerade vor dem Hintergrund und dem Wissen um die mit jedweder Produktentwicklung und -spezialisierung einhergehende Wissensmehrung ein *ausschließlich unternehmensexterner naturwissenschaftlicher Bezugs- und Kontrollmaßstab zur Gefahren- und Risikovorsorge* als problematisch erscheinen. Dies gilt vor allem deshalb, weil und soweit wir es mit *innovativen und komplexen Produkten* zu tun haben, bei denen Wissen zunächst in besonderem Maße auf Seiten des Produktherstellers monopolisiert ist.[599] Namentlich für die *komplexitäts- und innovationsinduzierten* Entwicklungsrisiken[600] kann daher ein auf den externen Fortschritt in den Naturwissenschaften zugeschnittener Sorgfaltsstandard nicht überzeugen. Dementsprechend wird auch in der Rechtswissenschaft zunehmend eine die Entwicklungsrisiken umfassende Gefährdungshaftung diskutiert, um auf diese Weise Anreize an die Hersteller zu einer verstärkten aktiven Sicherheitsforschung zu setzen.[601]

Wenn auch die in der „Kindertee I"-Entscheidung angenommene Prüfpflicht nach der hier vertretenen Auffassung nicht als solche Forschungspflicht verstanden werden kann, so läßt sich doch in der Rechtsprechung - soweit ersichtlich - bereits eine Entscheidung ausmachen, in der eine Verpflichtung zur aktiven Forschung angenommen wurde. So hat LG Münster[602] in einer Entscheidung aus dem Jahre 1986, in der es um Thalliumemissionen einer Industrieanlage ging, im Rahmen des § 823 Abs. 1 BGB eine Verpflichtung der Anlagenbetreiberin zur Erforschung der jeweils schädlichen Wirkungen angenommen. Das Landgericht Münster wies den Einwand der Beklagten, die Schädlichkeit der Emissionen sei nach dem „Stand von Wissenschaft und Technik" nicht erkennbar gewesen, unter Hinweis auf die Verpflichtung zur Erforschung des Verhaltens des Thalliums in der Produktion zurück. Derartige Untersuchungspflichten seien

> „unter Berücksichtigung der im Verkehr erforderlichen Sorgfalt zu fordern, und zwar unabhängig von dem insoweit als richtig unterstellten Vortrag der Bekl., nach dem damaligen Stand der Wissenschaft und Technik sei eine derart extrem hohe Ver-

---

598 So im Hinblick auf die Produktbeobachtungspflicht: Borer, Produktehaftung, S.66.
599 Vgl. bereits § 2 II. 2. b).
600 Vgl. bereits unter § 1 I. 1.
601 Vgl. etwa Köck, Risikoregulierung und Privatrecht - eine einführende Problemskizze, in: Jahrbuch Junger Zivilrechtswissenschaftler 1993, S. 11 (17); Schäfer/Ott, Lehrbuch der ökonomischen Analyse des Zivilrechts, S. 295 f.
602 LG Münster, NJW-RR 1986, 947 (952), „Thallium".

flüchtigung des Thalliums bei der Herstellung von Spezialzementen nicht bekannt und deshalb nicht zu erwarten gewesen."[603]

Ein nachvertragliches Obligo, das unter gewissen Voraussetzungen zum Vorantreiben des naturwissenschaftlichen Erkenntnishorizonts verpflichtet, würde sich im übrigen auch in konsequenter Weise in die bisherige nachvertragliche Pflichtenerweiterung einreihen, eine Pflichtenfortschreibung, an deren Ende bislang die auf den nachträglichen Erkenntniszuwachs reagierende Produktbeobachtungspflicht steht. Auch erscheint angesichts des regelmäßig drohenden erheblichen Schadensausmaßes im Fall der Verwirklichung von Entwicklungsrisiken und der oftmals in Rede stehenden hochrangigen Rechtsgüter der Konsumenten die Gewährleistung eines hohen Sicherheits- und Schutzniveaus angezeigt.[604] Kostengesichtspunkte sind spätestens dann unbeachtlich.[605]

b) *Nachfragetätigkeit und Erklärungsübernahme und ihre Auswirkungen auf Bestand und Ausmaß nachvertraglicher Forschungspflichten*

Hat der Produktveräußerer durch bestimmte Erklärungen besonderes Vertrauen in Anspruch genommen, so ist er nachträglich zur Berichtigung der erteilten Auskunft verpflichtet, wenn sich diese als unrichtig herausstellen sollte. Dementsprechend konnte herausgearbeitet werden, daß der Verkäufer, der spezielle Zweckeignungszusagen[606] erteilt hat und der später von der Schädlichkeit des Produktes bei eben diesem Einsatz erfährt, nachträglich zur Berichtigung der bestätigten (unschädlichen) Einsatzmöglichkeit verpflichtet ist. Insoweit führt die Auskunfts- und Beratungstätigkeit nachvertraglich zu erweiterten Verhaltensanweisungen gegenüber den am vorhersehbaren Gebrauch ausgerichteten asymmetriebegründeten Informationspflichten. Derartige *Berichtigungspflichten* sind Folge der *Auskunftsübernahme und der damit einhergehenden Inanspruchnahme von Vertrauen* im Hinblick auf die Erklärungen und deren Richtigkeit und Vollständigkeit.[607] Sie dienen der *nachträglichen Korrektur des mit den Aussagen geschaffenen Vertrauenstatbestandes.*

---

[603] LG Münster, NJW-RR 1986, 947 (952).
[604] Für eine aktive Forschungsverpflichtung auch Damm, Anm. zu BGH, Urt. v. 12.11.1991 (JZ 1992, 633 ff.), JZ 1992, 637 (640); Köck, in: Jahrbuch Junger Zivilrechtswissenschaftler 1993, S. 11 (17); ähnlich wohl auch Joerges, UTR 1994, 141 (164).
[605] Vgl. v. Westphalen, ZIP 1992, 18 (23).
[606] Diese wurden generell als sicherheitsrelevant eingestuft.
[607] Vgl. bereits näher oben unter 1.

Weil und soweit zur ordentlichen Nach-Aufklärung darüber hinaus weitergehende Informationsbeschaffungs- und Nachforschungstätigkeiten gefordert sind, sind diese sogleich mitgeschuldet.[608] Ordnungsgemäße Auskunftserteilung bedeutet eben auch darauf bezogene Nachaufklärung und auf diese Informationsinhalte ausgerichtete erweiterte Beschaffungs-, Auswertungs- und Überprüfungstätigkeiten. Und so wurde gezeigt, daß sich aus der jeweiligen Raterteilung auch erweiterte Produktbeobachtungspflichten mit eben diesem spezifischen Zuschnitt ergeben können. Eine auf diese spezifischen Zweckfestlegungen ausgerichtete Nachmarktbeobachtung ist Voraussetzung der nachträglichen Risiko- und Gefahrerkenntnis und damit zugleich Voraussetzung der nachvertraglichen Berichtigung der zuvor erklärten (unschädlichen) Zwecktauglichkeit.

Nichts anderes kann dann gelten, wenn es darum geht, verstärkte Sicherheitsforschung zu betreiben. Auch hier sind weitergehende Risiko- und Gefahrerforschungspflichten im Anschluß an die erteilte Zweckeignungszusage konsequent, sofern sich eine bestimmte Risikogerichtetheit herauskristallisiert hat. Mit der erteilten Zweckeignungszusage übernimmt der Leistungsschuldner im Zweifel eine Nachsorge, die eine auf diesen spezifischen Zuschnitt ausgerichtete aktive Gefahr-Erforschung umfaßt. Dies ergibt sich konsequenterweise aus der Erklärungsübernahme und der damit einhergehenden Inanspruchnahme von Vertrauen. Forschungspflichten können sich demnach auch auf den zuvor erklärten konkreten Produkt-(kombinations-)einsatz beziehen. Nur auf diese Weise läßt sich zu der gewünschten Schädlichkeitserkenntnis gelangen. Nachvertragliche Produktbeobachtungs- und Forschungspflichten, die sich im Einzelfall an dem konkret zugesagten Verwendungszweck orientieren, stellen im Ergebnis ein mit den nachvertraglichen Warn- und Korrekturobligationen kongruentes Pflichtenkonzept dar. Sicher erscheint ein solches Pflichtenprogramm auf den ersten Blick als ein eher überzogenes. Betont werden kann hier aber nur nochmals, daß auch nach der derzeitigen Interpretation der Produktbeobachtungspflicht nicht wesentlich geringere Anforderungen formuliert werden, als hier Anwendungserweiterungen berücksichtigt werden und sich daran Gefahrabwendungspflichten anschließen können. Überdies greifen solche Forschungspflichten erst dann ein, wenn bereits eine Risikoausrichtung vorliegt. Zugegebenermaßen ist die mit der auskunftsbezogenen Pflichtenbegründung einhergehende konkret-individuelle Pflichtenausrichtung eine eher ungewohnte, wird die Produktbeobachtung doch primär als deliktisches und damit an anonymisierten Benutzerkreisen ausgerichtetes Obligo interpretiert.

---

[608] Vgl. schon unter 1.

3. Zur Statuierung nachvertraglicher Gefahrerforschungspflichten namentlich auf Seiten des Händlers

Die Anwendung der vorgenannten Kriterien kann nun - wie gezeigt - namentlich dann zur Pflichtenstatuierung führen, wenn Haftungsadressat der Produkthersteller selbst ist. Wie aber sieht es aus, wenn nicht der Produzent dem Käufer als Pflichtenschuldner gegenüber steht, sondern, wie es regelmäßig der Fall ist, ein Vertriebshändler? Schuldvertragsrechtlich hat sich der Geschädigte grundsätzlich an seinen Gegenüber zu halten, unabhängig davon, welche marktliche Funktion dieser einnimmt. Ist im Zuge der marktlichen Arbeitsteilung der institutionelle Rahmen im Laufe der Zeit auch ein anderer geworden als er noch zu Beginn des letzten Jahrhunderts war, so ist das Schuldrecht nach wie vor auf diese personelle Zweier-Beziehung zugeschnitten.[609] Dies gilt sowohl für den vertraglichen wie für den quasivertraglichen Bereich. Sicher hat dieser Grundsatz mittlerweile einige Durchbrechungen erfahren.[610] Dies ändert jedoch nichts daran, daß Anspruchsgegner grundsätzlich der jeweilige (Vertrags-)Partner ist und zwar auch dann, wenn dieser „nur" Vertreiber der Ware ist. (Quasi-)Vertragliche Risikoverteilung ist nach wie vor im Grunde eine zwischen den (Vertrags-)Parteien stattfindende.

Fragt man nun nach der Pflichtenbegründung seitens des Händlers, so können bei näherem Zusehen und ausgehend von den soeben benannten pflichtenbegründenden Kriterien aber auch die an diesen zu richtenden Sorgfaltsanforderungen keine anderen sein. Denn ausgehend von dem benannten pflichtenkonstituierendem Merkmal, der asymmetrischen Kompetenzverteilung zur Gefahr-/Risikoerforschung, verfügt auch der Vertriebshändler zumindest *im Verhältnis zum Käufer* über die überlegenen Möglichkeiten zur Erkenntnisgewinnung, da er die geschuldeten Informationen durch Hinzuziehung der jeweiligen Produzenten beschaffen kann. Hier ist der Händler zumindest befähigt die Informationen beim Hersteller einzufordern, indem er beispielsweise bei offenkundig werdenden Risikomomenten beim Hersteller nachfragt oder - je nach Einflußmöglichkeit - den Hersteller vertraglich zur Bereitstellung seiner gewonnenen Erkenntnisse verpflichtet.[611] Zumindest im Verhältnis zum Produkterwerber ist er „näher dran" die strukturelle Ungewißheit zu bewältigen, als er auf die Forschungsergebnisse der jeweiligen Produzenten zurückgreifen kann. Daß sich der Vertriebshändler zur Erfüllung dieser Pflichten des Herstellers bedienen muß, also den Verhaltensanforderungen im eigenen Handelsunternehmen in der Regel gar nicht nachkommen kann, ist dabei für die (quasi-)vertragliche Risikozuweisung unerheblich. Maßgeblich ist

[609] Esser/Schmidt, Schuldrecht, Band I, Allg. Teil, Teilb. 2, § 27 I. 2.

[610] Zu nennen sei an dieser Stelle nur die Einbeziehung Dritter in den Schutzbereich des Vertrages über das Rechtsinstitut des Vertrages mit Schutzwirkung zugunsten Dritter.

[611] Vgl. näher unter § 5 I.

allein, daß er insoweit zumindest über entsprechend überlegene Möglichkeiten zur Beschaffung eben dieser neuen Gefahrendaten verfügt. Denn anerkanntermaßen sind die jeweiligen Akteure, wenn sie selbst aus personellen, fachlichen oder aus anderen Gründen zur „Erfüllung" der Pflichten nicht in der Lage sind, verpflichtet, sich insoweit anderer zu bedienen, ohne daß dies Einfluß auf den geschuldeten Sorgfaltsstandard hätte. So treffen den Hersteller Prüf- und Testpflichten anerkanntermaßen auch dann, wenn er selbst zur Durchführung nicht in der Lage ist, da er sich zumindest externer Forschungsinstitutionen bedienen kann. Entscheidend sind also die im Verhältnis zum Käufer überlegenen Erkenntnisoptionen. Entsprechendes gilt für die seitens des Händlers schon grundsätzlich begründete Produktbeobachtungspflicht. Auch hier verfügt der Vertriebspartner zumindest über die überlegenen Rückgriffsmöglichkeiten auf den Produzenten. Darauf wird noch im einzelnen zurückzukommen sein. Hier wie dort schafft der § 278 BGB die Voraussetzungen der Zurechenbarkeit fremden Fehlverhaltens bzw. Verschuldens.[612] Und auch bezüglich der Erklärungsübernahme als weiterem pflichtenbegründenden Element ergibt sich keine abweichende Bewertung der Risikoverteilung.

Wenn hier mit dem Händler zunächst der (primäre) Haftungsadressat ausgemacht ist, so geht es in diesem Zusammenhang selbstverständlich nicht - und dies sei zur Klarstellung angemerkt - um die Zuweisung von Letztverantwortlichkeiten in dem Sinne, daß der Händler den entstandenen Schaden letztlich in jedem Fall zu tragen hätte. Die Haftung wird oftmals bloße „Vertretungs- oder Durchgangshaftung"[613] sein. Geht es um fremdes Fehlverhalten, das sich der Händler zurechnen lassen muß, dann kann dieser seinerseits regelmäßig beim Produkthersteller Rückgriff nehmen.[614] Für den Käufer wird zumindest durch die hier vertretene Ansicht sichergestellt, daß die funktionale marktliche Differenzierung nicht zu seinen Lasten geht.[615] Dieser kann sich an den Leistungsschuldner halten und zwar unabhängig von dessen jeweiliger Funktionseinnahme. Darauf wird zurückzukommen sein.[616]

---

612 Zur Anwendung und dogmatischen Begründung des § 278 BGB in den hier zu erörternden Fällen näher unter § 5.

613 Mit dieser Terminologie: Spiro, Die Haftung für Erfüllungsgehilfen, S. 195/196.

614 Beim Händler verbleibt dann allerdings das Rückgriffsrisiko. Für die primären Gewährleistungsrechte geht auch die Richtlinie 1999/44/EG von einer Regreßlösung aus, deren Ausgestaltung dem nationalen Recht vorbehalten ist, Art. 4 Richtlinie 1999/44/EG.

615 Zu der Einordnung des Herstellers als Erfüllungsgehilfe näher unter § 5 I.

616 Ausführlicher dazu in § 5.

4. Zusammenfassung

Die Untersuchung hat gezeigt, daß sich auch auf nachvertraglicher Ebene ein Schutzkonzept realisieren läßt, das namentlich der bei den Entwicklungsrisiken anzutreffenden besonders dimensionierten Asymmetrie- und Schutzproblematik Rechnung trägt. Wurde bei den Entwicklungsrisiken eine neue Dimension einer marktlich und transaktionsspezifischen Asymmetrieproblematik aufgezeigt[617], so konnte dem folgend ein nachvertragliches Pflichtenkonzept benannt und begründet werden, das sich dem damit einhergehenden käuferspezifischen Sicherheits- und Schutzbedarf annimmt. Angesichts der zur Bewältigung von Entwicklungsrisiken geforderten Produktion neuer Schädlichkeitserkenntnisse, sei es auf der Grundlage der sich im Laufe der Zeit einstellenden Erfahrungen oder auf der Basis der fortschreitenden wissenschaftlichen Erkenntnisse und Verfahren, konnte, über die bisher anerkannte Verpflichtung zur Produktbeobachtung hinaus, *eine anlaßbezogene nachmarktliche Pflicht zur Gefahr-/Risiko-Erforschung* begründet werden. Auf der Basis der herausgearbeiteten pflichtenbegründenden Kriterien wurde dargelegt, daß sich angesichts der Kompetenzverteilung seitens des Verkäufers eine Verpflichtung zur Schädlichkeitsermittlung unter Vorantreiben des wissenschaftlichen Erkenntnisstandes und der wissenschaftlichen Verfahren statuieren läßt. Dies soll bzw. sollte umso mehr gelten, als die den Entwicklungsrisiken zugrunde liegende Ungewißheit innovations- und komplexitätsinduziert ist und sich daraus im Einzelfall eine überlegene Kompetenz gegenüber externen Forschungseinrichtungen ergeben kann. Zumindest aber ist der Hersteller regelmäßig zur Vergabe von Forschungsaufträgen befähigt. Ein - auf wissenschaftlicher Ebene - ausschließlich an Fortschrittsanpassung ausgerichtetes Verhaltenskonzept zeigte sich namentlich vor dem Hintergrund der *Innovations- und Komplexitätsinduziertheit* der Entwicklungsrisiken und der insoweit anzutreffenden *Kompetenzen und monopolisierten Informationsausstattungen der Risikoproduzenten* als ein eher überkommener Verhaltensmodus. Oder wie es an anderer, vorangegangener Stelle formuliert wurde[618]: Entwicklungsrisiken sind in langfristiger Perspektive nicht nur Folge von Fortschritt, Innovation und zunehmender Produktkomplexität; sie fordern zu ihrer Bewältigung auch ein rechtliches Sorgfaltsprogramm, das die Akteure zur aktiven Wissensproduktion verpflichtet. Mit den Produktbeobachtungs-, anlaßbezogenen Forschungspflichten und den sich daran anschließenden Warnpflichten läßt sich insoweit ein zur Bewältigung der Entwicklungsrisiken adäquates Sicherheitskonzept begründen.

---

[617] Dazu bereits näher unter § 2 II. 1. a) und b).

[618] Vgl. näher unter § 2 II.

Im Ergebnis kommt eine Informationsverpflichtung dann in Betracht, wenn es *um für den Leistungsgläubiger wesentliche Vertragsumstände*[619] geht, eine *asymmetrische Informations- und Kompetenzlage* anzutreffen ist und der Leistungsschuldner aufgrund dessen die *Möglichkeit zur Informationserlangung* hat, während dem Käufer keine Erkenntnisoption eröffnet ist. Entsprechend leiten die vorgeschalteten Erkenntnispflichten ihre Legitimation aus dem Informations- und Kompetenzgefälle ab, den ungleich verteilten Zugangs-, Beschaffungs-, Auswertungs- und Überprüfungskompetenzen bzw. den asymmetrisch angeordneten Gefahrerforschungsmöglichkeiten. Auf der Basis dieser Sorgfaltspflichten beurteilt sich dann die konkrete Erkenntnismöglichkeit des Verkäufers und damit schließlich die Verpflichtung zur nachträglichen Gefahr- bzw. Risikoaufklärung des Käufers.

Inhaltlich und umfangmäßig erweiterte Pflichten ergeben sich darüber hinaus jeweils im Zuge der Erklärungsübernahme durch den Verkäufer. Hat der Verkäufer die Eignung des Produktes zu spezifischen (Kombinations-)Verwendungen erklärt, so ist er zudem nachträglich mit diesem spezifischen Zuschnitt zur Produktbeobachtung und - falls sich Risikotendenzen in diesem Zusammenhang offenbaren, zur nachträglichen Schädlichkeitsermittlung (auch) unter Vorantreiben des Forschungsstandes verpflichtet. Derartige Verhaltensanweisungen resultieren aus der Auskunfts- und Beratungsübernahme und dem damit einhergehenden Vertrauen auf die nachträgliche Sicherstellung des unschädlichen Einsatzes zu dem (angeratenen) spezifischen Produkteinsatz.

Aufgrund der Kompetenzen im Hintergrund ergibt sich auch beim Händler keine abweichende Beurteilung, so daß die dargestellten Sorgfaltsanforderungen auch hier gelten.[620] Natürlich kommen derartige nachvertragliche Verhaltensanweisungen jeweils nur in dem vorgegebenen und in § 3 bereits näher konkretisierten (zeitlichen) Haftungsrahmen in Betracht. Der nachfolgende Abschnitt wird sich nunmehr eingehender mit dem Inhalt und Umfang der Warnpflichten nach dem Leistungstransfer beschäftigen.

II. Zum Inhalt und Umfang nachvertraglicher rechtsgüterschützender Informationspflichten

Anders als im (vor-)vertraglichen Bereich sind Informationspflichten nach der Leistungsbereitstellung inhaltlich umfassender, weil sie auch die qualitätsbezoge-

---

619 Dazu sogleich unter II.

620 Vgl. unter 4.

ne Sicherheitsdimension mit einschließen, also fabrikations- und konstruktionsbedingte Sicherheitsdefizite umfassen.[621] Informationspflichten beziehen sich sowohl auf Schädlichkeiten, die Folge der Art und Weise des Produkteinsatzes, bestimmter Produkt-(kombinations-)verwendungen oder besonderer Benutzerkonstitutionen sind, wie auch auf solche, die sich stets und unbedingt als Folge des Produktgebrauchs oder -verbrauchs darstellen und bei denen es Gefahrabwendungsmöglichkeiten unter gleichzeitiger Weiterbenutzung der Kaufsache nicht gibt. Dort geht es um allgemeinen Sicherheitsschutz, dem klassischen Anwendungsbereich (vor-)vertraglicher Informations- und Instruktionshaftung, hier um die nachträgliche Information über Fehler des Produktes im Sinne des § 459 Abs. 1 BGB. Daß sich Entwicklungsrisiken in die eine oder andere Richtung realisieren können, wurde bereits mehrfach festgestellt.[622] Nachvertragliche Warnpflichten dienen insoweit der *Verlängerung der qualitäts- und der allgemein sicherheitsbezogenen Schutzdimension* ins Stadium nach Vertragsabwicklung.[623] Ist damit in einer Groborientierung die inhaltliche Ausrichtung jener Schutzpflichten vorgezeichnet, so lassen sich die berechtigten Verhaltenserwartungen inhaltlich näher in Anlehnung an die in der Rechtsprechung und Lehre erfolgte Konkretisierung des Fehlerbegriffs (1.) und die rechtsgüterschützenden Instruktionspflichten (2.) konturieren.

Dabei geht es in weitem Umfang um Pflichtenbegründung ausschließlich auf der Basis der Informations- und Kompetenzgefälle, um Pflichtenstatuierung also, die an dem typisierten sicherheitsbezogenen Informationsbedarf des Käufers anknüpft. Spezifische Zweckeignungsnachfragen und -zusagen und damit einhergehende Risiko- bzw. Gefährdungslagen werden von der Rechtsprechung und Literatur regelmäßig über die vorvertragliche Instruktions- und Beratungshaftung gelöst. Obwohl hier prinzipiell auch die Einordnung als Produktfehler in Betracht käme[624], folgt die nachfolgende Darstellung dieser Einteilung. Nur insoweit wird es daher um nachfrageinitiierte erweiterte Pflichteninhalte gehen, also um indivi-

---

[621] Dazu bereits § 2 III. Konkurrenzprobleme ergeben sich hier nicht, da das kaufvertragliche Gewährleistungsrecht von vornherein keine Regelung für das Stadium nach Vertragsabwicklung vorsieht; generell für eine freie Konkurrenz der Ansprüche aus c. i. c. und pVV zu den Gewährleistungsrechten, Esser/Weyers, Schuldrecht, Bd. II, Besonderer Teil, § 6 II. 3.

[622] In einer beide Bereiche umfassenden Begriffswahl wird hier von den „Sicherheitsdefiziten" gesprochen. Diese kennzeichnen sich - anders als die Qualitätsdefizite i. e. S. - durch einen schädlichen Wirkungszusammenhang, vgl. bereits näher unter § 1 I. 2.

[623] Vgl. bereits unter § 2 III.

[624] Dementsprechend sieht Art. 2 Abs. 2 lit. b) der EG-Richtlinie zum Verbrauchsgüterkauf und der Garantien für Verbrauchsgüter (1999/44/EG) die Vermutung vor, daß Verbrauchsgüter vertragsgemäß sind, wenn sie sich für einen bestimmten vom Verbraucher angestrebten Zweck eignen, den der Verbraucher dem Verkäufer zur Kenntnis gebracht hat und dem der Verkäufer zugestimmt hat.

duelle Erwartungsfixierung nach Maßgabe der konkreten Zweckeignung.[625] Unter 3. wird das vorgefundene Ergebnis nochmals zusammengefaßt.

Obgleich nachvertragliche Verpflichtungen zur Warnung zum grundsätzlich anerkannten Schutzprogramm gehören, sind deren Inhalt und Umfang in der Rechtswissenschaft bislang nicht bzw. kaum aufbereitet worden. Selbiges gilt für die zentrale Frage, ab welchem Grad der Gesichertheit der Schädlichkeitserkenntnisse den Verkäufer überhaupt eine Pflichtigkeit zur Bereitstellung von Informationen trifft bzw. treffen sollte, ab welcher Begründungsdichte also von rechtlich erheblichen Umständen gesprochen werden kann, die zur Aufklärung verpflichten. Diese Frage wird im folgenden im Mittelpunkt des Interesses stehen. Ist der Leistungsschuldner also schon bei Vermutungen einer Schadensquelle oder der auf bestimmten Anhaltspunkten beruhenden Möglichkeit einer solchen zur Warnung verpflichtet? Greifen Sorgfaltspflichten zur Bereitstellung von Wissen schon dann ein, wenn von einem Risiko[626] aufgrund einzelner negativer Erfahrungswerte gesprochen werden kann oder aber bedarf es eines wissenschaftlich begründeten Verdachts? Daß sich Erkenntnisprozesse sowohl auf wissenschaftlicher wie auf empirischer Ebene vollziehen können, wurde bereits dargestellt. In der Rechtswissenschaft finden wir etwa für die nachvertraglichen Informationspflichten schlicht den Hinweis, daß diese dann eingreifen, wenn der Verkäufer nachträglich von (ernsthaften) Produktgefahren erfahre.[627] Wäre der Gefahrbegriff im Sinne des hier zugrunde gelegten zu verstehen[628], so wäre eine Pflichtigkeit von dem Moment an zu bejahen, von dem an bestimmte Erfahrungssätze oder neue wissenschaftliche Erkenntnisse die Schädlichkeit des Produktes offenbaren.

1. Die Determinierung berechtigter Sicherheitserwartungen auf der Basis des konkretisierten Fehlerbegriffs des § 459 I BGB - zur Konturierung der Pflicht zur nachträglichen Fehler-Aufklärung

Der Fehlerbegriff ist in der Vergangenheit in mehrfacher Hinsicht erweiternd ausgelegt worden. Zu nennen ist hier etwa das Umweltbeziehungen berücksichtigen-

---

625 Da die spezifischen Zweckeignungsabreden über die Beratungshaftung und nicht über die (aufgrund des subjektiv-objektiven Fehlerbegriffs an sich auch mögliche) Fehlerhaftung gelöst werden, geht es bei der Fehlerhaftung nur um am gewöhnlichen Gebrauch orientierte Sicherheitserwartungen.

626 Von einem Risiko wurde als eine „auf bestimmten Anhaltspunkten beruhende mögliche Schädlichkeit des Produktes" gesprochen, vgl. § 1 I. 1.

627 Emmerich, in: Münchener Kommentar, Vor § 275, Rdn. 404; Wiedemann, in: Soergel, BGB, Vor § 275, Rdn. 474; Meier, Ökologische Aspekte des Schuldvertragsrechts, S. 38.

628 Vgl. unter § 1 I. 1.

de Beschaffenheitsverständnis, wonach bei der Frage der Abweichung von der geschuldeten Qualität nicht nur die gegenwärtigen körperlichen Eigenschaften der Kaufsache[629], sondern auch tatsächliche, wirtschaftliche, soziale und rechtliche Beziehungen der Sache zur Umwelt zu berücksichtigen sind (sog. Umweltfehler).[630] Zwecks Bewältigung moderner Gefährdungslagen ist der Fehlerbegriff sogleich in zweifacher Hinsicht „erweitert" worden: In Richtung allgemeiner sicherheitsbezogener Verarbeitung [b)] und im Hinblick auf die Verarbeitung noch *ungesicherter* Schädlichkeits- und Kausalitätsprognosen [c)]. Beiden Erweiterungen kommt in diesem Zusammenhang maßgebliche Bedeutung zu.

Berücksichtigt werden im folgenden nicht nur Entscheidungen aus dem kaufvertraglichen Bereich, sondern zudem solche aus dem Miet- und Werkvertragssektor, da auch hier einschlägige wie aussagekräftige Judikate vorliegen. Miet- wie Werkvertragsrecht eignen sich besonders als Referenzgebiete, da der Fehlerbegriff mit dem kaufvertraglichen identisch ist.

Da die Anforderungen an die geforderte Gesichertheit des Schädlichkeits- und Kausalitätswissens (hier: „begründeter Verdacht"[631]) und die konkreten Begründungsanforderungen daran noch wenig gesichert sind, wird hier der Versuch einer inhaltlichen Präzisierung unternommen [d)]. Anleihen lassen sich insbesondere bei der öffentlich-rechtlichen und namentlich der arzneimittelrechtlichen Literatur und Judikatur ziehen, die sich eingehender mit dem unbestimmten Rechtsbegriff des „begründeten Verdachts" beschäftigt hat. Vorausgeschickt werden hier zunächst einige grundlegende Bemerkungen zum Fehlerbegriff und dessen Verständnis [a)].

a) Zum Begriff des Fehlers im Sinne des § 459 I BGB im allgemeinen

Nach anerkannten Grundsätzen ist ein Fehler jede dem Käufer ungünstige, nicht unerhebliche Abweichung der tatsächlichen Beschaffenheit der Kaufsache von

---

[629] Die ältere Rechtsprechung hatte bei der Fehlerbegründung vor allem auf die physischen Beschaffenheiten der Kaufsache abgestellt, vgl. Westermann, in: Münchener Kommentar, BGB, § 459, Rdn. 18.

[630] Dazu Esser/Weyers, Schuldrecht, Bd. II, Besonderer Teil, § 5 II. 1. b); Reich, in: Alternativkommentar BGB, § 459 BGB, Rdn. 1; Reinicke/Tiedtke, Kaufrecht, Rdn. 272; Putzo, in: Palandt, BGB, § 459, Rdn. 8. Berücksichtigungsfähig seien Umweltbeziehungen allerdings grundsätzlich nur insoweit, als sie in der Beschaffenheit der Kaufsache selbst ihren Grund haben und sich nicht erst durch die Heranziehung von außerhalb des Kaufgegenstandes liegenden Verhältnissen oder Umständen ergeben, vgl. BGH NJW-RR 1988, 10 (11); LG Düsseldorf, RdE 1991, 180 (182).

[631] So das bereits an dieser Stelle vorweggenommene Ergebnis der nachfolgenden Untersuchung.

derjenigen, die der Käufer erwarten durfte.[632] Was der Käufer erwarten darf, ergibt sich dabei entweder aus dem Inhalt des Vertrages oder aber aus der regelmäßigen Beschaffenheit (sog. subjektiv-objektiver Fehlerbegriff).[633] Sind vertragliche Vereinbarungen bezüglich der geschuldeten Qualität oder aber des beabsichtigten Gebrauchszwecks erfolgt, so sind diese grundsätzlich vorrangig zu berücksichtigen.[634] Andernfalls ist für die Fehlerbeurteilung auf die gewöhnliche (normale) Beschaffenheit und den gewöhnlichen Gebrauchs- und Verwendungszweck abzustellen.[635] Dies entspricht im wesentlichen den in Art. 2 der Richtlinie zu bestimmten Aspekten des Verbrauchsgüterkaufs und der Garantien für Verbraucher (Richtlinie 1999/44/EG) enthaltenen Vorgaben[636], die sich eng an Art. 35 CISG anlehnen. Danach ist der Verkäufer verpflichtet, dem Verbraucher dem Kaufvertrag gemäße Güter zu liefern, Art. 2 Abs. 1 Richtlinie 1999/44/EG. Nach dem Absatz 2 wird vermutet, daß die Ware vertragsgemäß ist, wenn sie der vom Verkäufer gegebenen Beschreibung, den Eigenschaften der Probe oder des Musters entspricht [lit. a)] oder wenn sie zu dem vertraglich vereinbarten [lit. b)] oder gewöhnlichen [lit. c)] Gebrauchszweck geeignet ist. Wenngleich der Art. 2 Abs. 2 Richtlinie 1999/44/EG ausdrücklich nur Vermutungsregelungen hinsichtlich der Vertragsgemäßheit der Ware beinhaltet und damit letztendlich für den Verkäufer „nur" eine Beweiserleichterung bereit hält, können die Mitgliedstaaten entsprechend dem 8. Erwägungsgrund die in den Art. 2 Abs. 2 lit. a)-d) genannten Kriterien auch zur Bestimmung der Vertragswidrigkeit verwenden. Neu ist in diesem Zusammenhang die in Art. 2 Abs. 2 lit. d) der EG-Richtlinie enthaltene Vermutungsregelung[637], wonach für die *berechtigten Qualitätserwartungen* des Käufers die „in der Werbung oder bei der Etikettierung gemachten öffentlichen Äußerungen des Verkäufers, des Herstellers oder dessen Vertreters über die konkreten Eigenschaften des Gutes" heranzuziehen sind.[638] Nach der bisherigen Rechtspre-

---

[632] Esser/Weyers, Schuldrecht, Bd. II, Besonderer Teil, § 5 II. 1.; Westermann, in: Münchener Kommentar, BGB, § 459 BGB, Rdn. 8 m. w. N.
[633] Westermann, in: Münchener Kommentar, BGB, § 459 BGB, Rdn. 8.
[634] Auf den Vorrang vertraglicher Abreden weist insoweit auch der § 459 Abs. 1 BGB hin, der eine Beschaffenheitsabweichung dann als relevant einstuft, wenn sie entweder den Wert oder aber die Tauglichkeit der Sache zu dem gewöhnlichen oder dem nach dem Vertrag vorausgesetzten Gebrauch aufhebt oder mindert.
[635] Wie bereits ausgeführt, würden hier praktisch nur die spezifischen Zweckvereinbarungen in Betracht kommen, die die Rechtsprechung aber über die Beratungs- und Instruktionshaftung oder über die Haftung wegen Fehlens einer zugesicherten Eigenschaft löst. Zu den spezifischen Zweckvereinbarungen näher unter 2. b).
[636] Ebenso Reich, NJW 1999, 2397 (2399).
[637] Vgl. etwa Schäfer/Pfeiffer, ZIP 1999, 1829 (1834).
[638] Insoweit weicht Art. 2 der Richtlinie 1999/44/EG von dem Art. 35 CISG ab. Die Richtlinie enthält aber in Art. 2 Abs. 4 eine weitgehende Privilegierung zugunsten des Verkäufers. Danach soll der Verkäufer an die Herstellerwerbung nicht gebunden sein, wenn er die betreffende Äußerung nicht kannte und vernünftigerweise keine Kenntnis davon haben konnte, er die Äußerung zum

chung sind Werbeaussagen nur dann zu berücksichtigen, wenn sie im Zuge der Vertragsverhandlungen oder bei Vertragsschluß ausdrücklich oder stillschweigend in den Kaufvertrag einbezogen wurden.[639]

Ein Fehler muß nach der Regelung des § 459 Abs. 1 S. 1 BGB bereits zum Zeitpunkt des Gefahrübergangs vorgelegen haben.[640] Als ausreichend wird es in diesem Zusammenhang allerdings angesehen, wenn der Fehler der Sache tatsächlich immanent war. Auf die tatsächliche Erkennbarkeit zu diesem Zeitpunkt kommt es nicht an, da für die Beurteilung der Frage, ob ein Fehler vorliegt, vielmehr auf den Wissensstand der letzten mündlichen Verhandlung abzustellen ist. Verschuldensgesichtspunkte spielen insoweit anerkanntermaßen keine Rolle.[641] Weisen also erst neue nach Gefahrübergang bekannt gewordene Informationen auf die Fehlerhaftigkeit hin, so ist für die Fehlerbeurteilung auf diese neuen Erkenntnisse abzustellen und nicht auf den Wissenshorizont zum Zeitpunkt des Gefahrübergangs.[642]

Zeitpunkt des Vertragsschlusses berichtigt hatte oder die Kaufentscheidung durch die betreffende Äußerung nicht beeinflußt wurde.

[639] Vgl. z. B. BGHZ 132, 55 ff., wo der BGH einen Neuwagen aufgrund der in dem Hersteller-Prospekt enthaltenen Angaben über den Kraftstoffverbrauch, die Grundlage der Vertragsverhandlungen waren, als fehlerhaft qualifizierte. Ausführlich zu diesem Problemkomplex: Lehmann, JZ 2000, 286 f.; Micklitz, EuZW 1997, 229 (231 f.). Gass, in: FS für Rolland, S. 129 (136) geht hingegen davon aus, daß die Regelung in Art. 2 Abs. 2 lit. d) schon der derzeitigen nationalen Rechtsprechung entspricht. Werbeangaben sind aber auch nach der Richtlinie nur insoweit zu berücksichtigen, als sie sich nicht als bloße unverbindliche Anpreisungen darstellen. Angaben „ins Blaue hinein" will auch die Richtlinie nicht mit erfassen, vgl. Staudenmayer, NJW 1999, 2393 (2394). Darauf weist ebenfalls der Wortlaut der Richtlinie hin, der nur solche öffentlichen Äußerungen des Verkäufers etc. für beachtlich erklärt, die sich auf „konkrete Eigenschaften" des Gutes beziehen.

[640] Die Richtlinie 1999/44/EG stellt für die Beurteilung der Vertragswidrigkeit auf den Zeitpunkt der „Lieferung" des Verbrauchsgutes ab, Art. 3 Abs. 1 Richtlinie 1999/44/99. Wie sich aus dem 14. Erwägungsgrund der Richtlinie ergibt, müssen die Mitgliedstaaten ihre Vorschriften über den Gefahrübergang aber nicht ändern.

[641] Anders natürlich, wenn es um die Fahrlässigkeitshaftung für Fehler geht.

[642] OLG Frankfurt NJW 1983, 456, „Blasbachtalbrücke"; BGH NJW 1984, 2457, „Wärmeschutzfassade"; OLG Köln, NJW-RR 1991, 1077 (1078) auf dem werkvertraglichen Sektor mit Hinweis auf die werkvertragliche Erfolgshaftung (jeweils im Hinblick auf Qualitätsdefizite); LG Frankfurt, WuM 1990, 384; Marburger, Die Regeln der Technik im Recht, S. 302; Hart, KritV 1991, 363 (375); Meier, Ökologische Aspekte des Schuldvertragsrechts, S. 30 f.; Hager, UPR 1995, 401 (403); a. A. Schmidt, KritV 1991, 344 (357 f.); Korbion, Anm. zu BGH, Urt. v. 22.10.1970 (BauR 1971, 58 f.), BauR 1971, 59 f., für den Fall eines Architektenwerkes; LG Bochum, BB 1989, 651 f., kritisch dazu Reuter, Anm. zu LG Bochum, Urt. v. 13.4.1988 (BB 1989, 651 f.), BB 1989, 652 ff. Vgl. schon § 2 I.

b) Die sicherheitsbezogene Dimension des qualitätsorientierten Fehlerbegriffs

Die Gerichte haben vor allem in jüngster Zeit im Zuge der Bewältigung neuer Umweltrisiken auf die Möglichkeiten zur *rechtsgüterschutzbezogenen* Verarbeitung von Sicherheitsdefiziten im Rahmen des qualitätsorientierten Fehlerbegriffs aufmerksam gemacht.[643] Daß auch gesundheitsschädliche Eigenschaften der Kaufsache zur Fehlerbegründung tauglich sind, hatte der BGH schon in dem „Hasenfleisch"-Fall[644] hervorgehoben. Nur waren dort noch nicht die Integritätsschutzinteressen des Käufers Anknüpfungspunkt der Gebrauchs- oder Wertminderung, sondern rein wirtschaftliche Gesichtspunkte, nämlich die Unverkäuflichkeit des Produktes.[645] Und auch in der „Glykol"-Entscheidung hatte der VIII. Zivilsenat[646] noch ausdrücklich offen gelassen, ob sich die vorgenannte Rechtsprechung auf die Fälle übertragen lasse, in denen die gesundheitsschädliche Beschaffenheit „nur" zu einer Nutzungs- im Sinne einer Gesundheitsgefährdung seitens des Produkterwerbers führe.

Die Gerichte haben dies mittlerweile in positiver Hinsicht entschieden. Nach anerkannten Grundsätzen sind Produkte damit nicht nur dann fehlerhaft, wenn sie qualitativ minderwertig sind, sondern auch dann, wenn von ihnen eine schädliche Wirkung ausgeht. Die Gebrauchstauglichkeit und vorausgesetzte Beschaffenheit umfaßt die Abwesenheit von Sicherheitsmängeln.[647] Dabei kommt es anerkanntermaßen nicht auf die Realisierung der Gefahr an, also auf den Eintritt des Schadensereignisses. Es genügt, wenn sich die Kaufsache nur „in Befürchtung der Gefahrverwirklichung" benutzen läßt.[648] Entscheidend ist, daß der jeweilige Stoff, das Produkt beispielsweise gesundheitsgefährdend ist.[649] So hat das OLG Hamburg[650] ein Grundstück als fehlerhaft klassifiziert, weil von den teerölgetränkten Eisen-

---

[643] Vgl. allgemein zu den Weiterungen des Fehlerbegriffs Meier, Ökologische Aspekte des Schuldvertragsrechts, S. 21 ff.

[644] BGHZ 52, 51 ff., „Hasenfleisch".

[645] In dem Fall ging es um einen Kauf zum Wiederverkauf; näheres zu dieser Entscheidung unter einem anderen Aspekt unter d).

[646] BGH NJW 1989, 218 (220), „Glykol". Vgl. auch LG Lübeck, NJW-RR 1987, 243, das im Zusammenhang mit dem begründeten Verdacht der Diäthylenglykol-Kontaminierung auf die Beeinträchtigung der Genußmöglichkeiten (des Weines gehobener Preisklasse) abstellte.

[647] Hart, KritV 1991, 363 (375); AG Aachen, NJW-RR 1995, 50.

[648] So ausdrücklich OLG Hamm, WuR 1987, 248 (249); LG Hannover, NJW-RR 1990, 972 (973); LG Hamburg, WuM 1991, 161 (162); AG Münsingen, WuM 1996, 336; LG Kiel, WuM 1997, 674 (675); wegen asbesthaltiger Nachtspeicheröfen: LG Dortmund, WuM 1996, 141; LG Hannover, WuM 1997, 434 f.; AG Rheinberg, WuM 1996, 142; Marburger, Die Regeln der Technik im Recht, S. 500; Köck, Anm. zu BayVG Würzburg, Urt. v. 1.8.1994 (ZUR 1995, 31 ff.), ZUR 1995, 36 (37); vgl. zudem K. Meier, Ökologische Aspekte des Schuldvertragsrechts, S. 22.

[649] LG Hanau, VuR 1991, 127 (128).

[650] OLG Hamburg, NJW-RR 1995, 536.

bahnschwellen eine Gesundheitsgefährdung ausgehe und hierdurch der von den Parteien stillschweigend zugrundegelegte Zweck des Vertrages, das Haus nebst den Außenanlagen ohne wesentliche Beeinträchtigungen benutzen zu können, gefährdet sei.[651] Und im Hinblick auf eine von Formaldehyd ausgehende Gesundheitsgefahr durch eine Kücheneinrichtung führte das OLG Frankfurt[652] aus, es sei ein Gebrauch vorausgesetzt gewesen, welcher eine gesundheitsgefährdende Beeinträchtigung des Käufers ausschließen sollte. Sicherheitsgewährleistung erscheint so im Gewand des qualitätsorientierten Fehlerbegriffs.[653]

Anders als bei den Qualitätsdefiziten im engeren Sinne, bei denen sich die Negativ-Abweichung schon ohne weiteres aus der Beschaffenheitsabweichung oder der mangelnden Funktionstüchtigkeit ableiten läßt, ergibt sich die Qualitätsdifferenz und die Gebrauchs- bzw. Wertminderung bei den Sicherheitsdefiziten gewissermaßen erst im Rekurs auf die von diesen ausgehenden Rechtsgütergefährdungen. Kommt es also für die Fehlerdeterminierung auf den mit hinreichender Wahrscheinlichkeit[654] festzustellenden schädlichen Wirkungszusammenhang an, so wird die Fehlerbestimmung - vergleichsweise zu den herkömmlichen Qualitätsabweichungen im engeren Sinne - zu einem ungleich schwierigeren Unterfangen. Hier geht es nicht mehr um zweifellos festzustellende Anforderungen an die Qualität des Produktes und um etwaige Abweichungen davon, sondern um die Bestimmung schädlicher Eigenschaften und Wirkungszusammenhänge im Hinblick auf die Rechtsgüter des Produktbenutzers. Die Schwierigkeiten sind im wesentlich strukturell durch die Sicherheitsmängel vorgegeben und bedingt. Unsicherheiten bei der Schädlichkeits- und Kausalitätsprognose schlagen direkt auf die - dann schwierige - Fehlerbeurteilung durch. Erkenntnisfortschritte sind auch hier zu erfassen und zu bewerten, so daß die Fehlerbegründung der durch den Erkenntnisfortschritt vorgezeichneten Dynamik unterliegt. *K. Meier*[655] zufolge ließen sich die Erschwernisse bei der Fehlerbestimmung im Bereich der Umweltgifte auf den Verlust der Aussagekraft von „Normalität und Durchschnittlichkeit" zurückführen. Um die schwierige Schädlichkeits- und Kausalitätsprognose im Rahmen der Fehlerfeststellung zu vermeiden, haben die Gerichte im Bereich der Umweltgifte zum Teil auf die von dem jeweiligen Stoff bzw. Produkt ausgehenden Geruchs-

---

[651] Ähnlich konzedierte das LG Ansbach die Nichteignung eines Hauses zum Wohnzweck, „weil von den verwendeten Baumaterialien eine Gesundheitsgefährdung ausgehe", LG Ansbach, VuR 1990, 35 (36).
[652] OLG Frankfurt NJW-RR 1988, 1455 (1456); im Hinblick auf den Kauf eines Caravans: LG Duisburg, VuR 1987, 43 (44).
[653] Für den Bereich der Umweltrisiken hat K. Meier dementsprechend herausgearbeitet, daß Allgemeinheitsinteressen nur über individuelle Gesundheits- und Sicherheitsinteressen vermittelt werden, K. Meier, Ökologische Aspekte des Schuldvertragsrechts, S. 17.
[654] Dazu näher unter c) und d).
[655] K. Meier, Ökologische Aspekte des Schuldvertragsrechts, S. 19 f.

belästigungen abgestellt.[656] Soweit von den Stoffen im Einzelfall unerträgliche Gerüche ausgehen, kommen diese in der Tat als Anknüpfungspunkte der gestörten Vertragsparität in Betracht. Produkte wären dann fehlerhaft, wenn die Ausdünstungen geeignet sind, das körperliche Wohlbefinden der Produktnutzer zu beeinträchtigen. Da aber selbst von toxischen Stoffen nur vereinzelt derartige lästige Gerüche ausgehen, ist die Geruchsbelästigung als genereller Anknüpfungspunkt zur Fehlerdeterminierung nicht geeignet.

Ein Produkt ist grundsätzlich nur dann fehlerhaft im Sinne des § 459 Abs. 1 BGB, wenn die Gefährdung von dem Produkt als solchem ausgeht und nicht durch den jeweiligen Produkteinsatz des Benutzers bedingt und steuerbar ist. Es darf also kein „offener“ Gefahrbereich vorliegen. Ergibt sich die Gefahr nur aus der Art und Weise des Produktgebrauchs, so liegt grundsätzlich kein relevanter Produktfehler vor. In der herkömmlichen produkthaftungsrechtlichen Terminologie muß also ein Konstruktions- oder Fabrikationsdefizit gegeben sein. Die Einordnung als Fehler kommt nach der Rechtsprechung des weiteren dann nicht in Betracht, wenn dem Käufer im konkreten Fall Maßnahmen zur „Unterbrechung“ des schädlichen Kausalverlaufs möglich gewesen wären. So hat das AG Aachen[657] unter Hinweis auf die mit zumutbaren Kostenaufwand mögliche Beseitigung einen „erheblichen“ Fehler des mit Kolibakterien kontaminierten Trinkwassers verneint. Die von den Kolibakterien ausgehende Gefährdung hätte durch Abkochen des Wassers in zumutbarer Weise beseitigt werden können.[658]

c) *Die Weiterung des Fehlerbegriffs im Hinblick auf die „begründete Gefahrbesorgnis“*

Mit Blick auf die sich realisierenden Entwicklungsrisiken kommt nun vor allem der Frage Bedeutung zu, ob und inwieweit der Fehlerbegriff - und damit letztlich die nachträgliche Verpflichtung zur Fehler-Warnung - auch ungesicherte Erkenntnislagen mit einbezieht. Der BGH hat sich schon im Jahre 1969 in der bereits zitierten „Hasenfleisch“-Entscheidung[659] mit der Frage befaßt, ob sich auf der Basis unsicherer Sachverhaltslagen ein Fehler der Kaufsache begründen läßt. Der BGH hat dies im positiven Sinne entschieden und festgestellt, daß es für die Fehlerbegründung nicht notwendigerweise gesicherter Erkenntnis bedarf, sondern eine

---

[656] Z. B. OLG Stuttgart, NJW-RR 1992, 187; vgl. zudem AG Säckingen, WuM 1996, 140 f.; dazu auch Meier, Ökologische Aspekte des Schuldvertragsrechts, S. 26 ff. m.w.N.
[657] AG Aachen, NJW-RR 1995, 50.
[658] AG Aachen, NJW-RR 1995, 50.
[659] BGHZ 52, 51 ff., „Hasenfleisch“.

Verdachtslage ausreichen kann. Der Fall betraf den Kauf von gefrorenem Hasenfleisch zum Wiederverkauf. Der VIII. Zivilsenat bejahte einen Fehler des Hasenfleisches, weil dieses aufgrund seiner Herkunft mit einem (mit zumutbaren Maßnahmen) nicht ausräumbaren Verdacht der Verseuchung mit Salmonellen behaftet gewesen war. Aufgrund des Verdachts der Kontaminierung sei eine Verkäuflichkeit nicht mehr gegeben gewesen.[660] Der BGH hat später in dem „Glykol"-Fall[661] auf diese Rechtsprechung Bezug genommen, allerdings schließlich einschränkend einen Fehler des Weines verneint, weil sich der ursprünglich angenommene Verdacht nachträglich als unbegründet herausgestellt hatte. Der BGH hatte in dieser Entscheidung noch ausdrücklich offen gelassen, ob sich die Rechtsprechung zu den Verdachtsfällen beim Kauf zum Wiederverkauf auf die Fälle übertragen lasse, in denen die Kaufsache zum Verzehr durch den Käufer selbst oder dessen Gäste bestimmt ist.[662] Nach neueren Entscheidungen soll sich ein Fehler auch aus dem Verdacht einer Integritätsgefährdung und einer damit einhergehenden Gebrauchs- und Wertminderung ergeben können. Die Fehlerbestimmung erstreckt sich also auf den *Verdacht, an der Integrität gefährdet zu sein.*[663]

Als rechtlich relevanter Verdachtsmaßstab wird dabei zumeist die „begründete Gefahrbesorgnis"[664] erachtet, womit offenbar gemeint ist, daß es für die Annahme einer Gesundheitsbeeinträchtigung auf den *begründeten (Gefahren-)Verdacht* ankomme. Eine Tauglichkeitsminderung soll demnach nicht nur dann anzunehmen sein, wenn sicher, d. h. hinreichend wahrscheinlich ist, daß das Produkt zu einer Integritätseinbuße führen werde, sondern auch dann, wenn noch Unklarheit darüber herrscht, ob eine derartige schädliche Eigenschaft und ein schädlicher Kausalverlauf überhaupt besteht. Aufgrund dieser Unsicherheiten bei der Prognose des Kausalverlaufs ist die Entscheidung über die Wahrscheinlichkeit erschwert.[665] In negativer Hinsicht seien demgegenüber „haltlose Befürchtungen" auszugrenzen.[666] Allerdings lassen sich den Entscheidungen zumeist nähere Konturierungen der Verdachtskategorie nicht entnehmen. Worauf soll sich also der begründete Gefahrenverdacht begründen können: Auf empirischer Datenlage oder auf wissen-

---

[660] BGHZ 52, 51 (54); weitergehend BGH NJW 1972, 1462 (1463).
[661] BGH NJW 1989, 218 (219), „Glykol".
[662] BGH NJW 1989, 218 (220), vgl. bereits unter b).
[663] Vgl. allgemein die Altlasten-Fälle, wo auch bei unsicheren Tatsachenlagen über die tatsächliche Kontaminierung von einem Fehler ausgegangen wird. So haben beispielsweise das OLG München, NJW 1995, 2566 f. (für eine ehemalige Kiesgrube) und das OLG Düsseldorf, NJW 1996, 3284 f. (für eine ehemalige Deponie) in dem Altlastenverdacht aufgrund vorheriger Nutzung einen relevanten Fehler des Grundstücks gesehen. Zu der Altlasten-Problematik allgemein Knoche, NJW 1995, 1985 ff.
[664] OLG Hamm, WuR 1987, 248 (249); LG Hannover, NJW-RR 1990, 972 (973); AG Hamburg, WuM 1989, 368 (369).
[665] Drews/Wacke/Vogel/Martens, Gefahrenabwehr, § 13 2. c).
[666] OLG Hamm WuM 1989, 368 (369); LG Hannover, NJW-RR 1990, 972 (973).

schaftlicher Ebene? Ist also eine Gefahr-Besorgnis im Einzelfall ausreichend, die sich auf Erfahrungen im Umgang mit dem Produkt stützt, oder aber ist ein wissenschaftlich belegter Verdacht gefordert? Und ist für die Schädlichkeits- und Schadenseintrittsprognose stets eine hinreichende Wahrscheinlichkeit erforderlich oder muß nicht doch im Einzelfall bei hochwertigen Rechtsgütern und beträchtlichem Schadensausmaß eine begründete Möglichkeit der Schädlichkeit als ausreichend angesehen werden, also das Vorliegen eines Risikos? Die Gerichte grenzen hier, wie gesagt, zumeist nur haltlose Befürchtungen aus. Zu den wenigen Entscheidungen, in denen zu diesem Problemkomplex Stellung bezogen wurde, zählt die des LG Hamburg[667] vom 5. 2. 1991. In diesem mietrechtlichen Streit verlangte das Gericht für das Vorliegen eines Fehlers eine *wissenschaftlich verifizierte* Gefahr. Zur gegenteiligen Auffassung gelangt dagegen das AG Münsingen[668] in einem neueren Urteil, in dem dieses feststellte, daß es eines naturwissenschaftlichen Nachweises der Gesundheitsgefährdung für die Fehlerdeterminierung nicht bedürfe. Zur Bestimmung der schädlichen Konzentration von Umweltgiften haben die Gerichte zumeist schlicht wissenschaftlich fundierte Grenz-[669] bzw. Referenzwerte oder behördliche Empfehlungen rezipiert.[670] Unterhalb dieser wissenschaftlich fundierten Werte wurde meist ein Fehler verneint.[671] Die Frage, ob sich nicht auch auf der Basis der empirischen Datenlage im Einzelfall eine rechtlich relevante Gefahr-Besorgnis ergeben kann, ist damit zweifellos nicht entschieden.

d) Der „begründete Verdacht" als tauglicher Anknüpfungspunkt berechtigter Sicherheitserwartungen und seine inhaltliche Konkretisierung

Im Bereich noch ungesicherter Erkenntnislagen läßt sich der der öffentlich-rechtlichen (Gefahrenabwehr-)Dogmatik entlehnte „begründete Verdacht" in der

---

667 LG Hamburg, WuM 1991, 161 (162), „bleihaltige Wasserleitungen", unter Berufung auf OLG Hamm, WuM 1989, 248 f.

668 AG Münsingen, WuM 1996, 336.

669 Zum problematischen Verhältnis von öffentlich-rechtlichen Grenzwerten und Fehlerbestimmung näher Meier, Ökologische Aspekte des Schuldvertragsrechts, S. 23 f. und AG Münsingen, WuM 1996, 336 (337).

670 AG Rheinbach, VuR 1990, 212 f.; LG Hanau VuR 1991, 127 f.

671 Vgl. etwa jüngst OLG Düsseldorf, NJW-RR 1999, 32 ff. Natürlich bleibt stets die Möglichkeit eröffnet, auch unterhalb der Grenzwerte eine rechtlich relevante Gefährdung zu bejahen. Bedeutsam ist dies vor allem wegen des Time-lags zwischen den Grenzwerten und dem jeweils schneller voranschreitenden wissenschaftlichen Erkenntnishorizont, vgl. dazu Damm/Hart, KritV 1987, 183 (205); Damm, Risikosteuerung im Zivilrecht, in: Hoffmann-Riem/Schmidt-Aßmann (Hrsg.), Öffentliches Recht und Privatrecht als wechselseitige Auffangordnungen, S. 85 (118); allgemein zur Autonomie des Fehlers gegenüber den öffentlich-rechtlichen Grenzwerten, Hart, KritV 1991, 363 (371); Hager, UPR 1995, 401 (403).

Tat als ein angemessener Maßstab berechtigter Sicherheitserwartungen begreifen.[672] Wie zu zeigen sein wird, ist dies auch der Verdachtsgrad, auf den derzeit in anderen Bereichen abgestellt wird.[673] Dies gilt beispielsweise für die auf dem ärztlichen Sektor diskutierte und auf Integritätsschutz ausgerichtete nachvertragliche Belehrungspflicht.[674] So sei eine nachvertragliche ärztliche Pflicht des Arztes zur Aufklärung über möglicherweise begangene Fehler dann anzunehmen, wenn ein „begründeter Verdacht" im Hinblick darauf gegeben ist.[675] Dies sei dann der Fall, wenn „ernstzunehmende Vermutungen aufgrund der tatsächlichen Lage" oder „nicht abwegige Äußerungen in der medizinischen Literatur" auf das Vorliegen eines Fehlers bei der Behandlung hindeuteten.[676] Auch im Rahmen des öffentlichrechtlichen Arzneimittelrechts wird der „begründete Verdacht" zur maßgeblichen Eingriffsschwelle. So kann die zuständige Behörde etwa die Zulassung widerrufen, wenn bei dem Arzneimittel der begründete Verdacht besteht, daß es bei bestimmungsgemäßen Gebrauch schädliche Wirkungen entfaltet, die über ein nach den Erkenntnissen der medizinischen Wissenschaft vertretbares Maß hinausgehen. Nach dem „Clofibrat"-Beschluß des VG Berlin[677] könne in diesem Zusammenhang von einem begründeten Verdacht auf ein gesundheitliches Risiko ausgegangen werden, „wenn ernstzunehmende Erkenntnisse irgendwelcher Art den Schluß nahelegten, daß das fragliche Präparat unvertretbare Nebenwirkungen habe".[678] Nicht erforderlich sei in diesem Zusammenhang, daß der gehegte Verdacht wissenschaftlich erhärtet oder von der Wissenschaft geteilt werde.[679]

Geht man den inhaltlichen Anforderungen an einen „begründeten Verdacht" näher nach, so läßt sich zunächst feststellen, daß dieser mehr an Begründungsdichte fordert als bloße „haltlose Befürchtungen" oder eine allgemeine nicht weiter belegte Möglichkeit der Schädlichkeit des Produktes.[680] Darauf weist schon der Zusatz „begründet" hin. Ein Verdacht erscheint grundsätzlich nur dann als begründet,

---

[672] In diesem Sinne ebenfalls Köck, Anm. zu BayVG Würzburg, Urt. v. 1.8.1994 (ZUR 1995, 31 ff.), ZUR 1995, 36 (37).

[673] So auch im Bereich der deliktischen Warnpflichten, dazu näher unter 2. c).

[674] Vgl. bereits unter § 2 III.

[675] Hart, in: Hart/Francke, Ärztliche Verantwortung und Patienteninformation, S. 62; Brüggemeier, Deliktsrecht, Rdn. 671 f.

[676] Hart, in: Francke/Hart, Ärztliche Verantwortung und Patienteninformation, S. 62.

[677] VG Berlin, in: Sander/Köbner, Arzneimittelrecht-Entscheidungssammlung, § 30, Nr. 1, S. 3 „Clofibrat"; bestätigt durch VG Berlin, in: Sander/Köbner, Arzneimittelrecht-Entscheidungssammlung, § 30, Nr. 6, S. 5.

[678] Vgl. aber die verschiedenen Interpretationen des „begründeten Verdachts" bei Hohm, Arzneimittelsicherheit und Nachmarktkontrolle, S. 245.

[679] VG Berlin, in: Sander/Köbner, Arzneimittelrecht-Entscheidungssammlung, § 30, Nr. 1, S. 3.

[680] Hohm, Arzneimittelsicherheit und Nachmarktkontrolle, S. 246. Ähnlich Schmidt-Salzer für die Instruktions- und Warnpflichten: bloße Vermutungen, die nicht durch Tatsachen verifiziert sind, würden nicht genügen, Schmidt-Salzer, Produkthaftung, Bd. III/1: Deliktsrecht, Rdn. 4.771.

wenn bestimmte Tatsachen für einen solchen sprechen und diesen untermauern. Dementsprechend hält Di Fabio einen begründeten Verdacht ganz allgemein dann für gegeben, wenn sowohl ein *Verdachtsanlaß* wie eine *rational nachvollziehbare Begründung* vorliegen.[681] Die Schädlichkeit muß aufgrund der Verdachtsmomente und des Begründungselements als substantiiert und plausibel erscheinen, nur dann wird man von einem begründeten Verdacht sprechen können.[682] Dabei muß für den schädlichen Wirkungszusammenhang und den Schadenseintritt nicht notwendigerweise eine hinreichende Wahrscheinlichkeit sprechen. Denn der Grad der geforderten Wahrscheinlichkeit ist von dem gefährdeten Rechtsgut und dem erwarteten Schadensausmaß abhängig, so daß hier - je nach Einzelfall - die auf bestimmten Anhaltspunkten beruhende Möglichkeit einer Schädlichkeit (= Risiko)[683] genügen kann. Darauf wird sogleich nochmals zurückzukommen sein.

Verdachtsmoment und rationale Begründetheit können sich dabei sowohl aus neuen ersten Forschungsergebnissen wie aus sich einstellenden empirischen Daten ergeben.[684] Im Hinblick auf die wissenschaftliche Fundierung ist dies unproblematisch. Dementspechend hatte das LG Hamburg[685], wie bereits ausgeführt, für den Schädlichkeitsverdacht eine wissenschaftliche Verifizierung gefordert. Ein Verdacht wird dabei bereits dann als begründet angesehen werden können, wenn die vermutete Schädlichkeit von einer einzigen oder einzelnen seriösen Stimme(n) in der jeweiligen Naturwissenschaft in rational nachvollziehbarer und plausibler Weise vertreten wird.[686]
Jenseits des wissenschaftlich fundierten Verdachts kann sich ein begründeter Verdacht aber zudem auf der Grundlage der empirischen Datenlage ergeben, denn Erkenntnisprozesse sind namentlich auf der Basis der jeweiligen Erfahrungen im Umgang mit dem Produkt möglich.[687] Wenn auch die wissenschaftliche Ursache-Wirkungs-Erforschung vielfach als funktionales Äquivalent für nicht vorhandenes oder unzureichendes Erfahrungswissen eingreifen wird bzw. muß[688], so kann sich

---

[681] Di Fabio, Gefahrbegriff und Nachmarktkontrolle, in: Damm/Hart (Hrsg.), Rechtliche Regulierung von Gesundheitsrisiken, S. 109 (125).
[682] Vgl. Hohm, Arzneimittelsicherheit und Nachmarktkontrolle, S. 247.
[683] Zum Risikobegriff näher unter § 1 I. 1.
[684] In diesem Sinne ebenfalls Hart, in: Francke/Hart, Ärztliche Verantwortung und Patienteninformation, S. 62 für die ärztlichen Belehrungspflichten. Anders LG Hamburg, WuM 1991, 162, s. o.
[685] LG Hamburg, WuM 1991, 161 (162).
[686] Vgl. Di Fabio, Gefahrbegriff und Nachmarktkontrolle, in: Damm/Hart (Hrsg.), Rechtliche Regulierung von Gesundheitsrisiken, S. 109 (125), Fn. 58, der beispielsweise im arzneimittelrechtlichen Kontext hervorhebt, daß bereits ein „einziges profundes pharmakologisches Wirkmodell" zu einem „begründeten Verdacht" führen könne.
[687] Vgl. bereits allgemein § 2 II. 1. a).
[688] Instruktiv dazu im arzneimittelrechtlichen Kontext: OVG Berlin, in: Sander/Köbner, Arzneimittelrecht-Entscheidungssammlung, § 30, Nr. 7, S. 5, „Buscopan compositum". Vor diesem Hin-

doch bereits im Einzelfall auf der Basis von Erfahrungen in rational nachvollziehbarer Weise eine Schädlichkeit begründen und zwar selbst dann, wenn es für die schädliche Wirkung noch keine wissenschaftlich-theoretische Erklärung gibt.[689] Richtigerweise erfaßt die rechtliche Verdachtskategorie daher auch erfahrungsgestütztes Wissen. Für das klassische Gefahrverständnis, das gerade auf Erfahrungen basierte, ist dies eine Selbstverständlichkeit und so war und ist im Rahmen des öffentlich-rechtlichen Gefahren-(verdachts-)Begriffs anerkannt, daß sich Schädlichkeits- und Wahrscheinlichkeitsprognosen nicht nur auf wissenschaftlich-theoretischer Basis, sondern zudem auf der Grundlage von Erfahrungen und daraus ableitbaren Erfahrungssätzen ergeben können.[690] Begründetheit der Schädlichkeit ist hier vor allem im Sinne einer Prognostik zu verstehen, die auf empirischen Daten entnommenen Regelmäßigkeiten und dessen plausibler und substantiierter Aus- und Bewertung fußt. Auch solche Prognosen können - bei ausreichend vorhandenen Erfahrungswerten - Rationalität für sich beanspruchen. Schädlichkeitsprognosen erscheinen in diesen Fällen dann als begründet, wenn sich vom Ausgangspunkt der Feldinformationen bereits bestimmte Regelmäßigkeiten ableiten lassen, die plausibel auf einen von dem Produkt ausgehenden schädlichen Wirkungszusammenhang hindeuten. Die Feststellung eines *gesicherten* Regelsatzes ist hier für die Verdachtsbegründung nicht gefordert. Dies ergibt sich schon aufgrund der Abgrenzung zur (gesicherten) Gefahr-Feststellung. Allerdings setzt eine solche Prognose naturgemäß eine gewisse Qualität und Quantität von Erfahrungen voraus, meint, daß hier regelmäßig bereits Schadenserfahrungen vorliegen müssen.[691] Unterhalb dieser Schwelle bilden Erfahrungen aber Anknüpfungspunkte für die wissenschaftliche Risikoerforschung, deren Ergebnisse dann einen begründeten Schädlichkeitsverdacht ergeben können.[692]

Welche Anforderungen an die Wahrscheinlichkeit in bezug auf das schädliche Ereignis zu stellen sind, richtet sich anerkanntermaßen nach dem Einzelfall und zwar nach umgekehrter Proportionalität.[693] So soll der geforderte Grad der Wahrscheinlichkeit umso niedriger sein, je höherwertig das betroffene Rechtsgut und je

---

tergrund müssen die Entscheidungen zu den Umweltgiften, insbesondere die Entscheidung des LG Hamburg, WuM 1991, 161 f., gesehen werden. Vgl. auch bereits unter § 2 II. a) und § 4 II.

[689] Instruktiv hier OVG Berlin, a.a.O., § 30 AMG, Nr. 7, S. 5.

[690] Die Gefahrprognose erfolgt entweder auf der Basis von Erfahrungssätzen oder aber gesicherten wissenschaftlichen Erkenntnissen. Auch der Gefahrenverdacht kann sich auf allgemeine Anhaltspunkte oder wissenschaftliche Erkenntnisse stützen, vgl. dazu Möllers, Rechtsgüterschutz im Umwelt- und Haftungsrecht: Präventive Verkehrspflichten und Beweiserleichterungen in Risikolagen, S. 58 ff., vgl. auch bereits unter § 1 I. 1.

[691] Vgl. auch Di Fabio, Gefahrbegriff und Nachmarktkontrolle, in: Damm/Hart (Hrsg.), Rechtliche Regulierung von Gesundheitsrisiken, S. 109 (127).

[692] Dazu bereits unter § 2 II. 2. a) und im folgenden unter III.

[693] Möllers, Rechtsgüterschutz im Umwelt- und Haftungsrecht: Präventive Verkehrspflichten und Beweiserleichterungen in Risikolagen, S. 59.

größer der erwartete Schaden ist.[694] Dieselben Maßstäbe gelten im Hinblick auf die Wahrscheinlichkeitsprognose im Rahmen des fehlerdeterminierenden „begründeten Verdachts“. So wird etwa nur ein geringer Grad an Wahrscheinlichkeit zu fordern sein, wenn es um hochrangige Rechtsgüter wie Leben, Gesundheit oder die körperliche Unversehrtheit geht und hier eine erhebliche Beeinträchtigung erwartbar ist.[695] Stehen ganz erhebliche Schäden von beträchtlichem Ausmaß in Rede, so ist daher im Rahmen der öffentlich-rechtlichen Gefahr-Dogmatik allgemein konsentiert, daß sich der Wahrscheinlichkeitsgrad auf die *Möglichkeit* einer Schädlichkeit und eines Schadenseintritts reduzieren kann, also Gefahrabwendungsmaßnahmen bereits bei Vorliegen eines Risikos in Betracht kommen.[696] Auf diese Weise wird aus Konsumentenschutzgesichtspunkten - je nach betroffenem Rechtsgut und Schadensausmaß - ein hohes Schutzniveau gewährleistet. Das heißt natürlich nicht, daß nicht auch Verdachtsmomente und eine rational nachvollziehbare Erklärung gegeben sein müssen; es sind nur die Anforderungen an die Begründetheit geringer. Ein solcher begründeter Verdacht kann dabei sowohl aus Erfahrungswerten wie aus neuen wissenschaftlichen Erkenntnissen resultieren.

2. Die Determinierung berechtigter Sicherheitserwartungen anhand der Instruktions- und der nachfrageinitiierten Erklärungspflichten

Berechtige Sicherheitserwartungen nach Vertragsabwicklung erstrecken sich nicht nur auf den qualitätsbezogenen Sicherheitssektor, sondern namentlich auf den Sicherheitsbereich, der den unschädlichen Verwendungseinsatz betrifft. In Abgrenzung zu den zuvor behandelten Konstellationen stehen hier nun solche in Rede, in denen sich das Produkt nicht generell, sondern nur unter bestimmten Umständen als schadensträchtig erweist. Umstände dieser Art können etwa die Art und Weise des Einsatzes, die Verwendung zu spezifischen Verwendungszwecken oder das Hinzutreten besonderer konstitutioneller Gegebenheiten seitens der Produktbenutzer sein. Nach-Aufklärung wird namentlich auch in den Fällen zu einem legitimen Erwartungshorizont, in denen es um die Sicherstellung einer gefahrlosen Produktverwendung geht, also der Absicherung eines noch „offenen“ Gefahrenbereichs[697] zwecks Schadensvorsorge. Thematisch geht es hier um (klassischen) Sicherheits- und Integritätsschutz durch (vor-)vertragliche Instruktions- und nach-

---

[694] Di Fabio, Gefahrbegriff und Nachmarktkontrolle, in: Damm/Hart (Hrsg.), Rechtliche Regulierung von Gesundheitsrisiken, S. 109 (110 f.); Möllers, Rechtsgüterschutz im Umwelt- und Haftungsrecht: Präventive Verkehrspflichten und Beweiserleichterungen in Risikolagen, S. 59.

[695] Vgl. LG Aachen, JZ 1971, 507 ff., „Contergan“-Beschluß, dazu näher unter 2.

[696] Di Fabio, Gefahrbegriff und Nachmarktkontrolle, in: Damm/Hart (Hrsg.), Rechtliche Regulierung von Gesundheitsrisiken, S. 109 (110 f.).

[697] Terminologie bei Kullmann, Aktuelle Rechtsfragen der Produkthaftpflicht, S. 44.

frageveranlaßte Informationspflichten und deren Verlängerung ins nachvertragliche Stadium.

Im Hinblick auf die nachvertragliche Instruktionsverpflichtung und deren inhaltliche und umfangmäßige Konturierung läßt sich auf die anerkannten Positionen zu den zeitlich vor bzw. nach Vertragsschluß gelegenen Instruktionspflichten rekurrieren. Anleihen lassen sich dabei insbesondere im Deliktsrecht ziehen, da der Pflichtenkreis der Instruktion dort am weitesten präzisiert wurde. Was die nachvertraglichen Berichtigungspflichten anbelangt[698], so lassen sich hier legitime Sicherheitserwartungen in Anlehnung und auf der Basis der nachfrageinitiierten Auskunftsübernahme bestimmen. Die nachfolgende Darstellung folgt dieser Zweiteilung in eine allgemein verwendungsbezogene Instruktionsverpflichtung [a)] und eine aus der Auskunftsübernahme sich ergebende [b)]. Inwieweit sich hier jeweils im Anschluß an bloße Verdachtslagen Verpflichtungen zur Warnung anschließen, wird Gegenstand des Abschnitts c) sein. Aussagen diesbezüglich lassen sich wiederum vor allem im deliktischen Kontext antreffen.

a) Die Verpflichtung zur Instruierung über den unschädlichen Produkt-(kombinations-)einsatz

Instruktionspflichten dienen ganz allgemein dem Schutz des Käufers vor schädlichen Eigenschaften des Produktes.[699] Der Produkterwerber soll über die unter den gegebenen Umständen drohende Gefahr informiert und in die Lage versetzt werden, rechtzeitig von der Verwendung Abstand zu nehmen oder der Gefahr durch wirksame Gegenmaßnahmen soweit wie möglich zu begegnen. Dies hat notwendigerweise zur Voraussetzung, daß dem Produkterwerber nicht nur die sich aus dem Verwendungseinsatz ergebende Gefahr, sondern zugleich die zu ihrer Vermeidung erforderlichen Vorsorgemaßnahmen mitgeteilt werden.[700]

Aufgrund der vorgenannten Zweckorientierung sind Instruktionspflichten insoweit umfassend, als sie sich auf sämtliche Gefährdungslagen beziehen, die in Zusammenhang mit dem Produktgebrauch stehen. Unerheblich ist dabei, ob sich die Rechtsgutgefährdung aus einer besonderen Einsatzweise, einer spezifischen Verwendung ergibt oder ob sich die schädliche Eigenschaft erst im Anschluß an be-

---

[698] Zur Terminologie vgl. bereits unter I.

[699] Foerste, in: Produkthaftungshandbuch, § 24, Rdn. 171.

[700] Kullmann, in: Kullmann/Pfister, Produzentenhaftung, Kza. 1520, S. 34; Schmidt-Salzer, Produkthaftung, Bd. III/1: Deliktsrecht, Rdn. 4.1034. Der Inhalt der Instruktionspflicht richtet sich nach dem Zweck der Instruktion, vgl. BGHZ 64, 46 (49), „Haartonicum".

stimmte konstitutionelle Bedingungen der Verwender einstellt. In jedem Fall hat der Verkäufer dem Käufer das zur Schadensbegegnung erforderliche Wissen bereitzustellen.

Instruktionspflichten bestehen jeweils im Hinblick auf die vorhersehbaren Verwendungen und Verwendungseinsätze.[701] So hat beispielsweise der Leistungsschuldner eines Rostschutzmittels auf dessen Brennbarkeit hinzuweisen.[702] Der Hersteller eines Fußboden-Klebemittels hat nicht nur über die Feuergefährlichkeit zu instruieren, sondern auch darüber, daß sich bei der Auftragung des Klebers entzündliche Gase bilden und deshalb bestimmte Vorsichtsmaßnahmen zu ergreifen sind.[703] In einem anderen Fall ergab sich eine Explosionsgefahr im Zuge der Verwendung eines Rohrreinigungsmittels, nämlich dann, wenn versehentlich Wasser in die Flasche gelangt und diese anschließend verschlossen wird. Das OLG Oldenburg nahm hier eine Schadensersatzverpflichtung unter Hinweis auf das Unterlassen der geforderten Gefahr-Aufklärung an.[704] Der Lieferant einer Betonmischmaschine hat zur Schadensvermeidung auf die Notwendigkeit der Überwachung der Entlüftungsvorrichtung hinzuweisen.[705] Auch trifft den Hersteller einer polizeilichen Dienstpistole eine Informationspflicht darüber, daß sich beim Fallenlassen unter ungünstigen Umständen eine ungewollte Schußauslösung ereignen kann.[706]

Darüber hinaus besteht eine Warnverpflichtung auch dann, wenn der Produkteinsatz zu bestimmten Verwendungszwecken im Vordergrund steht, wobei die Übergänge zu den vorbenannten und nachfolgenden[707] Konstellationen fließend sind. So hat der Lieferant den Abnehmer auf die unübliche Chlorung des Wassers hinzuweisen, sofern sich daraus im Hinblick auf den beabsichtigten Verwendungszweck (hier: Herstellung von Gurkenkonserven) eine Schädlichkeit ergeben kann.[708] Sofern es um den Kombinationseinsatz verschiedener Produkte geht, hat der Verkäufer anerkanntermaßen auf etwaige Gefahren bzw. Risiken aufmerksam zu machen, die sich aus dem Zusammentreffen der eigenen mit fremden Produkten ergeben. Dies gilt zumindest im Hinblick auf die jeweils vorgesehenen, ermöglichten und allgemein gebräuchlichen Kombinationsverwendungen.[709] In den

---

[701] Dazu näher weiter unten.
[702] BGH JZ 1960, 124 f., „Capuzol".
[703] BGH VersR 1960, 342 ff., „Fußboden-Klebemittel".
[704] OLG Oldenburg, NJW-RR 1997, 1520 f., „Rohrreinigungsmittel".
[705] BGH NJW 1967, 1805 ff., „Betonbereitungsanlage".
[706] OLG Karlsruhe, VersR 1998, 63 ff., „Dienstpistole".
[707] Gemeint sind hier die Konstellationen, in denen sich die Schädlichkeit aus dem Vorliegen etwa besonderer Produktbenutzerkonstitutionen ergibt.
[708] BGHZ 17, 191 ff., „chloriertes Wasser".
[709] BGHZ 99, 167 (174), „Honda", dazu auch weiter unten.

zahlreichen „Kindertee“-Fällen[710] ging es um die Aufklärung im Hinblick auf die Gefahren des nächtlichen Dauernuckelns.[711] Die Schadensträchtigkeit resultierte in diesen Fällen aus der kombinierten Anwendung der leichten Teeflasche, die insbesondere als nächtliche (Wieder-)Einschlafhilfe gedacht und geeignet war, in Verbindung mit den zuckerhaltigen Getränken. Möglich ist auch, daß sich die Schädlichkeit gerade aus dem Unterlassen eines kombinierten Einsatzes des Produktes mit einem anderen ergibt.[712]

Stellt sich eine Gefahr nur bei Vorliegen bestimmter Benutzerkonstitutionen ein, also dem Hinzutreten externer Umstände, so trifft den Leistungsschuldner auch insofern eine Hinweispflicht. So hat der Verkäufer beispielsweise über sich möglicherweise aus dem Produkteinsatz ergebende irreparable Allergien aufzuklären.[713] Der BGH stellte in der bereits mehrfach zitierten „Haartonicum“-Entscheidung zugleich klar, daß sich die Instruktionsverpflichtung selbst auf eher selten auftretende - aber typische - Gefahren erstreckt[714], ein Grundsatz, der im übrigen im Rahmen der ärztlichen Sicherungsaufklärung anerkannt ist.[715]

Informationspflichten in dem vorgenannten Sinne bestehen aber grundsätzlich nur in den Grenzen der allgemeinen Zweckbestimmung der Ware.[716] Über eine zweckfremde Produktverwendung ist daher grundsätzlich nicht aufzuklären.[717] Zu einem

---

[710] BGHZ 116, 60 ff., „Kindertee I“; BGH NJW 1994, 932 ff., „Kindertee II“; BGH NJW 1995, 1286 ff., „Kindertee III“.

[711] Im Hinblick auf die Schädlichkeit eines säurehaltigen Reinigungsmittels in Bezug auf Edelstahlflächen: OLG Celle, NJW-RR 1986, 25 f.

[712] So die „Apfelschorf“-Entscheidungen „Derosal“ (BGHZ 80, 186 ff.) und „Benomyl“ (BGHZ 80, 199 ff.), siehe schon unter § 2 II. 2. b).

[713] BGHZ 64, 46 ff., „Haartonicum“. Vgl. in diesem Zusammenhang zudem LG Düsseldorf, RdE 1991, 180 ff., wo es um die aus dem Hinzutreten bestimmter äußerer Umstände sich ergebende Gefährlichkeit von PCP-haltigen Transformatoren ging, dazu bereits oben.

[714] BGHZ 64, 46 (49); ebenso OLG Karlsruhe, NJW-RR 1992, 286 in Bezug auf hohe Sachschäden.

[715] Zu einem Extremfall etwa BGH NJW 1994, 3012 ff., „Schutzimpfung“, wo bei einer Zwischenfallquote von 1 : 15,5 Millionen eine Informationsverantwortlichkeit bejaht wurde. Für eine differenzierte Betrachtung der Instruktionspflichten im Arztrecht und Produkthaftungsrecht: Schmidt-Salzer, Produkthaftung, Bd. III/1: Deliktsrecht, Rdn. 4.1013, der, anders als im Produkthaftpflichtbereich, auf dem ärztlichen Sektor eine Verpflichtung zur Aufklärung über äußerst seltene Risiken annehmen will. Ob diese vorgenommene Differenzierung angezeigt ist, erscheint indessen fraglich.

[716] BGH NJW 1981, 2514 ff. (2515), „sniffing“; BGHZ 105, 346 (351), „Fischfutter“; BGHZ 116, 60 (65), „Kindertee I“; OLG Düsseldorf, NJW-RR 1995, 25; OLG Oldenburg, NJW-RR 1997, 1520 (1521), „Rohrreinigungsmittel“; BGH VersR 1998, 1031 (1032), „Feuerwerkskörper“; Kullmann, Aktuelle Rechtsfragen der Produkthaftpflicht, S. 44; Schmidt-Salzer, Produkthaftung, Bd. III/1: Deliktsrecht, Rdn. 4.983. Vgl. insgesamt dazu die Darstellung bei Meyer, Instruktionshaftung, S. 132 ff.

[717] Kullmann, in: Kullmann/Pfister, Produzentenhaftung, Kza. 1520, S. 40; anders nur, wenn sich „die Gefahr eines spezifischen Mißbrauchs bereits sinnfällig verwirklicht habe“, BGH NJW 1981,

Einsatz, der noch im Rahmen der allgemeinen Zweckbestimmung des Produktes liegt, kann - neben einem vorhersehbaren Fehlgebrauch[718] - aber selbst eine naheliegende *bewußte* Fehlanwendung (sog. Mißbrauch) gehören.[719] Der Konsument kann also berechtigterweise darauf vertrauen, über sämtliche Gefahren aufgeklärt zu werden, die sich aus der Produktverwendung ergeben, sofern diese von der allgemeinen Zweckbestimmung gedeckt ist.[720] Geht es um den kombinierten Einsatz mit einem Fremdprodukt, so besteht eine Verpflichtung zur Warnung nur in den Grenzen der zum *funktionstüchtigen Einsatz notwendigen* Kombinationsprodukte, der Produkte, deren Verwendung der Hersteller z. B. durch entsprechende Vorrichtungen *ermöglicht* hat und solcher, die *allgemein gebräuchlich* sind.[721]

Warnpflichten bestehen zudem grundsätzlich nur, sofern der Käufer nicht bereits mit der gefährlichen Eigenschaft vertraut ist bzw. das Wissen um die Gefahrensituation nicht bereits zum Allgemeinwissen zählt.[722] Dies ergibt sich jenseits des Hinweises auf eine nur im Rahmen der allgemeinen Verbrauchererwartung bestehenden Instruktionsverpflichtung schon aus dem geforderten Informationsbedarf als einem wesentlichen Element der Pflichtenstatuierung.[723] Im vorliegenden Kontext hat diese Pflichtenbegrenzung aber praktisch keine Relevanz, da eine Möglichkeit zur Schädlichkeitserkenntnis regelmäßig nicht existiert.[724]

Was den Inhalt und den Umfang der Instruktionspflichten betrifft, so stehen diese ebenfalls in Abhängigkeit zur Wertigkeit des gefährdeten Rechtsguts und der Größe der drohenden Gefahr.[725] Folgerichtig sind nach der Rechtsprechung daher vor allem dann hohe Anforderungen an die Informationspflichten gestellt worden, wenn mit der Verwendung des Produktes erhebliche Gefahren für die Gesundheit oder die körperliche Unversehrtheit verbunden waren.[726] Inhaltlich muß die War-

---

2514 (2515 f.), „sniffing"; Meyer, Instruktionshaftung, S. 133; Kullmann, in: Kullmann/Pfister, Produzentenhaftung, Kza. 1520, S. 40.

[718] OLG Karlsruhe, VersR 1998, 63. So explizit z. B. in der „Kindertee I"-Entscheidung, BGHZ 116, 60 (67).

[719] Generell ist die Voraussehbarkeit der Verwendung pflichtenbegrenzendes Merkmal, Schmidt-Salzer, Produkthaftung, Bd. III/1: Deliktsrecht, Rdn. 4.1054.

[720] Auch § 3 ProdhaftG zieht sich beispielsweise nicht auf den bestimmungsgemäßen Gebrauch zurück, sondern stützt sich auf den „Gebrauch mit dem billigerweise gerechnet werden kann".

[721] BGHZ 99, 167 (174), Honda".

[722] BGHZ 116, 60 (65/66), „Kindertee I"; BGH NJW 1994, 932 (933), „Kindertee II"; BGH VersR 1998, 1031 (1033), „Feuerwerkskörper"; OLG Celle, NJW-RR 1986, 25. Für den vertraglichen Bereich: OLG Brandenburg, NJW-RR 1996, 624 (625), „Frischbeton"; Graf v. Westphalen, in: Produkthaftungshandbuch, § 4, Rdn. 75.

[723] Dazu bereits unter § 4 I.

[724] Siehe vor allem unter § 2 II. 1. a) und b).

[725] BGHZ 80, 186 (191/192), „Derosal"; OLG Karlsruhe, VersR 1998, 63.

[726] BGHZ 99, 167 (174/175), „Honda"; BGHZ 116, 60 (67/68), „Kindertee I"; OLG Düsseldorf, NJW-RR 1995, 25 (26); Kullmann, Aktuelle Rechtsfragen der Produkthaftpflicht, S. 45.

nung so gefaßt sein, daß sie als plausibel verstanden und berechtigt empfunden werden kann. Zu diesem Zwecke gilt es auch die Funktionszusammenhänge herauszustellen, damit erkennbar wird, warum das Produkt gefährlich ist und auf diese Weise eine möglichst effektive Befolgung der bereitgestellten Information erreicht wird.[727] Generell ist ein übersichtlicher, klarer und allgemeinverständlicher Hinweis auf die Produktgefahren gefordert.[728] Dieser hat - je nach Einzelfall und Dringlichkeit bzw. Gefahrenträchtigkeit - über eine direkte Kontaktaufnahme zu erfolgen oder aber, wenn die Käufer namentlich nicht bekannt sind, über die Tagespresse, den Rundfunk oder gar das Fernsehen.[729] Für die nachträgliche Fehler-Aufklärung gilt nichts anderes. Die Information muß so verfaßt sein, daß sie dem durchschnittlichen Benutzer - dem „verständigen Laien" - einen unschädlichen Produkteinsatz ermöglicht.[730] Und was die maßgebliche Eingriffsschwelle anbelangt, so ist der Grad der verlangten Erkenntnissicherheit hier wiederum von dem gefährdeten Rechtsgut und dem drohenden Schadensausmaß abhängig.[731] Darauf wird unter c) zurückzukommen sein.

b) Legitime Sicherheitserwartungen im Zuge der speziellen Zweckeignungsnachfrage und -zusage

Über die soeben skizzierten Warnpflichten hinausgehend können sich weitergehende Informationsverantwortlichkeiten dann ergeben, wenn der Käufer nach bestimmten Zweckeignungen gefragt hat.[732] Dies wurde bereits ganz allgemein im Rahmen der Pflichtenbegründung dargestellt.[733] Für den Fall der Erklärungsübernahme ist der Verkäufer dann zur vollständigen und wahrheitsgemäßen Aufklärung verpflichtet.[734] Wer sich nicht in die Pflicht nehmen lassen oder den aufge-

---

[727] BGHZ 116, 60 (67/68), „Kindertee I" unter Hinweis auf Zinkann, Die Reduzierung der Produkthaftungsrisiken, S. 97. Ebenso Kullmann, in: Kullmann/Pfister, Produzentenhaftung, Kza. 1520, S. 38. Vgl. zudem BGH NJW 1995, 1286 (1287), „Kindertee III".

[728] Kullmann, Aktuelle Rechtsfragen der Produkthaftpflicht, S. 49 mit weiteren Nachweisen; Klees, Die Verkehrspflicht der Aufklärung, S. 124.

[729] Vgl. Kullmann, Aktuelle Rechtsfragen, S. 58.

[730] Schmidt-Salzer, Produkthaftung, Bd. III/1: Deliktsrecht, Rdn. 4.1022, 4.1035; Klees, Die Verkehrspflicht der Aufklärung, S. 124. Nach BGH NJW 1994, 932 (933), „Kindertee II", kommt es für den Inhalt der Instruktion grundsätzlich auf die „am wenigsten informierte Benutzergruppe" an.

[731] Kullmann, in: Kullmann/Pfister, Produzentenhaftung, Kza. 1520, S. 35. Für den sicherheitsbezogenen Qualitätsbereich bereits unter 1.

[732] Vgl. bereits unter § 4 I.

[733] Siehe unter I.

[734] Foerste, in Produkthaftungshandbuch, § 26, Rdn. 7. Ob Beratungspflichten bestehen, hängt entscheidend davon ab, ob der Verkäufer die Beratung übernommen hat, Graf v. Westphalen, in: Produkthaftungshandbuch, § 4, Rdn. 23 f.; Huber, in: Soergel, BGB, § 433, Anh I, Rdn. 83.

zeigten Anforderungen nicht entsprechen will, hat daher von vornherein die Auskunftserteilung abzulehnen. Vergleichsweise zu den soeben erörterten allgemeinen Instruktionspflichten sind die nachfrageinitiierten somit inhaltlich und umfangmäßig weitreichender.[735]

Der Verkäufer hat in diesem Zusammenhang nicht nur auf eine etwaige Untauglichkeit des Produktes zu dem anvisierten Verwendungszweck hinzuweisen[736], sondern zudem auf besondere aus dem Einsatz resultierende Gefährdungen. Geschuldet ist eine umfassende Information über die Tauglichkeit zu dem spezifischen (Kombinations-)Einsatz und insbesondere den damit einhergehenden Risiken bzw. Gefahren. Anknüpfungspunkt der Informationsverpflichtung ist also jeweils nicht die allgemeine Zweckbestimmung des Produktes und der in diesem Rahmen vorhersehbare Verwendungseinsatz[737], sondern der *konkret nachgefragte und seitens des Verkäufers bestätigte*: Maßstab ist der *konkrete Informationsbedarf* gemessen am *konkreten Produkteinsatz.*[738] Nichts anderes gilt für das „Fortwirkungsstadium“. Und so kann der Käufer legitimerweise darauf vertrauen, nachträglich informiert zu werden, wenn sich infolge neuer Erkenntnisse eine abweichende (Un-)Schädlichkeitsprognose in Bezug auf die bestätigte Einsatzmöglichkeit ergibt. Inhaltlich greifen diese Berichtigungspflichten auf die vormals fokussierten Erwartungen zurück.

---

[735] Vgl. BGH NJW-RR 1988, 10 (11), „Kläranlage“; BGH WM 1977, 1027 (1028), „Erdbeerplantagen“.

[736] Hinsichtlich der Nichtaufstellbarkeit einer Maschine an einem bestimmten Platz: BGH NJW 1962, 1196 ff.; Untauglichkeit eines Leims für den Verwendungszweck: BGH LM § 459 Abs. 1, Nr. 5; Ungeeignetheit von Ventilatoren für textilverarbeitenden Betrieb: BGH NJW 1965, 148 ff.; Untauglichkeit einer Kunststoff-Folie zur Abdichtung eines Daches: BGH BB 1971, 62; Geruchsbelästigung eines Klärwerks: BGH NJW-RR 1988, 10 f.; Untauglichkeit einer Spachtelmasse für vorgesehenen Verwendungszweck: BGH NJW-RR 1992, 1011 f. Wenngleich die Entscheidungen - bis auf letztere - vorwiegend Unternehmensbeziehungen betrafen, so sind solche spezifischen Verwendungsabreden auch im Hinblick auf Verbraucherverträge denkbar.

[737] So bei den allgemeinen Instruktionspflichten, vgl. oben unter a).

[738] In der „Erdbeerplantagen“-Entscheidung ging es indessen nicht um Aufklärung im Hinblick auf nachgefragte Verwendungszwecke. Wenn in diesem Fall die Pflicht des Verkäufers angenommen wurde, sich zuvor über den in Aussicht genommenen Verwendungszweck zu informieren, so ist diese unterlassene Sachverhaltsaufklärung als Grundlage legitimer Sicherheitserwartungen im nachvertraglichen Stadium nicht tauglich, da die nachvertraglichen Berichtigungspflichten auf zuvor geweckten Erwartungen basieren, also auf vormals in Anspruch genommenes Vertrauen. Dies ist nur dann der Fall, wenn spezielle Verwendungseinsätze seitens des Käufers nachgefragt bzw. solche mitgeteilt wurden und der Verkäufer daraufhin die Eignung und damit zugleich die Unschädlichkeit (zumindest konkludent) erklärt hat. Ebenso ging es in der „Wasserenthärtungsanlagen“-Entscheidung des LG Berlin (NJW-RR 1989, 504 f.) nicht um eine Risikolage bei spezifischer Verwendung.

Fraglich ist indessen, ob sich die Informationspflichten nach Vertragsdurchführung an dem durchschnittlichen Produkterwerber oder aber an dem konkreten Käufer auszurichten haben. Im (vor-)vertraglichen Bereich gilt bezüglich der Gefahren-Aufklärung ein individueller Maßstab, der sich am konkreten Wissens- und Kenntnisstand des Vertragspartners orientiert und nicht an dem des „durchschnittlichen Produktbenutzers".[739] Ob diese Grundsätze allerdings für das nachvertragliche Stadium Gültigkeit beanspruchen, ist fraglich und wohl eher zu verneinen. Da der unmittelbar persönliche Kontakt regelmäßig mit der Übergabe des Produktes endet und Kenntnisstände dokumentationstechnisch schwierig zu fassen sind, sollte im „Fortwirkungsstadium" ein durchschnittlicher Maßstab zugrunde gelegt werden. Zumindest aus Schutzgesichtspunkten heraus erscheint hier durch die Typisierung kaum ein minderer Rechtsgüterschutz erwartbar.
Bezüglich des Inhalts und Umfangs der nachvertraglichen Informationspflichten gelten die obigen Ausführungen unter a) entsprechend.

c) Der „begründete Verdacht" als geforderter Grad der Erkenntnissicherheit

Daß der Verkäufer zur Ergreifung von Gefahrabwehrmaßnahmen nicht bis zur gesicherten Erkenntnislage zuwarten darf, steht auch in diesem Zusammenhang außer Zweifel. Und so hat der BGH in der „Derosal"-Entscheidung - im Anschluß an den grundlegenden „Contergan"-Beschluß des LG Aachen[740] - ausgeführt, daß der Leistungsschuldner schon dann eine Warnung auszusprechen habe, wenn aufgrund eines zwar *nicht dringenden, aber doch ernstzunehmenden Verdachts* zu befürchten ist, daß Gesundheitsschäden entstehen.[741] Nicht erforderlich sei, daß eine Gefahr konkret drohe. Andererseits würden aber nicht schon durch jede entfernt liegende Möglichkeit einer Gefahr Sicherungs- und Warnpflichten hervorgerufen.[742] Ähnlich hat der BGH in der „Gewindeschneidemittel II"-Entscheidung[743] Warnpflichten von dem hinreichenden Fehlerverdacht an eingreifen lassen. Offenkundig wird damit auch in diesem Kontext der begründete Verdacht zur maß-

---

[739] Schmidt-Salzer, Produkthaftung, Bd. III/1: Deliktsrecht, Rdn. 4.1030; Messer, in: Kullmann/Pfister, Produzentenhaftung, Kza. 1426, S. 12/13.

[740] LG Aachen, JZ 1971, 507 (516). Seien schwere Schäden erwartbar, wie zum Beispiel Mißbildungen, dann genüge schon die - mitunter sogar entfernte - Möglichkeit, daß sich der geäußerte Verdacht als richtig erweist.

[741] BGHZ 80, 186 (192), „Derosal"; BGHZ 106, 273 (283), „Asthma-Spray". In diesem Sinne ebenfalls Foerste, in: Produkthaftungshandbuch, § 24, Rdn. 247; Kullmann, in: Kullmann/Pfister, Produzentenhaftung, Kza. 1520, S. 63; Köck/Meier, JZ 1992, 548 (555).

[742] BGHZ 80, 186 (191).

[743] BGH NJW-RR 1995, 342 (343) im Hinblick auf den Quasi-Hersteller.

geblichen Eingriffsschwelle[744], wobei wiederum die Anforderungen an den begründeten Verdacht danach differieren, wie gefährdet das Rechtsgut und wie hoch der zu erwartende Schaden ist.[745] Die Begründetheit des Verdachts kann sich hier wiederum auf neue wissenschaftliche Erkenntnisse oder aber auf bestimmte empirische Tatsachen stützen.[746] Hier wie dort kann ein Verdachtsanlaß und eine plausible Begründung im Hinblick auf die Schädlichkeit vorliegen. Entsprechend den Ausführungen im Zusammenhang mit der nachträglichen Fehler-Aufklärung[747] ist hier ebenfalls auf wissenschaftlicher Ebene nicht nur der unternehmensexterne Wissenschaftsfortschritt für die Beantwortung der Frage, ob eine Erkenntnismöglichkeit bestand, maßgeblich, sondern - je nach Einzelfall - u. U. auch der jeweils unternehmensinterne wissenschaftliche Kenntnisstand. Bezüglich der weitergehenden Konkretisierung kann auf die Ausführungen unter 1. d) verwiesen werden.

3. Ergebnis

In Anlehnung an den Fehlerbegriff und die (vor-)vertragliche Instruktionspflicht haben die nachvertraglichen Warnpflichten deutlich an Kontur gewonnen. Als nach Vertragsabwicklung einsetzende Sorgfaltsanforderungen dienen Warnpflichten dem umfassenden Sicherheits- und Rechtsgüterschutz für das zeitliche Stadium nach dem Leitungstransfer. Inhaltlich erfassen sie das gesamte Spektrum möglicher Rechtsgütergefährdungen: Die nachvertragliche Fehler-Aufklärung verpflichtet den Verkäufer zur Informationsbereitstellung, wenn diesem später Konstruktions- oder Fabrikationsmängel der Ware bekannt werden. Insoweit hat der Verkäufer den Produktnutzer nach der Vertragsdurchführung noch über die von dem Produkt ausgehenden Risiken bzw. Gefahren zu informieren. Da bei den Fabrikationsfehlern stets unsicher ist, welche der gefertigten Produkte die Schädlichkeit beinhalten, hat mit der Information über den (fertigungsbedingten) Gefahrenverdacht zugleich der Hinweis auf die Notwendigkeit zur Überprüfung des Produktes einherzugehen. Im Anschluß an die Gefahr- oder Risikoerkenntnis gilt es hier immer noch zu klären, welche Produkte bzw. ob das konkrete Produkt tat-

---

[744] Vgl. Micklitz, Anm. zu LG Köln, Urt. v. 17.12.1986 (VuR 1987, 168 ff.), VuR 1987, 172 (176); Schmidt-Salzer, Produkthaftung, Bd. III/1: Deliktsrecht, Rdn. 4.770 f.; Bruns, in: FS für Heinitz, S. 335.

[745] BGHZ 80, 186 (192), „Derosal".

[746] Anerkanntermaßen bedarf es hier nicht notwendigerweise einer wissenschaftlichen Fundierung, Foerste, in: Produkthaftungshandbuch, § 24, Rdn. 247; Meyer, Instruktionshaftung, S. 110; Kullmann, in: Kullmann/Pfister, Produzentenhaftung, Kza. 1520, S. 63.

[747] Vgl. oben unter 1. d).

sächlich mit dem Sicherheitsmanko behaftet sind.[748] Die nachvertraglichen Instruktionspflichten dagegen zielen auf die Sicherstellung des unschädlichen Produkteinsatzes. Sie verpflichten den Pflichtenadressat zur Aufklärung über Gefahren, die aus der besonderen Einsatzweise, bestimmter Produktverwendungen oder aber aus dem Hinzutreten benutzerspezifischer Prädispositionen resultieren. Beurteilungsmaßstab ist der gewöhnliche Verwendungszweck oder aber der vorhersehbare Produkteinsatz, sofern sich dieser noch im Rahmen der allgemeinen Zweckbestimmung des Produktes bewegt. Bei erklärter besonderer Zweckeignung kann der Käufer zudem darauf vertrauen, daß der Verkäufer ihn später informiert, falls sich herausstellen sollte, daß das Produkt im Zuge dieses Einsatzes gefährliche Wirkungen entfaltet. Der Verkäufer hat diesen besonderen Gebrauchszweck zu dokumentieren und die weiteren Erkenntnis- und Produktbeobachtungspflichten daran auszurichten.[749]

Warnpflichten sind möglich für die Dauer des „gesetzlichen" Schuldverhältnisses, also für die vorgegebene Gebrauchs- bzw. Verbrauchsdauer oder für die Zeit des tatsächlichen Einsatzes. Umfang und Inhalt der Nach-Aufklärung richtet nach dem betroffenen Rechtsgut und dem drohenden Schadensausmaß. Diesem Grundsatz folgend, sind Funktionszusammenhänge namentlich dann deutlich herauszustellen, wenn es um Gefährdungen der Gesundheit und des Körpers des Käufers geht.

Als maßgebliche Eingriffsschwelle für das „Nachwirkungsstadium" wurde hier der begründete Verdacht der Schädlichkeit herausgearbeitet und zwar für sämtliche nachvertraglichen Warnpflichten einheitlich. Der Produktveräußerer darf also nicht bis zur gesicherten Erkenntnisgewinnung zuwarten. Dabei richten sich auch die an den begründeten Verdacht zu stellenden Anforderungen nach den soeben benannten Kriterien in der umgekehrten Proportionalität, so daß im Einzelfall schon die begründete Möglichkeit eines schädlichen Ereignisses zur Herausgabe von Warnungen verpflichten kann. Ein begründeter Verdacht liegt dann vor, wenn ein Verdachtsanlaß und eine rational plausible Begründung für die Gefährlichkeit existieren. Basis dieser Schädlichkeitsprognose können entweder Erfahrungen im Umgang mit dem Produkt sein, aus denen bestimmte Regelmäßigkeiten abgeleitet werden, oder aber neue Erkenntnisse wissenschaftlich-theoretischer Art. Ein begründeter Verdacht ist also nicht nur dann gegeben, wenn ein *Verdacht wissenschaftlich fundiert* ist, sondern im Einzelfall auch dann, wenn *bestimmte Erfahrungen einen begründeten Schluß auf die Schädlichkeit* zulassen. Ist die empirische Datenlage noch nicht hinreichend aussagekräftig, so kommt zur Schließung bestehender Erkenntnislücken aber eine wissenschaftlich-theoretische Erklärbar-

---

[748] Zum Beispiel ist bei der Verseuchung der Blutkonserven mit dem AIDS-Virus immer noch konkret zu untersuchen, ob eine Kontamination der einzelnen Konserven erfolgt ist.

[749] Dazu auch unter III.

keit in Betracht. Ein wissenschaftlich begründeter Verdacht kann nach der hier vertretenen Auffassung schon dann vorliegen, wenn die schädliche Eigenschaft von einem oder einzelnen Wissenschaftler(n) substantiiert und in nachvollziehbarer Weise vertreten wird oder wenn der Produkthersteller selbst schon über dahingehende Kenntnisse verfügt. Eine allgemeine Akzeptanz oder Anerkennung durch die überwiegende Anzahl der Wissenschaftler ist nicht gefordert.

III. Zum Inhalt und Umfang der vorgeschalteten Wissensrezeptions- und -produktionspflichten

Ob und inwieweit für den Verkäufer eine Erkenntnismöglichkeit bestand, beurteilt sich auf der Grundlage der jeweils vorgeschalteten Gefahr-/Risikoermittlungs- und Erforschungspflichten, deren Begründung Gegenstand des Abschnitts I. war. Und nur dann, wenn den Leistungsschuldner diesbezüglich eine Pflichtverletzung trifft, kommt schließlich eine Haftung für etwaige Schäden des Käufers in Betracht.

Den bisherigen Untersuchungsergebnissen zufolge kann der Verkäufer nachvertraglich sowohl zur Produktbeobachtung wie für den Fall, daß bestimmte Risikotendenzen offenkundig werden, zur Gefahrerforschung unter Fortentwicklung des vorherrschenden Wissenschaftshorizonts verpflichtet sein.[750] Welche Pflichteninhalte sich damit konkret verbinden, damit werden sich die nachfolgenden Ausführungen eingehender beschäftigen. Dabei wird zunächst der nachvertraglichen Produktbeobachtungspflicht (2.) und sodann der Verpflichtung zur anlaßbezogenen wissenschaftlichen Gefahrerforschung (3.) nachzugehen sein.

Was das Produktbeobachtungsobligo betrifft, so lassen sich diesbezüglich wiederum Anleihen beim deliktischen Nachmarktkonzept ziehen, zumal auch das Schrifttum zur Konkretisierung des nachvertraglichen Pflichtenprogramms auf diese Grundsätze rezipiert. Die vorangegangenen Abschnitte der Arbeit haben hier schon einiges an Konkretisierungsarbeit geleistet, so daß es in weiten Bereichen nur um eine nochmalige zusammenfassende Darstellung geht. Dies betrifft vor allem den Pflichtenbereich der Produktbeobachtung.
Voranzuschicken sind zunächst einige grundlegende Bemerkungen zur inhaltlichen Bestimmung der Sorgfaltsanforderungen, zum Umfang und zeitlichen Rahmen der nachvertraglichen Erkenntnispflichten (1.).

---

[750] Dazu § 4 I. 3.

Anspruchsgegner ist der „ehemalige“ Vertragspartner und dies auch dann, wenn es sich dabei um einen Händler handelt, da diesem zumindest die bessere Möglichkeit zur Beschaffung der einschlägigen Informationen verbleibt.[751] Eine andere und davon zu unterscheidende Frage ist die nach der sinnvollen Arbeitsteiligkeit im Innenverhältnis zwischen Händler und Hersteller, dem sich der § 5 annehmen wird.[752]

Von ihrer inhaltlichen Ausrichtung sind die nachvertraglichen Wissensgenerierungs- und -rezeptionspflichten auf die Ermittlung der zuvor konkretisierten vertragsrelevanten Schädlichkeitsinformationen ausgerichtet. Sie dienen der Ermittlung eines begründeten Gefahren- oder Risiko-Verdachts eines Produktes nach Maßgabe des gewöhnlichen, allgemein vorhersehbaren oder dem Vertrag konkret zugrunde gelegten Verwendungszwecks.[753]

1. Allgemeines zum Umfang und Inhalt der nachvertraglichen Erkenntnispflichten

Die Verpflichtung zur nachvertraglichen Produktbeobachtung und Gefahrerforschung erstreckt sich grundsätzlich auf sämtliche Produkte unabhängig davon, ob diese neu eingeführt wurden oder sich schon längere Zeit auf dem Markt befinden.[754] Dies folgt schon daraus, daß sich Entwicklungsrisiken unter Umständen erst nach Jahrzehnten realisieren können und die nachvertraglichen Erkenntnispflichten gerade auf die Bewältigung dieser Ungewißheitslagen ausgerichtet sind. Deshalb vermag auch die Auffassung[755], die Produktbeobachtungspflicht beziehe sich nur auf neue und nicht schon eingeführte Produkte, nicht zu überzeugen. Maßgeblich ist allein das dem Produkt tatsächlich immanente Risiko- bzw. Gefährdungspotential und dieses kann bei langjährig bewährten ebenso groß sein, wie bei neuen Produkten. Daß sich möglicherweise mit der Marktbewährung Abstufungen im Hinblick auf den Umfang der erkenntnisbezogenen Sorgfaltspflichten ergeben können, ist ein anderer Gesichtspunkt, der sogleich nochmals aufzugreifen sein wird.

---

[751] Siehe schon § 4 I. 4.

[752] Die insofern noch notwendige dogmatische Fundierung bezüglich der Zurechenbarkeit fremden Verschuldens bleibt dem nachfolgenden § 5 vorbehalten.

[753] Siehe schon § 4 I., wo gezeigt wurde, daß die Erkenntnispflichten inhaltlich und umfangmäßig davon abhängig sind, ob der Verkäufer bestimmte Zweckeignungszusagen vorgenommen hat.

[754] Ebenso Foerste, in: Produkthaftungshandbuch, § 24, Rdn. 292; Dietrich, Produktbeobachtungspflicht, S. 66.

[755] OLG Karlsruhe, VersR 1978, 550 f.

Auch besteht kein Anlaß, bestimmte Produkttypen von der Pflicht zur Gefahr- bzw. Risikoerkundung auszunehmen, etwa mit der Begründung, von ihnen ginge „nachweislich keine Umweltgefahr aus“[756]. Zumindest aber sind dem enge Grenzen gesetzt, da sich die tatsächlich immanenten Schädigungspotentiale bei den Entwicklungsrisiken nicht „ex ante“ antizipieren lassen, und Produkte, bei denen von vornherein die Möglichkeit eines Sicherheitsdefizits auszuschließen wäre, kaum vorstellbar sind.[757] Aufgrund der bestehenden Ungewißheit muß hier im Regelfall davon ausgegangen werden, daß sich eine hinreichend gesicherte Unschädlichkeitsprognose nicht erstellen läßt. Was den *Umfang* der jeweiligen nachvertraglichen Erkenntnispflichten betrifft, so ist den soeben benannten Literaturstimmen indessen zuzugeben, daß es Produkte gibt, die nach ihrer Eigenart von vornherein „entwicklungsrisikoträchtiger“ erscheinen als andere und bei denen daher die Sorgfaltsanforderungen erhöhte sind. Dies ist, wie gezeigt, bei den innovativen und komplexen Produkten der Fall. Insoweit haben auch in diesem Zusammenhang die Größe der erwartbaren Gefahr, das drohende Schadensausmaß, die Eintrittswahrscheinlichkeit und die Wertigkeit der betroffenen Rechtsgüter gewissen Einfluß auf den Umfang der nachvertraglichen Produktbeobachtungs- und Gefahrerforschungspflichten.[758] Da derartige Risikoprognosen aber stets unsicher sind, lassen sich aus diesen nur bedingt und nur mit äußerster Zurückhaltung Entscheidungsvorgaben ableiten, so daß im Zweifel von einem hohen Sicherheitsniveau auszugehen sein wird.
Entsprechendes gilt, wenn nach dem Umfang der Sorgfaltsanforderungen einige Jahre nach dem eigentlichen Kauf gefragt wird, so daß auch hier etwaige Abstufungen aufgrund einer mit der Zeit gegebenen geringeren Eintrittswahrscheinlichkeit nur mit nötiger Zurückhaltung vorzunehmen sind. Denn ist das Produkt tatsächlich mit einem Sicherheitsmangel behaftet, so verbleibt dieses grundsätzlich unverändert. Da sich etwaige Schädlichkeiten u. U. erst Jahrzehnte nach dem Kauf zeigen können, lassen sich die Erkenntnispflichten in jedem Fall aber nicht auf null reduzieren.

Was die zeitliche Dauer der nachvertraglichen Wissensgenerierungs- und -rezeptionspflichten anbelangt, so richtet sich diese aufgrund der bereits in § 3 erfolgten Grundlegungen grundsätzlich nach der tatsächlichen Einwirkungsmöglichkeit auf die Rechtsgüter des Käufers, also dem tatsächlichen Einsatz des jeweiligen Pro-

---

[756] Mit dieser Tendenz aber Dietrich, Produktbeobachtungspflicht, S. 64, der bestimmte Produkte von der Produktbeobachtungspflicht ausnehmen will; ebenso Sack, BB 1985, 816; Borer, Produktehaftung, S. 62.
[757] Als Beispiel für ein Produkt, bei dem von vornherein eine Schädlichkeit ausgeschlossen werden kann, wird nur die Wolldecke genannt, Nachweise wie vorangegangene Fußnote.
[758] Kullmann, in: Kullmann/Pfister, Produzentenhaftung, Kza. 1520, S. 54.

duktes.[759] Etwas anderes gilt nur dann, wenn der Verkäufer zuvor die Gebrauchs- bzw. Verbrauchsdauer näher bestimmt hat.[760] Sie beginnen mit der Vertragsabwicklung und enden dann, wenn die Einwirkungsmöglichkeit bzw. die bestimmungsgemäße Gebrauchs-/Verbrauchsdauer endet.[761]

Ebenso wie bei den zuvor erörterten Warnpflichten ist Maßstab der Risiko- und Gefahrermittlung der vorhersehbare Verwendungszweck des Produktes, wobei hierzu auch etwaige Fehl- oder mißbräuchliche Anwendungen gehören können.[762] Geht es um Kombinationsprodukte, so kann sich die Produktbeobachtung ebenfalls auf die aus der Kombinierung resultierenden Risiken bzw. Gefährdungen erstrecken. Wie schon mehrfach ausgeführt, erfaßt das Beobachtungsobligo insofern grundsätzlich die allgemein gebräuchlichen, solche Produkte, die den Einsatz erst ermöglichen sollen und jene, deren Kombinierung der jeweilige Produzent durch entsprechende Vorrichtungen ermöglicht hat.[763] Soweit der Verkäufer allerdings konkrete Kombinationseignungen bestätigt hat, erstreckt sich die Produktbeobachtung auch auf diese Fremdprodukte.

2. Die Pflicht zur Produktbeobachtung - die empiriegestützte Wissensgenerierung und die Gefahrermittlung nach Maßgabe des „Standes von Wissenschaft und Technik“

Entsprechend der Intention der Produktbeobachtung, von etwaigen produktbezogenen Gefährdungen möglichst frühzeitig Kenntnis zu erlangen, verpflichtet sie den Verkäufer zur Überwachung der Bewährung der Produkte in der Praxis und zur Auswertung der gewonnenen Informationen [a)] wie zur Verfolgung der Erkenntnisfortschritte in der einschlägigen Wissenschaft und Praxis [b)].

---

759 Unklar insoweit Jäckle, Die Produzentenhaftung unter dem Zeitaspekt betrachtet - insbesondere zu den nachträglichen Pflichten des Warenherstellers, S. 205, der davon spricht, daß das besondere „Vertrauensverhältnis, das sich aus den im vertraglichen Kontakt begründeten Einwirkungsmöglichkeiten ergibt“, die Dauer der entsprechenden Schutzpflichten bestimme. Kritisch zu der ausschließlich vertrauensgeleiteten Konkretisierung schon unter § 3 IV.

760 Vgl. § 3 IV. 4.

761 Vgl. näher schon § 3 IV.

762 Siehe § 4 II.

763 BGHZ 99, 167 ff., „Honda“.

a) Die Pflicht des Verkäufers zur Sammlung und Erfassung von Erfahrungen und zur Generierung neuer erfahrungsgestützter Schädlichkeitserkenntnisse

Da sich bei den Entwicklungsrisiken Erkenntnismöglichkeiten im Anschluß an die sich im Laufe des Markteinsatzes einstellenden Erfahrungen ergeben können, gehört die Beobachtung der Produkte in der praktischen Bewährung und die Auswertung der gewonnenen Daten zum zentralen Pflichteninhalt der Produktbeobachtung. Ziel ist es, aus den Erfahrungen im Umgang mit dem Produkt Schlußfolgerungen bezüglich etwaiger schädlicher Wirkungen abzuleiten. Zu diesem Zwekke umfaßt die Verpflichtung zur Marktbeobachtung die Erfassung, Sammlung und Auswertung sämtlicher Produktauffälligkeiten, die geeignet erscheinen, über das dem Produkt möglicherweise zugrunde liegende Gefährdungspotential Aufschluß zu geben. Dazu gehören vor allem Kundenbeschwerden, bekannt gewordene Beinaheunfälle, geltend gemachte Gewährleistungsansprüche und Schadensmeldungen.[764] Im günstigsten Fall ergeben sich schon im Vorfeld eintretender Schadensfälle Hinweise auf mögliche produktimmanente Sicherheitsdefizite; im ungünstigsten Fall sind die bereits eingetretenen Schadensfälle hier die ersten verwertbaren Erfahrungen.

Auch in organisatorischer Hinsicht schuldet der Verkäufer vermehrte Anstrengungen, um den Zugang und die Erfassung der Produkterfahrungen sicherzustellen. So hat er beispielsweise dafür Sorge zu tragen, daß die empirischen Daten erfaßt und zügig an eine eigens dafür eingerichtete Stelle weitergeleitet werden.[765] Dies entspricht dem Sorgfaltsstandard der aktiven Produktbeobachtung. Die ermittelte und registrierte Datenmenge ist auf ihre Bedeutung zu untersuchen und zu analysieren. Daß diese Stelle mit entsprechend fachkundigen Personen zu besetzen ist, versteht sich von selbst. Ziel der erfahrungsgestützten Auswertung muß es in jedem Fall sein, auf bestimmte Regelmäßigkeiten aufmerksam zu werden, aus denen sich zumindest der begründete Verdacht eines Risikos oder einer Gefahr ableiten läßt. Oder mit anderen Worten: Ziel ist die Herstellung von bestimmten aussagefähigen Erfahrungssätzen, aus denen sich zumindest die begründete Vermutung der Schädlichkeit ergibt.

Zum Zwecke der Überprüfung der Anhaltspunkte kann auch die nochmalige Durchführung der schon vor Markteinführung erfolgten Prüf- und Testverfahren angezeigt sein. Allerdings ist dies nur dann sinnvoll, wenn die jeweiligen Test- und Prüfverfahren und/oder naturwissenschaftlichen Erkenntnisse über schädliche Kausalzusammenhänge zuvor fortentwickelt wurden, da sich nur dann der gewünschte Erkenntnisgewinn einstellen kann. Dies gilt zumindest dann, wenn man

---

[764] Kullmann, in: Kullmann/Pfister, Produzentenhaftung, Kza. 1520, S. 54.
[765] Foerste, in: Produkthaftungshandbuch, § 24, Rdn. 295.

die Einstufung und Qualifizierung des Sicherheitsmankos als Entwicklungsrisiko ernst nimmt. Da die Prüf- und Testverfahren jeweils am vorherrschenden naturwissenschaftlichen Erkenntnishorizont über schädliche Wirkungszusammenhänge und den existierenden Erkenntnisverfahren institutionalisiert[766] und Entwicklungsrisiken auf dieser Basis gerade nicht ermittelbar sind, verspricht die nochmalige Durchführung der Prüfverfahren einen Erkenntnisfortschritt nur dann, wenn zuvor diese Basisdaten fortgeschrieben wurden. Dazu kann es im Einzelfall allerdings genügen, wenn die in Wissenschaft und Technik anerkannte Testdauer in zeitlicher Hinsicht erweitert wird. Wenn in der Literatur vielfach die Ansicht vertreten wird, daß etwaige vor Inverkehrgabe durchgeführte Test- und Prüfverfahren bei Bekanntwerden von Auffälligkeiten nochmals - und zwar möglichst in verbesserter Form - wiederholt werden müssen[767], so kann dem nur mit der genannten Maßgabe beigepflichtet werden. Die Wiederholung von Testverfahren ist, wie gesagt, nur dann sinnvoll, wenn diese - und sei es nur in zeitlicher Hinsicht - und/oder die jeweiligen naturwissenschaftlichen Erkenntnisse zuvor fortgeschrieben wurden.

b) Die Pflicht zur Verfolgung des „Standes von Wissenschaft und Technik" und darauf basierender Gefahren-(verdachts-)ermittlung

Neben der Beobachtung der Produkte in der Bewährung obliegt dem Verkäufer die Verfolgung des jeweils fortschreitenden Wissensstandes in der Wissenschaft und Praxis. Unternehmen, die Produkte in der ganzen Welt vertreiben, sind insoweit verpflichtet das gesamte internationale (Fach-)Schrifttum zu erfassen und auszuwerten.[768] Der Verkäufer hat zu diesem Zwecke etwa an Tagungen und Kongressen teilzunehmen und nationale wie internationale Fachpublikationen daraufhin durchzusehen, ob nicht neue schädliche Wirkmechanismen vermutet oder bekannt geworden sind, die etwaige Rückschlüsse auf das von dem Produkt ausgehende Sicherheitsdefizit erlauben, oder gar schon die konkrete (vermutete) Produktgefahr in der Wissenschaft und Praxis näher diskutiert wird. Schädlichkeitsaussagen können sich in diesem Zusammenhang entweder aus neuen Fachkenntnissen in Praxis oder neuerlichen Forschungsresultaten ergeben. Möglich ist auch, daß sich mittelbar aussagefähige Erkenntnisse aus der Beobachtung der Konkurrenzprodukte gewinnen lassen. So kann beispielsweise eine konstruktive Veränderung eines vergleichbaren Produktes auf mögliche bekannt gewordene Sicher-

---

[766] Vgl. schon § 2 II. 2. b).
[767] So Kullmann, in: Kullmann/Pfister, Produzentenhaftung, Kza. 1520, S. 58; Borer, Produktehaftung, S. 64.
[768] BGHZ 80, 199 (203), „Benomyl".

heitslücken hinweisen.[769] Sofern unklar ist, ob sich die neuen Forschungsergebnisse auf das in Rede stehende Produkt übertragen lassen bzw. inwieweit diese für das Produkt relevant sind, schuldet der Verkäufer weitergehende Prüfungen. Wie soeben angeführt, hat dann auch eine aktive Gefahrermittlung auf der Grundlage der fortentwickelten Prüf- und Testverfahren und der neuen wissenschaftlichen Erkenntnisse zu erfolgen. Der Verkäufer hat auf der Basis der jeweils neuen naturwissenschaftlichen Erkenntnisse über bestimmte Kausalzusammenhänge und ggf. auf der Grundlage neuer Erkenntnisverfahren die von dem Produkt tatsächlich ausgehende Gefahr eingehender zu ermitteln. Inhaltlich erstreckt sich die Pflicht zur Fortschrittsverfolgung also auf sämtliche neuen Erkenntnisse und Erkenntnisverfahren, die geeignet sind, Aufschluß über die von dem Produkt ausgehende Schädlichkeit zu liefern. Sobald allerdings ein begründeter Gefahren-/Risikoverdacht ermittelt wird, hat der Verkäufer darüber zu informieren.

Ob und inwieweit im Einzelfall ein weltweiter Maßstab geschuldet ist, hängt - neben dem Vertriebsumfang - vor allem von dem abstrakten Gefährdungspotential des Produktes ab, so daß hier u. U. auch ein verminderter Sorgfaltsstandard gelten kann.[770]

3. Die Pflicht zur Risiko- und Gefahrerforschung unter Fortentwicklung des vorherrschenden Forschungsstandes im Anschluß an bestimmte Risikotendenzen

Gibt es weder hinreichend aussagefähige Erfahrungen im Umgang mit dem Produkt, noch verwertbare Fachkenntnisse in der Praxis, die auf das Sicherheitsmanko hinweisen, und enthält selbst der Wissenshorizont in den einschlägigen Naturwissenschaften keine Erkenntnisoption, so verbleibt nur die Möglichkeit, Informationen über die schadensträchtige Eigenschaft der Ware zu gewinnen, indem der jeweilige Forschungsstand in den Naturwissenschaften fortgeschrieben wird. Gesprochen wurde bislang von der Risiko- oder Gefahrerforschung unter Fortentwicklung der jeweiligen Erkenntnisstände und -verfahren. Eine wissenschaftlich-theoretische Erforschung des Risiko- und Gefährdungspotentials kommt namentlich auch dann in Betracht, wenn Erfahrungswissen noch nicht bzw. in noch nicht ausreichendem Maße vorhanden ist. Deshalb wurde der wissenschaftliche Er-

---

[769] Foerste, in: Produkthaftungshandbuch, § 24, Rdn. 290.

[770] Lediglich zur Negativabgrenzung eines Entwicklungsrisikos wurde hier ein weltweiter Maßstab angesetzt, vgl. § 1 I. 3.

kenntnisprozeß als ein präventives Instrument für den Fall noch unzureichender Erfahrungen bezeichnet.[771]

Anders als die bisher skizzierte Gefahrermittlungspflicht, die auf dem Stand von Wissenschaft bzw. Technik basiert, beinhaltet die Verpflichtung zur Risikoerforschung gerade die Weiterentwicklung des jeweils vorherrschenden naturwissenschaftlichen Erkenntnisstandes und zu diesem Zwecke ggf. der jeweiligen Forschungsmethoden. Abverlangt wird ein Sicherheitsniveau, das über den jeweiligen Forschungsstand und den danach gegebenen Erkenntnismöglichkeiten hinausgeht, sich also beispielsweise nicht auf die existenten physikalischen oder chemischen Gesetzmäßigkeiten und Kausalzusammenhänge zurückzieht, sondern Wissensproduktion bereits auf dieser Ebene zu betreiben versucht. Zeigen sich gewisse Risikotendenzen, so ist der Verkäufer dann verpflichtet, Grundlagenforschung zu betreiben, also etwaige schädliche Wirkungszusammenhänge zu erforschen und zu diesem Zwecke - soweit erforderlich - die zur Risikoanalyse und -erforschung benötigten Verfahren fortzuschreiben bzw. neu zu entwickeln. Möglich ist auch, wie schon angesprochen, daß es in diesem Zusammenhang genügt, die wissenschaftlichen Erkenntnismethoden insoweit „fortzuentwickeln", als die bislang anerkannte Test- und Prüfdauer in zeitlicher Hinsicht erweitert wird.[772] Allgemeingültige Aussagen lassen sich allerdings nicht treffen, da sich Erkenntnisprozesse höchst individualistisch vollziehen. Die in diesem Zusammenhang geschuldete Sicherheitsforschung wird wesentlich durch das Ziel bestimmt, aktiv neues Wissen über schädliche Eigenschaften und Kausalzusammenhänge zu gewinnen. Geschuldet ist im Einzelfall das, was zu dem gewünschten Erkenntnisgewinn führt. Ergibt sich im Einzelfall eine Erkenntnismöglichkeit im Anschluß an gewisse Risikomomente, so kann sich der Leistungsschuldner jedenfalls nicht mit dem Einwand entlasten, die (vermutete) Produktgefahr sei nach dem Forschungsstand nicht erkennbar gewesen. Hier geht es um aktive Sicherheitsforschung, die nicht an den gegenwärtigen naturwissenschaftlichen Denkstrukturen verhaftet ist.

Eine Risikogerichtetheit, die Anlaß zur Sicherheitsforschung gibt, ist dabei unter verschiedenen Gesichtspunkten denkbar. Zum einen sind dies die schon benannten Produktauffälligkeiten, aus denen sich Anhaltspunkte für mögliche Sicherheitsabweichungen ergeben können. Deswegen wurde den Produkterfahrungen auch eine forschungsermöglichende und -initiierende Funktion zugeschrieben.[773] Reklamationen, vermehrte Ersatzteilnachfragen und dergleichen können hier Hin-

---

[771] Vgl. schon § 2 II. 1. a).
[772] Vgl. schon unter 2. a) und Schrupkowski, Die Haftung für Entwicklungsrisiken in Wissenschaft und Technik, S. 7 f.
[773] Dazu § 2 II. 1. a).

weise auf die dem Produkt immanenten Sicherheitsmängel liefern und insofern als Ansatzpunkt für aktive Sicherheitsforschung fungieren.

Risikotendenzen können sich aber nicht nur auf empirischer Grundlage ergeben, sondern überdies aus neuen wissenschaftlichen Erkenntnissen, wenn diese beispielsweise die *Existenz bestimmter Wirkmechanismen* feststellen, deren *gesundheitliche (genauer: gesundheitsschädliche) Relevanz aber noch offen ist.* Als Beispiel dafür können die neuen Erkenntnisse um die Wirkungen von elektromagnetischen Feldern im athermischen Bereich dienen. Während lange Zeit für den Hochfrequenzbereich die Auffassung vertreten wurde, daß Strahlung, die so schwach ist, daß von ihr keine thermischen Wirkungen ausgehen, auch athermische Effekte nicht hervorrufen könne[774], haben neue Forschungsergebnisse diese Annahme widerlegt. Erkannt wurde, daß elektromagnetische Felder Wirkungen auf die jeweiligen Körperzellen haben und dort beispielsweise zu Veränderungen des Kalziumstoffwechsels führen können und zwar selbst bei solchen Strahlungsintensitäten, die weit unter der thermischen Schwelle und damit weit unter den Basisgrenzwerten liegen.[775] Dies sollte vor allem für die niederfrequent modulierte bzw. gepulste Hochfrequenz-Strahlung der Fall sein, bei Strahlung also, die bei den D-1- und D-2-Netzen Verwendung findet.[776] Wenn auch die gesundheitliche Relevanz zum Zeitpunkt des Wissensfortschritts noch ungeklärt war und bis heute weitgehend ist[777], so war aber spätestens mit der Feststellung des bezeichneten Wirkungszusammenhangs immerhin eine Risikotendenz auszumachen, an die weitergehende Gefahr- und Risikoerforschung hätte anknüpfen können. Denn die nachgewiesenen zellularen Wirkungen im athermischen Bereich legen es nahe, daß damit zugleich entsprechende gesundheitsschädliche Wirkungen einhergehen. Die Verpflichtung zur weitergehenden Risikoerforschung hätte hieran anzusetzen. Belegen neue Forschungsergebnisse beispielsweise also „nur“ bestimmte Wirkungsmechanismen, ohne daß damit zugleich eine Aussage über die gesundheitsschädliche Relevanz getroffen wäre, so läßt sich hieraus eine zu Gefahrerforschung verpflichtende Risikogerichtetheit ableiten.

Risikomomente können sich überdies natürlich aus sonstigen wissenschaftlichen Verdachtsprognosen ergeben, die per se noch keinen hinreichend begründeten Risiko-/Gefahrenverdacht beinhalten und daher als Anknüpfungspunkt für sich daran anschließende Gefahr- bzw. Risikoabwehrmaßnahmen (noch) nicht in Betracht kommen.

---

[774] Karus, PHI 1995, 78, vgl. schon § 1 II.

[775] Karus, PHI 1995, 72 (79).

[776] Dazu schon § 1 II.

[777] Vgl. allerdings zu neueren Erkenntnissen z. B. Grotenhermen, PHI 1997, 128 ff.

Selbiges gilt beispielsweise bei wissenschaftlich vermuteten oder anerkannten Grenzwerte-Konzepten, die für sich in Anspruch nehmen, die unschädlichen von den schadensträchtigen Sachverhalten separieren zu können. Grenzwerte existieren insbesondere bei den toxischen Umweltgiften. Auch wenn derartige Schwellenwerte als taugliche Ansatzpunkte zur Schädlichkeitsbeurteilung dienen können, so sind sie doch mit einem erheblichen Unsicherheitsfaktor behaftet, der es möglich erscheinen läßt, daß sich die Produkte im nachhinein auch unterhalb der Grenzwertschwelle als schadensträchtig erweisen. Aufgrund der mit den Grenzwert-Festlegungen verbundenen Unsicherheiten erweisen sich die Werte oftmals im nachhinein als zu hoch, so daß sich stets dahingehende Risikomomente entnehmen lassen.

4. Ergebnis

Nach dem präsentierten Pflichtengefüge hat der „ehemalige" Vertragspartner also sowohl die jeweils neuesten Erkenntnisse in der Wissenschaft und Praxis zu ermitteln und auf dieser Basis ggf. weitergehende Gefahrermittlung zu betreiben, wie auch Gefahrenlagen selbst zu erforschen, indem er die jeweiligen Verfahren und naturwissenschaftlichen Erkenntnisse aktiv fortschreibt. Voraussetzung für die letztgenannte Forschungspflicht ist allerdings stets, daß schon eine gewisse Risikogerichtetheit offenkundig wurde, da andernfalls ein zielgerichteter Wissensgenerierungsprozeß nicht möglich ist. Diese Risikomomente können sich aus bestimmten empirischen Daten oder aber beispielsweise aus neuen Forschungsergebnissen über bestehende Wirkmechanismen, deren gesundheitsschädliche Relevanz noch offen ist, ergeben. Entsprechendes gilt z. B. für neue wissenschaftlich fundierte Grenzwerte.

Da noch zum Zeitpunkt der Vertragsdurchführung die Sicherheitsabweichung nicht erkennbar ist, sind die sonst tauglichen Kriterien zur Bestimmung des Umfangs der Verkehrspflichten hier nur bedingt aussagefähig. Denn aus der „ex-ante"-Perspektive lassen sich weder die Schadenseintrittswahrscheinlichkeit noch der erwartbare Schaden bzw. das Schadensausmaß auch nur einigermaßen zuverlässig bestimmen. Im Zweifel wird deshalb von einem hohen Sicherheitsniveau auszugehen sein: Die nachvertraglichen Erkenntnispflichten erstrecken sich grundsätzlich auf sämtliche Produkte, unabhängig davon, ob diese zunächst als risikolos erscheinen oder nicht, und sie sind in ihrer Intensität grundsätzlich für die Dauer des Gebrauchs bzw. Verbrauchs gleichbleibend.

Ebenso wie die nachgeschalteten Informationspflichten sind die Erkenntnisanordnungen an dem gewöhnlichen, vorhersehbaren oder aber an dem konkret vom

Verkäufer bestätigten Verwendungszweck ausgerichtet. Umfaßt davon sind aber auch bestimmte Fehlanwendungen oder gar mißbräuchliches Verhalten, wenn sich dieses noch im Rahmen der allgemeinen Zweckbestimmung der Ware bewegt. Unterläßt der Verkäufer die ihm möglichen Sorgfaltsanforderungen, so macht er sich schadensersatzpflichtig, sofern dem Käufer aufgrund der Pflichtverletzung in adäquat kausaler Weise ein Schaden entsteht.[778]

§ 5 Die Haftung des Händlers für eigenes und fremdes Fehlverhalten bzw. Verschulden - zur Einordnung des Produktherstellers als Erfüllungsgehilfe des Händlers

Ausgehend von dem begründeten Schutzpflichtenprogramm erscheint die weitere Haftungsbegründung namentlich dann problematisch, wenn der jeweilige Anspruchsgegner aufgrund seiner Wissens- und Kompetenzausstattung zur „Erfüllung“ verschiedener Pflichtenbereiche selbst gar nicht in der Lage ist und sich gerade auf der Basis jener Pflichten die Erkenntnismöglichkeit eröffnet hatte. Daß namentlich der Händler den sehr weitreichenden Sorgfaltsanforderungen regelmäßig nur in Teilbereichen wird genügen können[779], wurde schon mehrfach ausgeführt. Zu einem verminderten Sorgfaltsstandard sollte dieser Umstand indessen nicht führen. Denn schuldvertragsrechtlich geht es ausschließlich um Risikoverteilung zwischen den (Vertrags-)Parteien, und hier befindet sich der ausschließlich Handel betreibende Verkäufer eben zumindest im Verhältnis zum privaten Produkterwerber in der (überlegenen) Position, die geschuldeten Erkenntnisgewinne beim Hersteller einzufordern.[780]

Vertrags*haftungs*rechtlich geht es dann schließlich um die Frage der Begründung eigenen oder Zurechnung fremden Verschuldens. Eine Haftung des Vertriebspartners wird angesichts der reduzierten Kompetenzen nur dann begründbar, wenn für diesen entweder eine Erkenntnisoption auf der Basis der ihm möglichen Pflichten

---

[778] Zur Schadensersatzhaftung aus culpa post contractum finitum näher unter § 6 der Arbeit.

[779] Natürlich können sich auch dann Erfüllungsprobleme auftun, wenn der Produzent selbst Vertragspartei ist. Dann ist dieser zur Einschaltung externer Forschungseinrichtungen verpflichtet, vgl. schon § 2. II. 2. b) und § 4 I.

[780] Zu diesem Problemfeld schon § 4 I. 4.

bestand und insoweit eine Pflichtverletzung vorliegt oder sich dieser zumindest fremde Pflichtwidrigkeiten zurechnen lassen muß. Die dogmatische Anknüpfung für die Zurechnung fremden Verschuldens liefert hier der § 278 BGB, wonach sich der Schuldner grundsätzlich das Verschulden der Personen zurechnen lassen muß, deren er sich zur Erfüllung seiner Verbindlichkeit bedient. Dieser gleichermaßen Erfüllungs- und Verschuldensproblematik wird sich die folgende Darstellung annehmen, die zugleich den 2. Hauptteil der Arbeit abschließt.

Als entscheidender Ansatz zur Problemlösung dient hier die schon verschiedentlich angedeutete Einschaltungsverpflichtung (I.). Auf dieser Grundlage wird sodann auch die Zurechnung fremden Verschuldens begründbar. Wie eine solche Einschaltungsverpflichtung inhaltlich auszugestalten ist, wird schließlich Gegenstand der Ausführungen unter II. sein. Dem folgt eine zusammenfassende Darstellung der vorgefundenen Ergebnisse (III.).

I. Der Händler zwischen eigener „Erfüllung" und Verpflichtung zur Einschaltung des Herstellers - zugleich zur Einordnung des Herstellers als Erfüllungsgehilfe des Händlers

Sofern der Händler als Vertragspartner des Konsumenten bestimmten erkenntnisbezogenen Sorgfaltsanforderungen nicht nachkommen kann, trifft ihn zumindest die Pflicht, die jeweiligen Informationen beim Hersteller einzufordern. Dieser Einschaltungsverpflichtung und ihrer Funktionsbestimmung wird im folgenden zunächst nachzugehen sein (1.). In einem zweiten Schritt läßt sich sodann nach der Erfüllungsgehilfen-Eigenschaft des Produzenten und damit nach der Zurechnung fremden Fehlverhaltens bzw. Verschuldens fragen (2.).

1. Der Händler zwischen eigener „Erfüllung" und der Verpflichtung zur Einschaltung des Produktherstellers - die Einschaltungsverpflichtung zur Überwindung der Erfüllungs- und Verschuldensproblematik

Daß nun gerade der Händler in weiten Bereichen nicht in der Lage ist, den nachvertraglichen Sorgfaltsanforderungen nachzukommen, folgt schon unmittelbar aus seiner marktlichen Position und Funktion als Vertreiber der Waren. Als Händler wird derjenige bezeichnet, der Produkte veräußert, ohne daß er selbst durch seine

Tätigkeit die Sicherheitseigenschaften beeinflußt.[781] Vertikale marktliche Arbeitsteilung in Distribution und Produktion führt zu einer komplementären informationellen und kompetenziellen Differenzierung, so daß es dem Vertriebspartner beispielsweise regelmäßig versagt sein wird, Risikoforschung aktiv im eigenen Unternehmen zu betreiben. Gleichwohl sollte dies für die abverlangte Sorgfalt insoweit unbeachtlich sein, als sich der Vertragspartner des Käufers zumindest der Wissensausstattung des Herstellers bedienen kann. Der Verkäufer wird sich also nicht mit dem Einwand entlasten können, daß für ihn selbst keine hinreichende Erkenntnisoption bestanden hat, solange er die einschlägigen Informationen hätte beschaffen können. Ganz ähnlich ist auch im Bereich der deliktischen Verkehrspflichten anerkannt, daß sich der Hersteller nicht auf die mangelnden Kapazitäten und Möglichkeiten zur Durchführung etwa von Test- und Prüfverfahren berufen kann, sofern er über die Möglichkeit verfügt, externe Forschungseinrichtungen zu beauftragen. Nach der hier vertretenen Auffassung führen Informations- und Kompetenzdefizite also nicht zu einem geringeren Sorgfaltsstandard, sondern zu einer an die Stelle der eigenen Schulderfüllung tretenden Pflicht zur Hinzuziehung externer Kompetenzen. *Der nicht möglichen eigenständigen „Erfüllung" der Schutzpflichten korrespondiert daher im Ergebnis eine Verpflichtung zur Einschaltung externen Sachverstandes.*[782] Oder mit anderen Worten: Der Händler hat sich bezüglich der Sorgfaltsanforderungen, die er selbst nicht einhalten kann, zumindest der Hilfe des Herstellers zu vergewissern. Funktionell zielt dieses Einschaltungsobligo damit auf die *Überwindung der marktlich bedingten Kompetenzverschiebung zulasten des Händlers*. Es dient dem *Ausgleich* der mit der vertikalen Arbeitsteiligkeit in Distribution und Produktion einhergehenden komplementären informationellen und kompetenziellen Differenzierung. Auf der Basis dieses Pflichtengefüges hat der Händler durch entsprechende Rückfragen oder im vorhinein durch vertragliche Vereinbarungen sicherzustellen, daß ihm die jeweils neuesten Schädlichkeitsvermutungen bzw. -erkenntnisse durch den Hersteller mitgeteilt werden.

Neben dieser Kompetenzausgleichsfunktion auf Erfüllungsebene, kommt der Einschaltungsverpflichtung überdies auf der Ebene der Verschuldensbegründung maßgeblicher Stellenwert zu. Denn kann der Händler dem für die Erkenntnisgewinnung maßgeblichen Pflichtenprogramm selbst nicht nachkommen, so läßt sich nur dann ein Fahrlässigkeitsvorwurf herleiten, wenn sich der Händler fremdes Verschulden zurechnen lassen muß. Dies aber ist gem. § 278 BGB nur dann der Fall, wenn sich der Schuldner der jeweiligen Hilfsperson *bedient* hat, der Verkäufer also auf die Informationskompetenz des Produzenten tatsächlich zurückgegriffen hat. Hier schafft das Einschaltungsobligo mit seiner rechtlichen Verhal-

---

[781] Vgl. die Definition des Händlers in § 3 III ProdSG.

[782] Zu dem Inhalt der Einschaltungsverpflichtung näher unter II.

tensanleitung (zur Einschaltung) des Produzenten die tatsächlichen Voraussetzungen für das von § 278 BGB geforderte *Einschaltensmoment*. Insofern dient die Verpflichtung zur Hinzuziehung des Herstellers funktional auch der *Überbrükkung der sich beim Händler stellenden Verschuldensproblematik*. Die Einschaltungsverpflichtung schafft folglich die entscheidenden Voraussetzungen für die Zurechnung *fremden* Verschuldens über § 278 BGB. Überdies dient sie hilfsweise der Begründung *eigenen* Verschuldens des Haftungsadressaten und zwar dann, wenn dieser seiner Verpflichtung zur Informationseinholung beim Warenhersteller nicht nachgekommen ist und die Integritätseinbuße des Käufers bei ordnungsgemäßer Einschaltung des Herstellers vermieden worden wäre.

Derartige Einschaltungspflichten sind auch der derzeitigen Rechtswissenschaft und Rechtsprechung nicht fremd. So sehen beispielsweise die anerkannten vertriebsspezifischen Sorgfaltsanweisungen die Pflicht des Händlers zur Informationseinholung beim Hersteller vor, sofern diesem etwa bestimmte Schadensfälle bekannt geworden sind oder in den Medien von etwaigen Risiko- oder Verdachtsmomenten berichtet worden ist. Bei solchen Anhaltspunkten hat der Verkäufer beim Warenhersteller nachzufragen und diesen um Stellungnahme bzw. Prüfung zu bitten.[783] Von ihrer funktionellen Ausrichtung her dienen diese - im deliktischen Kontext begründeten - Sorgfaltspflichten aber stets nur der Begründung eigenen (Händler-)Verschuldens gem. § 823 I BGB in Anknüpfung an die Verletzung der Einschaltungspflicht. Dies rührt daher, daß die deliktische Haftungsverfassung eine Zurechnung *fremden* Verschuldens, so wie der § 278 BGB für den vertraglichen Bereich, nicht vorsieht. § 831 BGB statuiert lediglich eine Haftung des Geschäftsherrn für vermutetes eigenes Verschulden, so daß es auf ein etwaiges Verschulden der Hilfsperson nicht ankommt.[784] Eine Haftung des Händlers für den Pflichtverstoß des Herstellers über § 831 BGB kommt zudem deshalb nicht in Betracht, weil es sich bei dem Produzenten um ein selbständiges, also weisungsunabhängiges Unternehmen handelt. Verrichtungsgehilfe kann aber nur derjenige sein, der zum Geschäftsherrn in einem Abhängigkeitsverhältnis steht. Anders ist es im hier interessierenden (quasi-)vertraglichen Zusammenhang: Hier zielt die Einschaltung primär auf die Zurechnung fremden Fehlverhaltens, des eingeschalteten Warenherstellers, und sekundär, für den Fall, daß der Händler dieser Verpflichtung nicht nachkommt, auf die Begründung eigenen Verschuldens. Auf die vielzitierten und wohl hinlänglich bekannten Vorzüge des § 278 BGB gegenüber dem § 831 BGB soll an dieser Stelle nicht näher eingegangen

---

[783] Foerste, in: Produkthaftungshandbuch, § 26, Rdn. 29; Schmidt-Salzer, Produkthaftung: Deliktsrecht, Rdn. 4.403; LG Frankfurt, NJW-RR 1991, 225 (226); für Vertragshändler: Kullmann, in: Kullmann/Pfister, Produzentenhaftung, Kza. 1524, S. 7; Möllers, JZ 1999, 24 (26). Vgl. zudem unter II. 2.

[784] Thomas, in: Palandt, BGB, § 831, Rdn. 3.

werden. Die dem Gläubiger insoweit günstigere Vorschrift des § 278 BGB war namentlich ein Grund dafür, originär deliktischen Rechtsgüterschutz vertraglich bzw. quasivertraglich zu implementieren.[785]

Ähnliche Erkundigungspflichten enthält die Richtlinie 92/59/EWG des Rates über die allgemeine Produktsicherheit. Nach Art. 3 Abs. 3 S. 2 Produktsicherheitsrichtlinie ist der Händler verpflichtet, bei der Überwachung der Sicherheit der Produkte auf dem Markt mitzuwirken, indem er beispielsweise bestimmte Hinweise auf Produktgefahren an den Hersteller weitergibt. Dieses entspricht im Grunde der oben benannten Vergewisserungspflicht im Anschluß an bestimmte Risiko- bzw. Gefahrenmomente, zumal Art. 3 Abs. 2 S. 2 der Richtlinie 92/59/EWG den *Hersteller* korresponierend dazu verpflichtet, den Vertriebspartner über die von ihm vorgenommenen Überprüfungsmaßnahmen zu unterrichten. Diese zentralen Passagen sind aber vom deutschen Gesetzgeber nicht ins nationale ProdSG umgesetzt worden.

Einschaltungspflichten kommen zudem in anderen Zusammenhängen vor. So hat etwa das OLG Karlsruhe[786] in einer strafrechtlichen Entscheidung eine Strafbarkeit wegen fahrlässiger Körperverletzung gem. § 230 StGB[787] bejaht, weil der angeklagte Reifenhändler nicht bei seinem Lieferanten in geeigneter Weise darauf hingewirkt hatte, daß er von künftigen Rückrufaktionen des Herstellers zumindest von Seiten seines Lieferanten, eines Großhändlers, Kenntnis erhalten werde. Der Händler habe, so das OLG Karlsruhe, bei seinem Lieferanten sicherstellen müssen, daß er in den Bereich des Informationsflusses über einen etwaigen Rückruf miteinbezogen werde. Eine Pflichtwidrigkeit sah das OLG des weiteren darin begründet, daß der Angeklagte im Anschluß an den ersten Reifenschaden nicht beim Produzenten nachgefragt bzw. entsprechende Nachforschungen angestellt hatte.[788] Im weitesten Sinne läßt sich auch die bereits angesprochene nachvertragliche Pflicht, in organisatorischer Hinsicht für die Sicherstellung der Ersatzteillieferung zu sorgen, als Einschaltungsverpflichtung begreifen.[789]

---

[785] Über die positive Vertragsverletzung und die culpa in contrahendo. Dazu E. Schmidt, Nachwort zum Neudruck von Ihering, Culpa in contrahendo und von Staub, Die positiven Vertragsverletzungen, S. 131 (151 f.); Esser/ Schmidt, Schuldrecht, Bd. I, Allg. Teil, Teilb. 2, § 27 I. 2.

[786] OLG Karlsruhe, NJW 1981, 1054.

[787] Seit dem 6. StrRG vom 26.01.1998 ist die fahrlässige Körperverletzung gem. § 229 StGB strafbar.

[788] OLG Karlsruhe, NJW 1981, 1054.

[789] Ramm, Fortwirkung von Verträgen, insbesondere von Lieferverträgen, S. 76.

2. Zur Einordnung des Herstellers als Erfüllungsgehilfe des Händlers im Fall seiner Einschaltung

Dennoch, und trotz der durch § 278 BGB grundsätzlich schuldvertraglich eröffneten Zurechnungsmöglichkeit fremder Sorgfaltswidrigkeiten, betrachtet die Rechtsprechung den Produzenten grundsätzlich, wenn man von einigen wenigen Ausnahmen absieht[790], nicht als Erfüllungsgehilfen des Verkäufers. Mit Blick auf die kaufvertragliche Pflicht zur „Gutleistung" ist die Argumentation allerdings mehr eine formalistische, als eine inhaltlich in der Sache überzeugende. So wird die Erfüllungsgehilfen-Eigenschaft des Warenherstellers zumeist schlicht mit der Begründung abgelehnt, daß der Verkäufer nur die Übergabe und Übereignung der Kaufsache schulde und der Hersteller in diesem Pflichtenkreis gerade nicht tätig werde.[791] Der Lieferant des Verkäufers sei eben „nicht dessen Gehilfe bei der Erfüllung seiner Pflichten, die vom Lieferanten bezogene Sache dem Käufer zu übereignen"[792]. Da dem Verkäufer grundsätzlich keine eigene Untersuchungspflicht im Hinblick auf etwaige Qualitäts- und Sicherheitsdefizite zugedacht wird, verneint die Rechtsprechung auch unter diesem Gesichtspunkt eine Zurechenbarkeit fremden Verschuldens über § 278 BGB.[793] Die Erfüllungsgehilfen-Eigenschaft des Produzenten wurde in diesem Zusammenhang lediglich für die Fälle bejaht, in denen dieser die Ware direkt an den Käufer geliefert hatte, also ein sog. Streckengeschäft vorlag.[794] In der herrschenden Literatur wird die Eigenschaft des Warenherstellers als Erfüllungsgehilfe zumeist mit den gleichen Erwägungen abgelehnt.[795] Daß die Argumentation der höchstrichterlichen Rechtsprechung und der ihr folgenden Literaturstimmen am Kern der Dinge vorbeigeht, darauf hat insbesondere *E. Schmidt*[796] hingewiesen. Unberücksichtigt bleibe bei der judiziellen

---

[790] Dazu sogleich.

[791] So BGHZ 48, 118 (120), „Trevira" m. w. N. Vgl. im werkvertraglichen Zusammenhang z. B. näher OLG Karlsruhe, NJW-RR 1997, 1240 f.; zur Zurechnung eines arglistigen Verschweigens eines Mangels durch Gehilfen: BGHZ 66, 43 ff.; BGHZ 117, 318 ff.

[792] BGHZ 48, 118 (120), ablehnend bei einem Werklieferungsvertrag über eine vertretbare Sache.

[793] BGH WM 1977, 220 ff., „Adventsstollen"; BGH BB 1971, 1173; BGH LM § 276 (Hb), Nr. 2. Nach der in der Literatur im Vordringen befindlichen Auffassung, wonach den Händler eine eigene Untersuchungspflicht trifft (vgl. § 4 I. 1. m.w.N.), könnte auch für diese Fälle eine Zurechnung über § 278 BGB hergestellt werden.

[794] RGZ 108, 221 (223).

[795] Z. B. Löwisch, in: Staudinger, BGB, § 278, Rdn. 32; Heinrichs, in: Palandt, BGB, § 278, Rdn. 13; Schmidt-Salzer, Produkthaftung im französischen, belgischen, deutschen, englischen, kanadischen und us-amerikanischen Recht, S. 57; Arens, Die Haftung des Warenherstellers im deutschen Recht, in: Rehbinder/Wlodyka (Hrsg.), Die zivilrechtliche Haftung für mangelhafte Waren, S. 75 (80 f.); Purtscheller, Produkthaftung und Konsumentenschutz, in: Kramer/Mayrhofer (Hrsg.), Konsumentenschutz im Privat- und Wirtschaftsrecht, S. 71 (78); ablehnend auch Dubischar, in: Alternativkommentar, BGB, § 278, Rdn. 11.

[796] Vgl. Esser/Schmidt, Schuldrecht, Bd. I, Allg. Teil, Teilb. 2, § 27 I. 2.; E. Schmidt, Schlechtleistung und Händlerrisiko, in: FS für Heinrichs, S. 511 ff.

Argumentation insbesondere, daß der Verkäufer nicht nur zur gegenständlichen Leistungserbringung verpflichtet sei, sondern überdies zur unschädlichen Vertragserfüllung. Der Verkäufer schulde gerade nicht nur die Übergabe und Übereignung der Kaufsache, sondern nach dem anerkannten Rechtsinstitut der pVV zugleich die „Gutleistung"[797]. Aus diesem Grunde sei der Hersteller auch im Pflichtenkreis des Händlers tätig, so daß dieser insoweit als seine Hilfsperson angesehen werden könne. Durch die Zurechnung über § 278 BGB vermeidet diese Auffassung das sich sonst ergebende wenig befriedigende Ergebnis, daß der Händler-Verkäufer im Fall der pVV wegen Schlechtleistung regelmäßig nicht haftet, weil ihn weder eigenes Verschulden trifft, noch fremdes Verschulden zugerechnet werden kann.

Will der § 278 BGB prinzipiell jede Form der Arbeitsteiligkeit erfassen[798], so spricht einiges dafür, auch die mit der funktionalen marktlichen Differenzierung einhergehende Informations- und Kompetenzverlagerung nicht zulasten des Käufers gehen zu lassen und hier eine Zurechnung über § 278 BGB vorzunehmen. Andernfalls würde die Einstandspflicht regelmäßig daran scheitern, daß den Verkäufer kein Verschulden trifft, weil dieser selbst zur geschuldeten Gefahrermittlung und -erforschung nicht befähigt ist. Anders als für die Verpflichtung zur unschädlichen Vertragserfüllung, wo die (höchstrichterliche) Rechtsprechung nach wie vor auf ihrem Standpunkt verharrt, hat der BGH in einem Fall, der eine Instruktionspflichtverletzung betraf, die Erfüllungsgehilfen-Eigenschaft des Produzenten bejaht.[799] Der Verkäufer hatte sich in dem Fall zum Zwecke der Aufklärung über die Funktion und Wartung der Anlage der (unzureichenden) Bedienungsanleitung des Produzenten bedient und mußte sich dementsprechend das Verschulden des Herstellers zurechnen lassen.[800] Wenn sich der Verkäufer in diesen Fällen etwaige Instruktionsfehler zurechnen lassen muß, so kann die Bewertung in den Konstellationen nicht anders lauten, in denen der Vertriebshändler auf die Gefahrergründung und -erforschung des Warenherstellers zurückgreift. Auch hier bedient sich der Verkäufer zur Erfüllung seiner Informationsverantwortung des Herstellers. Es ist überdies kein Grund ersichtlich, warum sich der Geschädigte auf die Geltendmachung deliktischer Ansprüche gegen einen anonymen und u. U. räumlich weit entfernten Hersteller verweisen lassen muß, wenn doch der § 278 BGB

---

[797] Vgl. zu dieser Fallgruppe der pVV schon § 2 I.

[798] Esser/Schmidt, Schuldrecht, Bd. I, Allg. Teil, Teilb. 2, § 27 I. 3.

[799] BGH NJW 1967, 1805 ff., „Betonbereitungsanlage".

[800] BGH NJW 1967, 1805 (1806); ablehnend Weitnauer, NJW 1968, 1593 (1597). Etwas anderes soll nach der Auffassung des BGH allerdings dann gelten, wenn der Verkäufer die Bedienungsanleitung ohne eigene Untersuchungs- oder Instruktionspflicht einfach nur mitliefert, BGH NJW 1981, 1269 f.

prinzipiell die Möglichkeit der Zurechnung fremden Fehlverhaltens eröffnet. [801] Auch im Hinblick auf die hier geforderte Arbeitsteiligkeit in erkenntnisbezogener Hinsicht erscheint es angemessen, die Zurechnungsmöglichkeit zu eröffnen, um die ansonsten klaffende Haftungslücke zu überwinden. Damit würde zudem dem Zweck des § 278 BGB Rechnung getragen, den Geschädigten nicht deswegen schlechter stehen zu lassen, weil der Schuldner selbst nicht Produzent der Ware ist.[802] Der Wertung des § 278 BGB kann entnommen werden, daß die mit der vertikalen Arbeitsteiligkeit einhergehende Informations- und Kompetenzverschiebung und die damit notwendigerweise verbundene erkenntnisbezogene Arbeitsteilung jedenfalls nicht zulasten des Käufers gehen soll.[803]

Nicht nur von seiner Schutzausrichtung, sondern auch von den Voraussetzungen her, greift der § 278 BGB hier zweifellos ein. Nach der in der Rechtsprechung gängigen Definition ist Erfüllungsgehilfe jeder, der nach den tatsächlichen Gegebenheiten des Falles und mit dem Willen des Schuldners bei der Erfüllung einer diesem obliegenden Verbindlichkeit als seine Hilfsperson tätig wird.[804] Dabei umfaßt das Tatbestandsmerkmal der „Verbindlichkeiten" im Sinne des § 278 BGB anerkanntermaßen nicht nur die Leistungs-, sondern ebenfalls die Schutzpflichtenebene. Verbindlichkeiten im Sinne der Vorschrift sind folglich also auch die Sorgfalts-, Aufklärungs- und Hinweispflichten[805] oder die hier in Rede stehenden Erkenntnispflichten. Daß der Verkäufer als Geschäftsherr selbst gar nicht in der Lage ist, den abverlangten Erkenntnisprozeß zu betreiben, und daher notwendigerweise auf fremde Hilfe angewiesen ist, steht der Einordnung nicht entgegen. Erfüllungsgehilfen können auch solche Schuldner sein, die selbst zur Erfüllung der Verbindlichkeit nicht befähigt sind.[806]

---

[801] Mit dieser Argumentation ebenfalls Spiro, Die Haftung für Erfüllungsgehilfen, S. 190; Schmidt, in: FS für Heinrichs, S. 511, beide im Hinblick auf die Erfüllungsgehilfen-Eigenschaft des Herstellers in Bezug auf die Schlechtleistung. Daß selbst dem BGH solche Gesichtspunkte nicht fern sind, wird anhand der „Gewindeschneidemittel I"-Entscheidung deutlich, wo der BGH die Pflicht zur Produktbeobachtung der alleinvertriebsberechtigten Importeurin u. a. mit der Erwägung begründet hat, daß diese schließlich das Bindeglied zwischen dem deutschen Verbraucher und dem ausländischen Hersteller sei, BGH NJW 1994, 517 (519).

[802] Ähnlich allgemein Spiro, Die Haftung für Erfüllungsgehilfen, S. 200.

[803] Obwohl es bei den Informations- und Erkenntnispflichten um Schutzpflichten geht, paßt der bei den Erhaltungs- und Obhutspflichten (Schutzpflichten im engeren Sinne) einschlägige materielle Gesichtspunkt hier nicht recht: Denn hier geht es weniger um die mit der tatsächlichen Leistungserbringung einhergehende (räumliche) Einwirkungsmöglichkeit auf die Rechtsgütersphäre des Käufers. Allenfalls könnte die durch den Produkterwerb und -einsatz bedingte Einwirkungsmöglichkeit als materieller Gesichtspunkt für die Anwendung des § 278 BGB gesehen werden. Zu dem Problemkreis der Anwendung des § 278 BGB auf Schutzpflichtverstöße von Hilfspersonen insbesondere: Schmidt, AcP 170 (1970), 502 (507 ff.).

[804] BGHZ 13, 111 (113); BGH NJW 1984, 1748 (1749), „Notar als Erfüllungsgehilfe".

[805] BGHZ 95, 170 (179), zur Haftung des Leasinggebers für unterlassene Hinweise des Lieferanten.

[806] Spiro, Die Haftung für Erfüllungsgehilfen, S. 163.

Für die Einordnung als Erfüllungsgehilfe ist zudem ohne Bedeutung, ob zwischen der Hilfsperson und dem Schuldner schuldrechtliche Beziehungen existieren. Maßgebend ist vielmehr, ob der „Betreffende nach den *tatsächlichen* Vorgängen mit dem Willen des Schuldners bei der Erfüllung der diesem obliegenden Verbindlichkeit als seine „Hilfsperson“ tätig wird“[807]. Schaltet der Händler den Hersteller also zur „Erfüllung“ seiner Informations- und Erkenntnispflichten ein, so ergibt sich daraus ein den Anforderungen des § 278 BGB genügendes - vom Willen des Schuldners getragenes - tatsächliches Moment, die Einschaltung des Dritten zwecks Einhaltung des geforderten Sorgfaltsstandards.[808] Dieses Moment ist dann aber auch tatsächlich gefordert. Kommt der Händler seiner Einschaltungsverpflichtung nicht nach, so scheidet eine Zurechnung fremden Verschuldens aus. Wie schon ausgeführt, kommt dann aber noch eine Haftung unter dem Gesichtspunkt eigenen Verschuldens in Betracht.

Genügt also die bloße faktische Hinzuziehung, so kann es demzufolge nicht darauf ankommen, ob der Gehilfe etwaigen Weisungen des Pflichtenschuldners unterliegt.[809] Entscheidend ist allein, daß der Gehilfe eine Aufgabe übernimmt, die im Verhältnis zum Gläubiger dem Schuldner selbst obliegt. Für den hier maßgeblichen Gedanken der Arbeitsteiligkeit ist es unerheblich, ob der Schuldner seinerseits auf die Tätigkeit Einfluß nehmen kann.[810]

II. Die Verpflichtung zur Einschaltung des Produktherstellers zwecks Erfüllung der Erkenntnispflichten

Nachdem nunmehr u. a. die Einschaltungsverpflichtung funktionell näher beleuchtet wurde, wird im folgenden ihrer inhaltlichen Ausgestaltung nachzugehen sein (2.). Wenngleich schon mehr oder weniger deutlich zum Ausdruck gekom-

---

[807] BGHZ 62, 119 (124), „Notar als Erfüllungsgehilfe“; BGHZ 13, 111 (113); BGH LM § 276 (Hb) Nr. 2.

[808] Anders als bei der Pflicht zur „Gutleistung“, wo sich „das bedienen“ schon aus dem Verkauf der fremdproduzierten Ware ergibt, bedarf es bei den Informationspflichten noch eines faktischen Einschaltens. Bei der Bedienungsanleitung könnte dieses Tatbestandsmerkmal allerdings stets bejaht werden, weil sich der Verkäufer durch die Lieferung der Kaufsache und der dazugehörigen Bedienungsanleitung faktisch des Herstellers bedient. Anders ist dies allerdings bei den nachvertraglichen Wissensgenerierungs- und -rezeptionspflichten. Hier muß sich das Moment des „Einschaltens“ aus weiteren Aktivitäten ergeben. Es bedarf hier der Einschaltungspflichten, die, sofern der Händler diesen nachkommt, als Anknüpfungspunkt für die Erfüllungsgehilfen-Einstufung in Betracht kommen. Dazu näher unter III.

[809] Schmidt, AcP 170 (1970), 502 (505).

[810] BGH NJW 1984, 1748 (1749).

men ist, für welche Pflichteninhalte sich für den Händler die Notwendigkeit des Rückgriffs auf den Produzenten ergibt, so wird dies doch noch einmal näher zu präzisieren sein. Der konkreten Ausgestaltung der Einschaltungsverpflichtung vorangehend, wird demnach zunächst zu fragen sein, für welche Pflichtenbereiche sich überhaupt eine Einschaltungsnotwendigkeit ergibt und inwieweit eine solche Arbeitsteiligkeit mit materiellen Risikoverteilungskriterien in Einklang steht (1.).

1. Zur Konkretisierung der Arbeitsteiligkeit - insbesondere unter Einbeziehung materieller Risikoverteilungskriterien

Daß aus der vertikalen Aufspaltung des Marktes eine unterschiedliche Kompetenzverteilung resultiert, wurde schon ausgeführt. Wenn es sicher - je nach Vertriebssystem und Händler-Unternehmen - spezialisierungsbedingte Unterschiede gibt, so lassen sich doch im Anschluß an die Marktposition einige allgemeingültige Aussagen zur Informations- und Kompetenzausstattung und zu den Möglichkeiten[811] im Rahmen des statuierten Pflichtenprogramms treffen.

Ob sich der Händler der Hilfe des Herstellers zu vergewissern hat oder ihm die „Erfüllung" selbst eröffnet ist, läßt sich relativ eindeutig zunächst für den Bereich der nachvertraglichen Produktüberwachung beantworten. Denn hier ist der Händler schon als Vertragspartner und damit aufgrund seiner Nähe zu den betroffenen Käufern in der Position, die Beobachtung der Bewährung der Produkte in der Praxis selbst vorzunehmen. Reklamationen, Kundenbeschwerden, Schadensfälle und dergleichen werden typischerweise an den „ehemaligen" Verkäufer herangetragen. Als Vertragspartner wird er regelmäßig als der primäre Ansprechpartner für die Fälle angesehen, in denen sich Probleme im Umgang mit dem Produkt einstellen. Entsprechende vertriebsspezifische Sorgfaltsanforderungen lassen sich daher auch schon in der jetzigen Rechtswissenschaft und Judikatur ausmachen. So konzedierte etwa das LG Frankfurt[812], daß es zu den Verkehrssicherungspflichten des Händlers gehöre, die von ihm verkauften Produkte auf etwaige von diesen ausgehende Gefahren zu überwachen.[813] Inhaltlich geht es um einen Teilbereich der Produktbeobachtungspflicht. Ähnlich wie die produkt-, entwicklungs- und produktionsspezifischen Informationen als „Koppelungsprodukte" der jeweiligen

---

[811] Letztlich verbergen sich hinter der Festlegung der „Möglichkeiten" natürlich auch Zumutbarkeitsgesichtspunkte.

[812] LG Frankfurt, NJW-RR 1991, 225. Vgl. auch Kullmann, in: Kullmann/Pfister, Produzentenhaftung, Kza. 1524, S. 7.

[813] Kullmann, in: Kullmann/Pfister, Produzentenhaftung, Kza. 1524, S. 7

Entwicklungs- und Produktionstätigkeit angesehen werden[814], ließen sich daher die im Laufe des Markteinsatzes anfallenden Erfahrungen als „Kuppelprodukte“ der Vertriebstätigkeit bezeichnen. Dies heißt nun natürlich nicht, daß die Sichtung, Erfassung und Sammlung dieser Feldinformationen für den Händler kostenlos wäre[815], sondern nur, daß sie sich mit relativ geringem Kostenaufwand gewissermaßen als Folge der jeweiligen Tätigkeit einstellen. Auf die bedeutende „Mittlerfunktion“ des Vertriebshändlers im Verhältnis zum Hersteller[816], die daraus resultiert, daß etwaige Produkterfahrungen regelmäßig an den Vertragspartner herangetragen werden, wurde schon hingewiesen.
Die Möglichkeit zur Schutzpflichten-„Erfüllung“ durch den Händler umfaßt in diesem Zusammenhang ebenfalls die auf Organisation der Produktbeobachtung ausgerichteten Sorgfaltsanforderungen, wie die Einrichtung einer zentralen Stelle zur Erfassung und Sammlung der empirischen Daten und die Sicherstellung der Weiterleitung der Kundenbeschwerden etc. an diese Stelle.

Der Blick auf die weitergehenden Auswertungs- und Wissensgenerierungsanforderungen läßt indessen deutlich werden, daß hier regelmäßig der Rückgriff auf externe Sachkunde erforderlich ist. Das hängt wiederum unmittelbar mit der Marktposition zusammen. Geht es um die Auswertung der Produkterfahrungen und um die Erforschung neuer naturwissenschaftlicher Erkenntnisse und/oder Verfahren zwecks Schädlichkeitsermittlung, so wurde schon ausgeführt, daß der Händler hier regelmäßig genötigt ist, auf den Hersteller zurückzugreifen. Dies betrifft namentlich die Risikoerforschung. Nur selten werden Konstellationen anzutreffen sein, wo auch der Händler selbst schon zum gewünschten Erkenntnisgewinn gelangen kann. Dies kann beispielsweise dann der Fall sein, wenn aufgrund der Erfahrungen im Umgang mit dem Produkt und der Auswertung solcher Daten schon ohne weiteres Rückschlüsse auf die von dem Produkt ausgehende Gefährdung möglich sind.
Auch bezüglich der am vorherrschenden Wissenschaftsstand ausgerichteten Verfolgung des internationalen Schrifttums wird grundsätzlich die Einschaltung des Herstellers nötig sein. Etwas anderes gilt insoweit wohl nur für die regionalen und überregionalen Zeitschriften und die (Fach-)Presse. In der Literatur wird der Händler deshalb auch für verpflichtet angesehen Fachzeitschriften zu lesen und diese entsprechend zu berücksichtigen.[817]

---

814 Vgl. Magoulas, Verbraucherschutz als Problem asymmetrischer Informationskosten, in: Ott/Schäfer (Hrsg.), Allokationseffizienz in der Rechtsordnung, S. 70 (73); Meyer, Instruktionshaftung, S. 333.
815 Hierauf hat insbesondere auch Meyer, Instruktionshaftung, S. 333 f. hingewiesen.
816 Dietrich, Produktbeobachtungspflicht und Schadensverhütungspflicht des Produzenten, S. 58.
817 Schmidt-Salzer, Produkthaftung, Deliktsrecht, Rdn. 4.402.

Der Verkäufer hat also im Ergebnis sicherzustellen, daß ihm etwaige neue Erkenntnisse, die einen Risiko-/Gefahrenverdacht begründen, seitens der Produzenten mitgeteilt werden. Insoweit tritt an die Stelle der Wissensherstellungs- und -rezeptionspflicht zumindest die Pflicht zur Beschaffung eben dieser neuen Schädlichkeitsinformationen. Dem Warenhersteller obliegt der erfahrungsgestützte Erkenntnisprozeß als Teilinhalt der Produktbeobachtungspflicht ohnehin; was die anlaßbezogene Risiko-/Gefahrerforschung im Nachmarkt angeht, so sollten die hier herausgearbeiteten Pflichteninhalte auf den deliktischen Bereich übertragen werden.

Die soeben nachgezeichnete Arbeitsteilung steht im übrigen auch im Einklang mit materiellen Risikoverteilungskriterien. So ist der jeweilige Produzent im Verhältnis zum Vertriebshändler selbstverständlich „näher dran“[818] den jeweiligen Erkenntnisprozeß auf erfahrungsgestützter Datenlage oder auf wissenschaftlicher Ebene zu betreiben. Dies gilt sowohl für die aktive Generierung neuer Informationen wie für die Gefahrermittlung unter Rezeption auf den externen Fortschritt in der Praxis und Wissenschaft, da der Produzent insoweit über die besseren Zugangschancen verfügt. Bezüglich der Erfahrungsdaten und deren Sammlung bzw. Erfassung gilt entsprechendes auf Seiten des Händlers.

Und auch dann, wenn man nach der *effizienten* Verortung der jeweiligen Erkenntnisanforderungen als der maßgeblichen ökonomischen Zielvorgabe rechtlicher Zuweisung von Handlungsrechten fragt, erscheint die aufgezeigte Arbeitsteiligkeit in der Sache gerechtfertigt.[819] Nach der ökonomischen Zielbestimmung, der Allokationseffizienz, sollten Handlungsrechte[820], also „Rechte“, die „das Verhältnis der Wirtschaftsteilnehmer untereinander in Bezug auf knappe Ressourcen regeln“[821], so zugewiesen werden, daß eine Verschwendung von Ressourcen möglichst vermieden wird. Ziel der Gesellschaft ist es danach, einen möglichst hohen Grad an

---

818 Zum „näher-dran“-Argument als einem materiellen Risikoverteilungskriterium schon unter § 4 I. 4.

819 Ohne daß dieser Zielvorgabe natürlich aus juristischer Sicht rechtliche Verbindlichkeit zugesprochen werden könnte. Dies folgt schon daraus, daß die Ökonomie systemimmanent nur auf die Allokationseffizienz ausgerichtet ist, während andere normative Wertungen unberücksichtigt bleiben. Die ökonomische Analyse des Rechts ist aber zumindest geeignet, juristischer Entscheidungsfindung zu mehr Rationalität und Transparenz zu verhelfen.

820 Auch als Verfügungsrechte oder Property Rights bezeichnet. Der der Property-Rights-Schule entstammende Begriff der Verfügungsrechte ist dabei weit über den juristischen Begriff der Eigentumsrechte hinaus zu verstehen, Köhler, ZHR 144 (1980), 590.

821 Hutter, Die Gestaltung von Property Rights als Mittel der gesellschaftlich-wirtschaftlichen Allokation, S. 11. Nach einer anderen Definition werden Verfügungsrechte „als individuelle Handlungsmöglichkeiten oder Entscheidungskompetenzen rechtlicher oder tatsächlicher Art“ bezeichnet, Schüller, Eigentumsrechte, Unternehmenskontrollen und Wettbewerbsordnung, ORDO, Bd. 30 (1979), 325 (326); Köhler, ZHR 144 (1980), 590.

Bedürfnisbefriedigung der einzelnen Individuen zu erreichen, woraus sich die Forderung ergibt, die zur Verfügung stehenden knappen Mittel möglichst sparsam einzusetzen und eine Verschwendung von Ressourcen zu vermeiden.[822] Da namentlich auch Informationsaktivitäten, wie die Suche nach Informationen, die Erfassung, Sammlung von Informationen und vor allem die Auswertung und Erforschung neuen Wissens kostenträchtig sind[823], also den Einsatz von Ressourcen erfordern, resultiert daraus die Forderung, die informationellen und erkenntnisbezogenen Handlungsrechte demjenigen zuzuweisen, der diese mit den geringsten Ressourcenaufwand bewerkstelligen kann. Dies ist nun mit Blick auf den erfahrungsgestützten und wissenschaftlichen Erkenntnisprozeß zweifellos der Produkthersteller. Denn dieser ist schon aus den genannten Gründen befähigt, Wissensproduktion mit einem geringeren Ressourcenaufwand zu betreiben. Die an den Händler gerichtete Pflicht zur Einschaltung des Produzenten bezüglich der Risikoermittlung ist demzufolge auch ökonomisch sinnvoll. Die Handlungsrechte-Zuweisung ist effizient, weil sie an denjenigen erfolgt, der zugleich mit der Produktentwicklung und -herstellung befaßt ist.[824] Hinzu kommt, daß eine einmalige zentralisierte Auswertung durch den Warenhersteller naturgegeben entsprechend weniger Ressourceneinsatz bedeutet, als eine mehrmalige, durch jeden Händler separat durchzuführende.[825]

Die Hinzuziehung des Produzenten bezüglich der Herstellung neuen Wissens genügt daher dem Effizienzkriterium. Für die marktliche Produktüberwachung gilt entsprechendes auf Seiten des Vertriebspartners. Auch hier gestaltet sich die Durchführung durch den Händler vor dem Hintergrund der Vermeidung der Ver-

---

[822] Es wird ein Zustand optimaler Wohlfahrt anvisiert, also ein Zustand, in dem eine Besserstellung einer Person nur möglich ist, wenn mindestens eine Person dadurch einen Nachteil erleidet, die sog. Pareto-Effizienz, Schäfer/Ott, Lehrbuch der ökonomischen Analyse des Zivilrechts, S. 24.

[823] Dazu schon unter § 2 II. 1. b), wo Informationskosten für die Informationsdefizite verantwortlich gemacht wurden.

[824] Im Hinblick auf die Anreizfunktion von Haftungsrecht haben Ott/Schäfer dementsprechend herausgearbeitet, daß die Setzung von Forschungsanreizen nur dann sinnvoll ist, wenn sie im Zusammenhang mit der Entwicklung des Produktes erfolgt, Ott/Schäfer, Lehrbuch der ökonomischen Analyse des Zivilrechts, S. 296; ähnlich Gawel, Reguliertes Wissen um Unwissen, in: Hart (Hrsg.), Privatrecht im „Risikostaat“, S. 299.

[825] Die Überlegung, für die Wissensgenerierung eine übergreifende Händlerinstitution einzurichten, sieht sich dem Einwand ausgesetzt, daß damit wiederum prohibitiv hohe Transaktionskosten verursacht würden. Transaktionskosten sind Kosten, die im Zusammenhang mit der Bestimmung, Übertragung und Durchsetzung von Verfügungsrechten entstehen, vgl. Picot/Dietl, WiSt 1990, 178. Transaktionskosten bewirken u. a., daß Verfügungsrechte nicht getauscht werden (sog. Coase-Theorem). Recht gewinnt vor allem vor diesem Hintergrund seine Legitimation, da Recht dann die Aufgabe zukommt, diejenige Zuordnung vorzunehmen, die eintreten würde, wenn die Transaktionskosten gleich null wären und der Markt für die Verfügungsrechte reibungslos funktionieren würde, Posner, Economic analysis of law, in: Assmann/Kirchner/Schanze, Ökonomische Analyse des Rechts, S. 12; Schäfer/Ott, Lehrbuch der ökonomischen Analyse des Zivilrechts, 92.

schwendung von Ressourcen effizient, weil für diesen die empirischen Daten ohne hohen Suchaufwand ermittelbar sind.

2. Zur inhaltlichen Konkretisierung der Einschaltungsverpflichtung

Wie eine solche Verpflichtung zur Einschaltung im einzelnen auszugestalten ist, hängt entscheidend von der konkreten Fallkonstellation ab. Insoweit lassen sich keine einheitlichen, sondern nur an die konkreten Durchsetzungschancen seitens des Händlers anknüpfende Sorgfaltskonkretisierungen vornehmen. Je nach Durchsetzungsmöglichkeit und gegebenen Verdachtsmomenten lassen sich hier aber immerhin verschiedene Einschaltungsoptionen aufzeigen, die von einer institutionalisierten Einschaltung auf vertraglicher Basis bis hin zu einzelnen (Rückgriffs-) Maßnahmen reichen.

Denkbar wäre es zunächst, die rechtzeitige Informationsversorgung durch vertragliche Vereinbarungen mit dem Produzenten zu organisieren und abzusichern. Dies wird aber regelmäßig nur dann möglich sein, wenn der Händler über entsprechende Durchsetzungsmacht verfügt. Ist allerdings der Hersteller seinerseits zum Aufbau eines effizienten Informationssystems, insbesondere auf Händlerebene, verpflichtet, um von den jeweiligen Erfahrungen im Umgang mit dem Produkt möglichst schnell und zuverlässig zu erfahren (Stichwort: aktive Produktbeobachtungspflicht)[826], so könnte der Händler seinerseits auch eine entsprechend geschuldete Risikoaufklärung seitens des Produzenten sicherstellen. Durchsetzungschancen eröffnen sich für den Vertriebspartner aus dem Umstand heraus, daß er seine Mitwirkung bezüglich der Produktüberwachung von der entsprechenden Informationsversorgung durch den Hersteller abhängig machen kann. Gewissermaßen im Gegenzuge zu der von dem Händler sodann geschuldeten Erfassung und Übermittlung von Erfahrungsdaten wäre der Hersteller dann seinerseits gehalten, seinen Vertragspartner mit den jeweils gewonnenen und erforschten Schädlichkeitsinformationen zu versorgen. Auf diese Weise lassen sich Informations- und Kommunikationsstrukturen erreichen, die durch einen gegenseitigen Informationsaustausch kennzeichnet sind: Der Händler liefert die für den Produzenten notwendigen empirischen Daten, während letzterer den Vertriebspartner mit den erforderlichen Risiko-/Gefahrendaten versorgt. Im Einzelfall kann es aber selbst bei derartigen Sachverhalten an der Marktmacht zur Durchsetzung einer solcher Informationsbereitstellung mangeln.

---

[826] Sack, BB 1985, 813 (816); Kullmann, in: Kullmann/Pfister, Produzentenhaftung, Kza. 1520, S. 56.

Verfügt der Händler nicht über entsprechende Einfluß- und Durchsetzungsmöglichkeiten, so hat er auf andere Weise die jeweilige Informationsversorgung sicherzustellen. Er ist dann zumindest im Anschluß an erkannte Risikotendenzen verpflichtet, den Produzenten einzuschalten. So hat der Händler beim Auftreten bestimmter Verdachtsmomente beim Hersteller im Hinblick auf die (Un-)Schädlichkeitsbeurteilung nachzufragen. Werden dem Produktveräußerer beispielsweise Schadensfälle bekannt, so hat er sich auch schon nach derzeitigen Stimmen in der Literatur über die Relevanz dieser Umstände beim Hersteller zu informieren. Der Händler hat diesen Schadenseintritt dem Hersteller mitzuteilen und diesen um Stellungnahme und Prüfung zu bitten.[827] Dies gilt natürlich ebenso für die Fälle, wo bereits in der Presse oder sonstigen (Fach-)Publikationen über bestimmte Verdachtsmomente berichtet wird, die dem Händler zugänglich sind. Der Händler hat sich also immer dann, wenn ihm bestimmte Risikomomente bekannt werden, beim Fabrikant über den jeweils neuesten Erkenntnis- und Forschungsstand zu informieren.[828] Zu den Verkehrspflichten des Produzenten gehört es schließlich, den anfragenden Händler über den aktuellen Erkenntnisstand zu informieren.[829]

Da die Produktbeobachtung und Gefahrerforschung nicht nur am vorhersehbaren, sondern darüber hinaus am bestätigten Verwendungszweck ausgerichtet ist[830], erstreckt sich die Pflicht zur Vergewisserung im übrigen auch auf die Unschädlichkeit zu dem beabsichtigten Einsatz. Der Händler-Verkäufer hat schon vor, spätestens aber nach dem Verkauf beim Hersteller nachzufragen, ob das Produkt tatsächlich zu dem angeratenen Produkteinsatz tauglich bzw. unschädlich ist oder ob diesbezüglich etwaige Bedenken bestehen. Dies ist, wenn man so will, konsequente Anwendung der als originär händlerspezifisch anerkannten Pflicht, für die Eignung bzw. Unschädlichkeit des vom Käufer konkret anvisierten Verwendungszwecks zu sorgen. Der Händler hat eben vor allem dann die Eignung und Unschädlichkeit seiner Waren sicherzustellen, wenn der Käufer den Verwendungszweck näher spezifiziert hat.[831]

Für den Fall, daß sich keine bzw. in bestimmten Zeitabständen keine Erfahrungsdaten einstellen, die die Notwendigkeit zur Rückversicherung begründen, ergibt sich dann zumindest die Pflicht in regelmäßigen Abständen beim Hersteller nach etwaigen neuen Erkenntnissen nachzufragen, um seiner Pflicht zur Sicherstellung der Informationsbereitstellung nachzukommen. So hat er dann zumindest subsi-

---

[827] Foerste, in: Produkthaftungshandbuch, § 26, Rdn. 29; Schmidt-Salzer, Produkthaftung: Deliktsrecht, Rdn. 4.403.

[828] Vgl. LG Frankfurt, NJW-RR 1991, 225 (226).

[829] Vgl. Art. 3 Abs. 2 S. 2 der Produktsicherheits-Richtlinie 92/59/EWG.

[830] Vgl. schon § 4 I. und III.

[831] LG Frankfurt, NJW-RR 1991, 226; Kullmann, in: Kullmann/Pfister, Produzentenhaftung, Kza. 1524, S. 5; Johannsen/Rademacher, BB 1996, 2636.

diär regelmäßig beim Hersteller anzufragen. An die nicht mögliche eigene Wissensgenerierung und -rezeption tritt zumindest die regelmäßige Nachfrage beim Produzenten, etwa in jährlichen Intervallen.

III. Zusammenfassung

Sofern der Haftungsadressat ein Händler ist, stellt sich gleichermaßen eine Erfüllungs- und Verschuldensproblematik, da der Vertriebspartner nur in Teilbereichen zur Erfüllung der geschuldeten Pflichteninhalte in der Lage ist. Hier fungiert die Einschaltungsverpflichtung als entscheidender Ansatz zur Problemlösung: Auf Erfüllungsebene dient sie der Überbrückung der aus der marktlichen Arbeitsteilung resultierenden Kompetenzverlagerung zulasten des Händlers; auf Verschuldensebene schafft sie die Voraussetzungen für die Verschuldensbegründung, indem sie als Verhaltensanleitung (zur Einschaltung) die tatsächlichen Voraussetzungen für den § 278 BGB schafft, oder zumindest hilfsweise - über die Verletzung der Einschaltungsobligation - die Begründung eigenen Verschuldens eröffnet. Der Händler haftet dann für fremdes Verschulden, wenn er den Warenproduzenten zum Zwecke der „Erfüllung" seiner Erkenntnispflichten eingeschaltet hat und den Hersteller diesbezüglich ein Pflichtwidrigkeitsvorwurf trifft. Das ist dann der Fall, wenn er überhaupt keine oder eine unrichtige Mitteilung vorgenommen hat, obwohl er wußte oder zumindest bei Anwendung der im Verkehr erforderlichen Sorgfalt hätte Wissen können und müssen, daß von der Kaufsache generell oder unter bestimmten Einsatzbedingungen ein Gefährdungspotential ausgeht. Eine Einschaltungsnotwendigkeit ergibt sich regelmäßig immer dann, wenn es um das Verfolgen des Standes von Wissenschaft bzw. Technik geht und eine auf dieser Basis oder unter Vorantreiben des aktuellen Wissenschaftsstandes vorzunehmende Gefahrerforschung. Erkenntnisbezogene Arbeitsteiligkeit präsentiert sich vor diesem Hintergrund geradezu als logische Folge der marktlichen Aufspaltung und der damit einhergehenden Kompetenzdifferenzierung. Je nach Fallgestaltung und Durchsetzungsmöglichkeit kann der Händler der Einschaltungsverpflichtung durch vertragliche Abreden mit dem Produzenten oder aber durch anlaßbezogene bzw. regelmäßige Nachfrage nachkommen. Der Hersteller wird im Zuge der Einschaltung durch den Händler zum Erfüllungsgehilfen, dessen Verschulden sich der Vertriebspartner als Geschäftsherr zurechnen lassen muß. Wie gezeigt, eröffnen hier sowohl der Schutzzweck wie auch die Tatbestandsvoraussetzungen eine Anwendung des § 278 BGB. Der Händler haftet dann aus culpa post contractum finitum, kann aber seinerseits beim Hersteller Regreß nehmen. Je nachdem, ob die Einschaltung per vertraglicher Absprache sichergestellt wurde oder nicht, kommt eine pVV auf vertraglicher oder quasivertraglicher Grundlage in Betracht. Dem aber soll im Rahmen der vorliegenden Arbeit nicht weiter nachgegangen werden.

Eine Schadensersatzhaftung des Händlers kommt nach dem Gesagten aber zudem unter dem Gesichtspunkt eigenen Verschuldens in Betracht. Verletzt der Händler beispielsweise seine Verpflichtung zur Beobachtung der vertriebenen Produkte und wäre bei ordnungsgemäßer Nachmarktüberwachung der Risiko-/Gefahrenverdacht für den Verkäufer erkennbar gewesen, so haftet dieser für einen etwaigen Schaden, da ihn ein eigener Pflichtverstoß trifft. Entsprechendes gilt, wenn der Pflichtenschuldner seiner konkret geschuldeten Verpflichtung zur Einschaltung des Herstellers nicht nachgekommen ist, bei deren Einhaltung die Rechtsgütereinbußen aber vermeidbar waren. Regreßmöglichkeiten bestehen für diese Fallkonstellationen nicht.
Handelt der Verkäufer pflichtwidrig-schuldhaft, indem er die ihm obliegenden nachvertraglichen Erkenntnis- und Warnpflichten verletzt, so kann der Käufer seinen in kausaler Weise entstandenen Schaden über die culpa post contractum finitum liquidieren.

Teil 3: Zur Durchsetzbarkeit der Schadensersatzhaftung aus culpa post contractum finitum

Nachdem in den vorangegangenen Abschnitten das Pflichtenkonzept der culpa post contractum finitum herausgearbeitet und mit dem Verschuldensmoment des weiteren eine zentrale Haftungsvoraussetzung begründet wurde, wird sich der folgende § 6 mit Fragen befassen, die die Durchsetzbarkeit der nachvertraglichen Haftung betreffen.

Abschließend erfolgt unter § 7 eine Zusammenfassung der wesentlichen vorgefundenen Ergebnisse der Untersuchung.

§ 6 Zur Schadensersatzhaftung aus culpa post contractum finitum, Beweislastverteilung und Verjährung

Ob und inwieweit sich das hier vorgestellte und begründete Haftungskonzept tatsächlich als taugliches Instrument zur Bewältigung der Entwicklungsrisiko-Konstellationen erweist, hängt von zwei zentralen Momenten ab: Von der Beweislastverteilung und der einschlägigen Anspruchsverjährung. Beiden Problembereichen wird sich die folgende Darstellung widmen.

Nach der in der Rechtsprechung bislang vorherrschenden Ansicht ist es Aufgabe des Geschädigten darzulegen und ggf. zu beweisen, daß die Gefahr nach dem „Stand von Wissenschaft und Technik“ erkennbar war und demzufolge für den Haftungsadressaten Möglichkeiten zur Gefahrenabwehr bestanden.[832] Ausweislich der präsentierten Rechtsprechungsanalyse führt diese Beweislastzuordnung praktisch dazu, daß der geschädigte Käufer kaum über eine durchsetzbare Anspruchsposition verfügt.[833] Die von der Judikatur vorgenommene Zuweisung der Aufklärungsverantwortlichkeit ist namentlich deshalb problematisch, weil hier zum einen normtatsächliche, den Sorgfaltsstandard gem. § 276 Abs. 1 S. 2 BGB betreffende, Beurteilungen als Beweisthema deklariert werden.[834] Zum anderen wird nicht hin-

[832] BGHZ 80, 186 (199), „Derosal“.
[833] Vgl. § 2 IV.
[834] Dazu näher sogleich unter I.

reichend berücksichtigt, daß sich für den Geschädigten - ebenso wie bei den ursprünglichen Sicherheitsdefiziten - auch bei der nachträglichen Produktbeobachtungs- und Warnpflicht Beweisnöte auftun, die Anlaß zu der Frage geben, ob nicht hinsichtlich der konkreten Pflichtverletzung eine Umkehr der Beweislast eingreifen sollte. Im Rahmen des nachfolgenden Abschnitts (I.) wird deshalb - gekoppelt an eine Erläuterung der einzelnen Anspruchsvoraussetzungen der c.p.c.f. - nach einer für den nachvertraglichen Bereich adäquaten Verteilung der Beweislast zu fragen sein. Das RG[835] ist für die positiven Forderungsverletzungen grundsätzlich noch davon ausgegangen, daß der Geschädigte den vollen Nachweis für sämtliche anspruchsbegründenden Voraussetzungen zu erbringen, also namentlich auch den Beweis der objektiven Pflichtverletzung zu führen habe.[836] Dies entspricht der *Rosenberg*schen Formel, wonach der Anspruchssteller grundsätzlich die anspruchsbegründenden Tatbestandsvoraussetzungen zu beweisen hat, während es Sache des Anspruchsgegners ist, etwaige Negativumstände und Einredetatsachen darzulegen und zu beweisen.

Mit der Frage der anzuwendenden Verjährungsvorschrift wird sich im Anschluß daran der Abschnitt II. beschäftigen.

I. Zu den Anspruchsvoraussetzungen der culpa post contractum finitum und der Darlegungs- und Beweislast

Eine Haftung wegen nachvertraglichen Verschuldens setzt zunächst grundsätzlich voraus, daß zwischen dem Kläger und dem Beklagten eine Sonderbeziehung existiert. Wie bereits gezeigt wurde, beruht die nachvertragliche Haftung auf einer (quasi-)schuldvertraglichen Sonderverbindung, die aus der durch das Produkt vermittelten Schädigungsmöglichkeit resultiert.[837] Demzufolge muß der geschädigte Kläger im Prozeß zunächst darlegen, daß er das Produkt, das er für seine Integritätseinbuße verantwortlich macht, von dem beklagten Verkäufer erworben hat. Dafür trägt er entsprechend dem Grundsatz, daß der Gläubiger die tatsächlichen Voraussetzungen des von ihm reklamierten Anspruchs zu beweisen hat, die Darlegungs- und Beweislast. In diesem Bereich werden sich aber eher selten

[835] RGZ 66, 289, 291 f.; Emmerich, in: Münchener Kommentar, Vor § 275, Rdn. 344, Fn. 905 m.w.N.
[836] Lediglich für einzelne Vertragstypen wie beispielsweise Beförderungs-, Gastaufnahme-, Dienst- oder Werkverträge hat das RG eine Umkehr der Beweislast hinsichtlich des Verschuldens angenommen, sofern sich die Ursache für den Schaden dem Gefahrenbereich des Schuldners zuordnen ließ, vgl. z. B. RGZ 148, 148 (150), „Heißlufttrockner".
[837] Vgl. § 3 III. 3.

ernsthafte Beweisprobleme stellen, da sich der Nachweis, daß das Produkt von diesem Beklagten erworben wurde, namentlich bei den längerlebigen Gebrauchsgütern zumeist über Rechnungen oder Quittungen führen läßt.

Ebenso wie die Schadensersatzhaftung aus positiver Forderungsverletzung setzt auch die Inanspruchnahme des Vertragspartners aus c.p.c.f. voraus, daß durch ein (pflichtwidriges) Verhalten oder Unterlassen des Anspruchsgegners ein (quasi-) vertraglich geschütztes Interesse verletzt worden ist. Der Anspruchsgegner muß also zunächst durch ein aktives Handeln oder Unterlassen eine Pflichtwidrigkeit begangen haben, die zu einer Rechts-(gut-)verletzung geführt hat. Als quasivertraglich geschützte Interessen kommen hier namentlich das Leben, die körperliche Integrität und die Gesundheit des Anspruchsstellers in Betracht, daneben aber auch das Eigentum und das Vermögen[838]. Zwischen der Pflichtverletzung und der Rechtsgutbeeinträchtigung muß schließlich eine kausale Verknüpfung bestehen, die sog. haftungsbegründende Kausalität. Bezogen auf die Entwicklungsrisiken besteht der an den Verkäufer gerichtete Vorwurf darin, nach Veräußerung des Produktes nicht rechtzeitig über die später bekannt gewordene Schadensträchtigkeit des veräußerten Produktes informiert zu haben, obwohl er aufgrund der Marktbeobachtung oder Risikoerforschung davon Kenntnis hatte oder hätte haben können. Infolge dieses Pflichtverstoßes muß es dann zu einer vermeidbaren Beeinträchtigung des Rechtsgüterbestandes beim Käufer gekommen sein. Geht man von dem bezeichneten Beweislastprinzip aus, so hätte der Geschädigte die vorgenannten Merkmale darzulegen und ggf. zu beweisen. Unbestrittenermaßen ist der Kläger zunächst vollumfänglich dafür darlegungs- und beweisbelastet, daß er an einem seiner Rechtsgüter verletzt worden ist. Dieser Nachweis muß mit an Sicherheit grenzender Wahrscheinlichkeit zur Überzeugung des Gerichts geführt werden (§ 286 ZPO).

Fraglich ist indessen, ob dies auch für die Pflichtverletzung und die haftungsbegründende Kausalität gilt. Wie schon im Rahmen der Rechtsprechungsanalyse gezeigt wurde, hängt die Durchsetzbarkeit des entwickelten Haftungskonzeptes entscheidend von dieser Frage ab. Die Beweisprobleme resultieren - entgegen der Ansicht des BGH[839] - auch in diesem Zusammenhang daraus, daß es sich in weitem Umfang um Tatsachen handelt, die dem Zugriff des Klägers entzogen sind, weil es sich um Umstände handelt, die sich im unternehmensinternen Bereich zugetragen haben. Deshalb werden diese Tatsachen für den Geschädigten kaum beweisbar sein. Zwar „entschärft" sich die Beweisproblematik insoweit[840], als es

---

[838] Der Vermögensschutz wurde im Rahmen dieser Arbeit allerdings ausgenommen, vgl. § 1 I. 2.
[839] Dazu weiter unten.
[840] Der BGH hat in der „Derosal"-Entscheidung die Klage abgewiesen, weil es Sache des Klägers sei, zunächst den Beweis dafür zu erbringen, daß die Beklagte schon im Frühjahr 1994 nach dem

nach richtig verstandener Arbeitsteiligkeit zunächst Aufgabe des Gerichts ist, die erforderliche Normkonkretisierung zu betreiben, also unter Berücksichtigung der konkreten Umstände des Falles die rechtlich geforderte Sorgfalt zu bestimmen.[841] Insoweit hat das angerufene Gericht die zur Konkretisierung des § 276 I 2 BGB erforderlichen Normtatsachen zu erheben, so daß für diese Tatsachen der prozessuale Beibringungsgrundsatz der Parteien nicht gilt. Bezogen auf das im Rahmen dieser Arbeit entwickelte Normprogramm, muß das Gericht daher zunächst unter Zuhilfenahme von sachverständiger Beratung ermitteln, welche erfahrungsgestützten und/oder wissenschaftlichen Erkenntnisgewinne im Hinblick auf die Schädlichkeit möglich gewesen sind.[842] Es müssen letztendlich also tatsächlich Handlungsalternativen für den Pflichtenadressaten bestanden haben, bei deren Einhaltung die Integritätsverletzung vermeidbar gewesen wäre. Die insoweit nötige Sachverhaltsaufklärung hat durch das Gericht von Amts wegen zu erfolgen.[843] Auf der Basis der so ermittelten empirischen Tatsachenlage gilt es, den Standard der im Verkehr erforderlichen Sorgfalt in Bezug auf die hier fragliche Informationsgewinnung zu formulieren. Erst wenn geklärt ist, welche Pflichteninhalte geschuldet waren, hat der geschädigte Käufer die konkreten Subsumtionstatsachen, also die Tatsachen vorzutragen und letztlich zu beweisen, die die konkrete Verletzung dieser Pflicht durch den Verkäufer ausmachen.

Auch wenn der beklagte Produktveräußerer zunächst qualifiziert darzulegen hat, in welcher Weise er seinen Pflichten nachgekommen ist[844], ist letztlich die Beweisführung hinsichtlich des konkreten Pflichtverstoßes deshalb schwierig, weil sich dieser im Herrschafts- und Organisationsbereich des Anspruchsgegners zugetragen hat. Deshalb stellt sich die Frage, ob nicht entsprechend den Fällen der Unmöglichkeit eine Beweislastumkehr gem. § 282 BGB eingreifen sollte.[845] Dafür

---

damaligen Wissensstand die Pflicht hatte, Warnungen herauszugeben, BGHZ 80, 186 (198). Nach der hier vertretenen Auffassung ist dies aber eine Frage der Normkonkretisierung, die von Amts wegen durch die Gerichte durchzuführen ist, vgl. Sander, Normtatsachen im Zivilprozeß, S. 260. Grundlegend zu den Normtatsachen: E. Schmidt, Der Umgang mit Normtatsachen im Zivilprozeß, in: FS für Wassermann, S. 807 ff.

[841] Vgl. dazu ausführlich Sander, Normtatsachen im Zivilprozeß, S. 139; speziell zum Verfahren der Erhebung der Normtatsachen S. 144 ff.

[842] Bei der Konkretisierung der im Verkehr erforderlichen Sorgfalt fließen auch die Umstände und die Besonderheiten des konkreten Falles mit ein. Es gibt keine Sorgfalt „an sich", Esser/Schmidt, Schuldrecht, Bd. I, Allg. Teil, Teilb. 2., § 25 V. 1.

[843] E. Schmidt, in: FS für Wassermann, S. 812.

[844] Heinrichs, in: Palandt, BGB, § 282, Rdn. 11; BGH NJW 1995, 2842 (2843); BGH NJW 1996, 2571 (jeweils in Bezug auf Aufklärungs- und Hinweispflichten von Steuerberatern); Baumgärtel, in: Handbuch der Beweislast im Privatrecht, Anh. § 282, Rdn. 23.

[845] Obwohl sich § 282 BGB vom Wortlaut her nur auf den Kausalitätsnachweis bezieht, wird er nach allgemeiner Ansicht auch auf den Verschuldensvorwurf ertreckt (Strieder, in: Handbuch der Beweislast im Privatrecht, § 282, Rdn. 4)

spricht, daß auch die nachvertraglichen Warn- und Erkenntnispflichten erfolgsbezogen sind[846] und in diesen Fällen ohne weiteres von dem eingetretenen Schaden[847] auf den konkreten Pflichtenverstoß geschlossen werden kann. Ebenso wie die Nichterfüllung der vertraglich geschuldeten Leistung dafür spricht, daß dies auf einem Umstand beruht, der vom Schuldner zu vertreten ist, läßt sich der beim Produktbenutzer eingetretenen Rechtsgutverletzung die Vermutung entnehmen, daß der jeweilige Pflichtenadressat der objektiv bestehenden Warnverpflichtung und den damit zusammenhängenden Wissensgenerierungspflichten nicht nachgekommen ist. Auch in diesen Fällen spricht die eingetretene Integritätsbeeinträchtigung entscheidend dafür, daß der Verkäufer den geforderten - durch das Gericht für den konkreten Fall festgestellten - Sorgfaltsanforderungen nicht entsprochen hat. Zwar wird die Haftung wegen nachvertraglicher Pflichtwidrigkeit nicht wie bei der Unmöglichkeit dadurch ausgelöst, daß für einen Erfolg gehaftet wird, der eintreten sollte, aber nicht eingetreten ist. Die Fallkonstellationen des pVV sind eher in umgekehrtem Sinne so strukturiert, daß sich planwidrig durch ein pflichtwidriges Unterlassen eine Rechtsgutverletzung realisiert hat; dies hindert aber grundsätzlich nicht, den § 282 BGB auf diese Fälle analog anzuwenden. Die hier in Rede stehenden integritätswahrenden Informations- und Erkenntnispflichten sind insoweit erfolgsbezogen[848], als sie gerade den Zweck verfolgen, etwaige Integritätseinbußen zu verhindern; sie verpflichten den Verkäufer zum aktiven Ergreifen schadenspräventiver Maßnahmen.[849] Von den allgemeinen Obhutspflichten unterscheiden sie sich dadurch, daß der Verkäufer gewissermaßen als „Garant" aus vorangegangener Lieferung schädlicher Ware ein weitreichendes aktives Risiko- und Ungewißheitsmangement schuldet, das Pflichtenprogramm also gerade prospektiv auf die Vermeidung von Rechtsgutbeeinträchtigungen abzielt. Bei dem auf Bewahrung der Rechtsgüter des Käufers angelegten nachvertraglichen Schutzpflichtverhältnis wird das Integritätsschutzanliegen zum zentralen Schuldinhalt, so daß durchaus eine Vergleichbarkeit mit den Beförderungs- oder den Verwahrungsverträgen gegeben ist[850], bei denen eine entsprechende Anwendung des § 282 BGB allgemein befürwortet wird.[851] Aufgrund dieser Erfolgsbezogenheit bietet sich auch für die Fälle des nachvertraglichen Verschuldens eine analoge Anwen-

[846] Ebenso Esser/Schmidt, Schuldrecht, Bd. I, Allg. Teil, Teilb. 2, § 29 III. 5. b); Musielak, Grundfragen des Beweisrechts, Rdn. 237.

[847] Genauer: der eingetretenen Rechtsgutverletzung.

[848] Nur für den Fall der Erfolgsbezogenheit der Nebenpflichten wird eine Vergleichbarkeit der Konstellationen mit denen der Unmöglichkeit angenommen.

[849] Vgl. Heinrichs, in: Palandt, BGB, § 282, Rdn. 12.

[850] Bei diesen Verträgen wird die Vermeidung von Rechtsgüterbeeinträchtigungen als ein zentraler Teilinhalt des Schuldverhältnisses angesehen, vgl. Larenz, Lehrbuch des Schuldrechts, Bd. 1, Allg. Teil, § 24 I. b), S. 343.

[851] BGHZ 8, 239 (241); BGHZ 27, 236 (238), (Schleppvertrag); BGHZ 3, 162 (174), (Verwahrungsvertrag). In diesem Sinne schon Esser/Schmidt, Schuldrecht, Bd. I, Allg. Teil, Teilb. 2, § 29 III. 5. b).

dung des § 282 BGB an. Insoweit kommt, entgegen der teilweise in der Literatur vertretenen Ansicht, eine Beweislastumkehr nicht nur in den Fällen der Schlechtleistung in Betracht, wo schon aus der Schlechterfüllung auf die Pflichtwidrigkeit geschlossen werden kann.[852] Hat der geschädigte Anspruchssteller also seinerseits die Verletzung seiner Integrität nachgewiesen und rechtfertigt sich aufgrund der Sachlage der Schluß, daß der Schuldner seine Sorgfaltspflicht verletzt hat, so ergibt sich aus der Rechtsgutverletzung die Pflichtwidrigkeit ohne weiteres. Der Verkäufer muß sich dann hinsichtlich des Merkmals der Pflichtverletzung entlasten. Nach zutreffender Auffassung bezieht sich die aus § 282 BGB hergeleitete Beweislastumkehr im übrigen nicht nur auf eine etwaige „innere" Sorgfaltsverletzung[853], sondern gerade auf den objektiven Pflichtverstoß.[854]

Steht fest, daß der Verkäufer der geforderten Warnverpflichtung nicht nachgekommen ist, so spricht des weiteren die Vermutung dafür, daß der Aufklärungsadressat bei erfolgter Warnung dieser entsprochen hätte[855], also gänzlich von der weiteren Verwendung des Produktes abgesehen bzw. entsprechende Hinweise zur unschädlichen Verwendung beachtet hätte. Diese Vermutungswirkung greift aufgrund der Wertigkeit der Rechtsgüter namentlich dann ein, wenn die Schädlichkeitsinformation zum Ziel hatte, den Käufer vor erwartbaren Körper- oder Gesundheitsschäden zu schützen. Deshalb wird für den Bereich der haftungsbegründenden Kausalität - abweichend von den allgemeinen Beweisgrundsätzen - eine Umkehr der Beweislast zugunsten des Käufers befürwortet. Mit der Verletzung der geschuldeten Warnverpflichtung treffe den Verkäufer auch insoweit die Aufklärungsverantwortlichkeit als es darum gehe, nachzuweisen, wie sich der Käufer bei ordnungsgemäßer Aufklärung verhalten hätte.[856] Mit ganz ähnlichen Erwägungen wird in der Judikatur für diesen Bereich eine Beweislastumkehr befürwortet.[857] Der BGH[858] stützt sich regelmäßig auf den Zweck der Aufklärungspflicht, der gerade darin bestehe,

> „Klarheit darüber zu verschaffen, ob der Vertragsgegner, wenn ihm das jeweilige Risiko in seiner ganzen Tragweite bewußt gemacht wird, trotzdem an der ins Auge ge-

---

[852] Baumgärtel, in: Handbuch der Beweislast im Privatrecht, Anh. § 282, Rdn. 20.

[853] Nach der hier vertretenen Auffassung ist angesichts des objektivierten zivilrechtlichen Sorgfaltsstandards für ein Verschuldensvorwurf im Sinne einer Vorwerfbarkeit kein Raum mehr, dazu weiter unten.

[854] Heinemann, Die Beweislastverteilung bei positiven Forderungsverletzungen, S. 32 ff.

[855] Esser/Schmidt, Schuldrecht, Bd. I, Allg. Teil, Teilb. 2, § 33 VI. 1. a).

[856] Esser/Schmidt, Schuldrecht, Bd. I, Allg. Teil, Teilb. 2, § 33 VI. 2.

[857] Der BGH spricht zumeist mißverständlich von dem Ursachenzusammenhang zwischen Vertragsverletzung und eingetretenem „Schaden", BGHZ 64, 46 (51); BGHZ 61, 118 (120). Gemeint sein kann aber nicht die haftungsausfüllende Kausalität, sondern nur die Kausalbeziehung zwischen dem (pflichtwidrigen) Unterlassen und der Rechtsgutverletzung (haftungsbegründende Kausalität).

[858] BGHZ 61, 118 (121/122); ebenso BGHZ 64, 46 (51).

faßten Maßnahme festhalten oder ob er von ihr Abstand nehmen will. Die Aufklärungspflicht soll also gerade in den Fällen dieser Art häufig auftretende Beweisnot beseitigen, die darin besteht, daß sich nachträglich nur schwer mit der erforderlichen Zuverlässigkeit beurteilen läßt, wie der Betroffene bei rechtzeitiger Kenntnis von etwaigen schadensdrohenden Umständen gehandelt hätte. Dem vorzubeugen, ist einer der Zwecke der *Pflicht* zur Aufklärung."

Wendet der Verkäufer also ein, die Rechtsgutverletzung beim Geschädigten wäre auch bei erfolgter Warnung eingetreten, weil der Käufer dieser keine Beachtung geschenkt hätte (Einwand rechtmäßigen Alternativverhaltens), so hat er letztlich den Beweis zu führen, daß der Käufer auf eine entsprechende Gefahr-/Risikoaufklärung nicht reagiert, sich also nicht aufklärungsgemäß verhalten hätte. Der Aufklärungsschuldner hat demnach nicht nur nachzuweisen, daß er seine nachvertraglichen Warn- und Erkenntnispflichten erfüllt hat, sondern darüber hinaus, daß die Integritätseinbuße ebenfalls bei ordnungsgemäßer Risikoaufklärung eingetreten wäre.[859] Insoweit trägt auch der Beklagte die Aufklärungsverantwortlichkeit.

Im Bereich der deliktischen Produkthaftung[860] hat es der BGH bislang abgelehnt, die für die (ursprünglichen) Fabrikations-, Konstruktions- und Instruktionsfehler entwickelten Grundsätze der Beweislastumkehr im Bereich der „äußeren" und „inneren" Sorgfalt[861] auf die Fehler anzuwenden, die erst nach Inverkehrgabe infolge der Beobachtung des Marktes und des wissenschaftlichen Fortschritts offenkundig werden.[862] Daher ist der Geschädigte im deliktischen Produkthaftungsrecht nach der bisherigen Judikatur nach wie vor dafür beweisbelastet, daß den Hersteller hinsichtlich der Nachmarktüberwachung ein objektiver Sorgfaltspflichtverstoß zum Vorwurf gereicht. Nur auf subjektiver Seite bleibe es bei der Beweislastumkehr.[863] Der VI. Zivilsenat verneinte für diese Konstellationen die Anwendung der für die ursprünglichen Fehlertypen geltenden Grundsätze, weil die Produktbeobachtung nicht die Aufklärung unternehmensinterner Vorgänge zum Gegenstand

---

[859] Anders im deliktischen Bereich: Der BGH hat in der ersten „Kindertee"-Entscheidung seine bisherige Rechtsprechung erneut bestätigt, nach der im Deliktsrecht grundsätzlich der Geschädigte für die Kausalität zwischen dem Unterlassen von Warnhinweisen und dem eingetretenen Schaden beweispflichtig ist, BGHZ 116, 60 (73). Nach anderer Auffassung soll die Beweislastumkehr für die haftungsbegründende Kausalität auch im deliktischen Bereich gelten, vgl. Foerste, in: Produkthaftungshandbuch, § 30, Rdn. 107 m. w. N.

[860] Die Beweislastverteilung im deliktischen Produkthaftungsbereich ist ausdrücklich in Anlehnung an die vertragliche bzw. quasivertragliche erfolgt, vgl. BGHZ 51, 91 (106), „Hühnerpest".

[861] Grundlegend BGHZ 51, 91 (104 ff.), „Hühnerpest" für Fabrikationsfehler; BGHZ 67, 359 ff., „Schwimmerschalter" für Konstruktionsfehler; BGHZ 116, 60 (72 ff.), „Kindertee I" für ursprüngliche Instruktionsfehler.

[862] BGHZ 80, 186 (197 ff.), „Derosal".

[863] BGHZ 80, 186 (199), „Derosal".

habe. Daß diese Argumentation im Ergebnis fehlgeht, weil die Produktbeobachtung beispielsweise mit der Durchführung von Test- und Versuchsreihen unternehmensinterne Informationsverarbeitung anordnet, sei hier nur am Rande angemerkt. Entsprechend der hier für den vertraglichen Bereich herausgearbeiteten Grundsätze befürwortet auch eine in der Literatur im Vordringen befindliche Auffassung[864] für die deliktische Produkthaftpflicht die Fortschreibung der für die ursprünglichen Fehlertypen geltenden Beweisregeln auf die „nachträglichen" Fehlerkategorien. Immerhin räumt der BGH ein, daß es solche Fälle geben könne, in denen sich der Geschädigte in ähnlicher Beweisnot wie bei den ursprünglichen Produktfehlern befinde. *Kullmann*[865] sieht einen solchen Fall dann als gegeben an, wenn die neuen Erkenntnisse im Unternehmen gewonnen wurden.

Nach zutreffender Auffassung kommt es neben der (objektiven) Pflichtwidrigkeit auf ein weitergehendes Verschulden in der Form einer Vorwerfbarkeit nicht an[866], da der Sorgfaltsstandard des § 276 Abs. 1 S. 2 BGB weitgehend objektiviert ist und deshalb individuelle Momente so lange unbeachtlich sind, wie sie nicht ohnehin im Rahmen der im Verkehr erforderlichen Sorgfalt Berücksichtigung finden. Der Schädiger ist schon dann haftbar, wenn er den im Verkehr geforderten Sorgfaltsanforderungen nicht nachgekommen ist, ohne daß ihn individuelle Unfähigkeiten entlasten könnten.

Schließlich muß als weitere Haftungsvoraussetzung ein Schaden entstanden sein, der in kausaler (haftungsausfüllender) Verknüpfung mit der Rechtsgutverletzung steht. Ersatzfähig ist im Rahmen der c.p.c.f. grundsätzlich der durch die Verletzung entstandene Schaden. Unerheblich ist dabei, ob sich der Schaden als unmittelbare oder mittelbare Folge darstellt, solange er noch innerhalb des Schutzzwecks der verletzten Verhaltensnorm liegt.[867] Der Geschädigte wird damit im Ergebnis wirtschaftlich so zu stellen sein, wie er ohne das schädigende Ereignis gestanden hätte. Vorzunehmen ist eine Bilanzierung der vor und nach dem Schadensereignis existenten Vermögenslage. Für den entstandenen Schaden einschließlich der haftungsausfüllenden Kausalität trägt der Käufer die Behauptungs-

---

[864] Kötz, Deliktsrecht, Rdn. 458; Hager, JZ 1990, 397 (405); Tiedtke, in: FS für Gernhuber, S. 471 (481 ff.); Reinicke/Tiedtke, Kaufrecht, Rdn. 787 ff.; Jäckle, Die Produzentenhaftung unter dem Zeitaspekt betrachtet, S. 213 f.; differenzierend nach außer- und innerbetrieblichen Erkenntnissen: Foerste, in: Produkthaftungshandbuch, § 30, Rdn. 89. Zur Frage der Beweislastumkehr bei Forschungsversäumnissen in immissionsschutzrechtlichen Zusammenhängen: Determann, Beweislastumkehr hinsichtlich der Gefährlichkeit neuer Technologien?, in: Marburger (Hrsg.), Jahrbuch des Umwelt- und Technikrechts 1997, S. 165 ff.

[865] Kullmann, in: Kullmann/Pfister, Produzentenhaftung, Kza. 1526, S. 27.

[866] Esser/Schmidt, Schuldrecht, Bd. I, Allg. Teil, Teilb. 2, § 25 V.

[867] In Bezug auf die pVV: BGH NJW 1989, 1125; BGH WM 1990, 808; Heinrichs, in: Palandt, BGB, § 276, Rdn. 123.

und Beweislast. Allerdings gilt für diese Tatbestandsvoraussetzungen das günstigere Beweismaß des § 287 ZPO.[868] Hier genügt für die richterliche Überzeugungsbildung, daß aufgrund greifbarer Anhaltspunkte eine erhebliche Wahrscheinlichkeit für den behaupteten Schaden bzw. Schadensverlauf besteht.[869]

Im Ergebnis kann daher festgehalten werden: Der Geschädigte hat im Prozeß lediglich nachzuweisen, daß er das schadensträchtige Produkt von dem Beklagten erworben hat, daß er an einem seiner Rechtsgüter verletzt worden ist und dadurch in kausaler Weise einen Schaden erlitten hat. Sache des Verkäufers ist es dagegen, den Beweis zu führen, daß die eingetretene Rechtsgutverletzung nicht auf einer Pflichtwidrigkeit seinerseits beruht bzw. sich der Produktbenutzer bei erfolgter Warnung nicht aufklärungsgemäß verhalten hätte.

II. Verjährung

Wenig gesichert ist des weiteren die Frage der Anspruchsverjährung. Wenn überhaupt, so lassen sich nur der Literatur Stellungnahmen entnehmen und dies auch nur vereinzelt. Gleichwohl ermöglichen die von der Rechtsprechung für den (vor-) vertraglichen (Informations-)Bereich formulierten Grundsätze hier Rückschlüsse auf die judizielle verjährungsrechtliche Würdigung der nachvertraglichen Schadensersatzhaftung.

Nach ständiger Rechtsprechung ist im Bereich der Informationsverantwortung die Anwendung der kurzen gewährleistungsrechtlichen Verjährungsfrist des § 477 BGB immer dann geboten, wenn sich die kaufvertragliche Aufklärungspflicht auf Eigenschaften der Kaufsache beziehe, unabhängig davon, ob diese Eigenschaft einen Mangel im Sinne des § 459 BGB darstelle.[870] Nur dann, wenn die Informationspflicht in keinem Zusammenhang mit einer Eigenschaft der Kaufsache steht, was insbesondere bei Produktgefahren der Fall ist, die sich aus der besonderen Art und Weise des Verwendungseinsatzes ergeben, soll eine Anwendung der 30-

---

[868] Esser/Schmidt, Schuldrecht, Bd. I, Allg. Teil, Teilb. 2, § 25 III. 2. c).

[869] Foerste, in: Produkthaftungshandbuch, § 30, Rdn. 114.

[870] So BGH NJW 1997, 3227 (3228); BGHZ 88, 130 (136 ff.), „Klebstoff"; vgl. zur Übersicht: Westermann, in: Münchener Kommentar, § 477, Rdn. 24 ff. Dies gelte grundsätzlich auch für den unselbständigen Beratungsvertrag, sofern er sich auf Eigenschaften der Kaufsache beziehe, BGH NJW 1997, 3227 (3228). Etwas anderes soll nur dann gelten, wenn der Käufer im Rahmen eines selbständigen Vertragsverhältnisses beraten wurde, da diese Vereinbarung (§§ 305, 676 BGB) eine eigene, vom Kaufrecht losgelöste Rechtsgrundlage für die Schadensersatzansprüche darstelle, vgl. BGH NJW 1997, 3227 (3228).

jährigen Verjährungsfrist in Betracht kommen. Erst recht gelte der § 477 BGB dann, wenn es um die Haftung für schadensträchtige Fehler geht, also die pVV wegen Schlechtleistung in Rede steht.[871] Folglich würde nach der Rechtsprechung auch die hier einschlägige Pflicht zur nachträglichen Fehler-Aufklärung der kurzen 6-monatigen Verjährungsfrist unterfallen; für die nachvertragliche Instruktionspflicht würde dagegen die Frist des § 195 BGB eingreifen. Gerechtfertigt wird die entsprechende Anwendung des § 477 BGB zumeist mit dem rechtspolitischen Zweck der Vorschrift, der darin bestehe, „im Kaufrecht möglichst bald nach Vertragsabwicklung den Rechtsfrieden wiederherzustellen und die mit dem zunehmenden Zeitablauf schwieriger werdenden Ermittlungen darüber entbehrlich zu machen, ob und in welchem Umfang Mängel bei Gefahrübergang vorhanden waren und welche Schäden sie verursacht haben“[872]. Hinzu kommen gesetzessystematische Gründe. Befürchtet wird in diesem Zusammenhang eine Umgehung der abschließenden gesetzlichen Regelung.[873] Beide der vorgenannten Argumente sind indessen bei näherem Zusehen nicht stichhaltig. Dies betrifft zum einen das gesetzessystematische Argument, weil die allgemeine Fahrlässigkeitshaftung nun einmal im BGB explizit nicht geregelt ist und mit dem primär auf privatautonome Selbstbindung angelegten Gewährleistungsrecht[874] nicht konfligiert. Daher sollte eine vom Kaufrecht losgelöste Beurteilung der Verjährungsfrage erfolgen. Demzufolge wird in der Rechtswissenschaft teilweise von einer freien Konkurrenz der allgemeinen Fahrlässigkeitshaftung und der Gewährleistungsansprüche aus den §§ 459 ff. BGB ausgegangen.[875]

Des weiteren ist das Motiv des Rechtsfriedens insoweit ein nicht mehr tragfähiges Argument, als sich die sozio-ökonomische Realität und die kaufrechtlichen Konstellationen gewandelt haben und daher auch die Beurteilung der Frage der analogen Anwendung des § 477 BGB notwendigerweise einer Neubewertung bedarf. Sind die zu bewältigenden kaufvertraglichen Sachverhalte aufgrund der zunehmenden Risiko- und Gefährdungspotentiale der Produkte heute andere als sie noch zu Beginn des letzten Jahrhunderts waren, so hat damit auch eine Veränderung stattgefunden, die das Interesse des Verkäufers nach Rechtsfrieden und Rechtssicherheit[876] in einem anderen Lichte erscheinen läßt. Denn geht es um mögliche Verletzungen der Rechtsgüter des Käufers, so kann der Rechtsfrieden nicht ernsthaft die entscheidende Legitimation dafür liefern, diese Fälle der Verjährung des

---

[871] BGHZ 77, 215 (219).
[872] BGHZ 77, 215 (219); BGHZ 60, 9 (11).
[873] BGHZ 77, 215 (220).
[874] So überzeugend Esser/Weyers, Schuldrecht, Band II, Besonderer Teil, Teilb. 1, § 6 II. 3.
[875] Ebenso Esser/Weyers, Schuldrecht, Band II., Besonderer Teil, Teilb. 1, § 6 II. 3. b).
[876] Die „Rechtssicherheit“ ist nach dem BGH immer zugleich ein weiterer Schutzzweck des § 477 BGB: Der Verkäufer soll durch die kurze Verjährung nach § 477 BGB zugleich darauf vertrauen können aus Vertragshaftung nicht mehr in Anspruch genommen zu werden, vgl. BGHZ 77, 215 (222 f.).

§ 477 BGB zu unterwerfen. Hier ist eine neue Interessenabwägung gefordert, die angesichts der Höherwertigkeit der Rechtsgüterinteressen des Käufers gegenüber dem Interesse des Verkäufers auf Rechtssicherheit und Rechtsfrieden zulasten des Verkäufers und zugunsten des Käufers ausfallen muß. Da die angeführten Gründe somit nicht (mehr) tragfähig sind, besteht kein Grund für eine entsprechende Anwendung des § 477 BGB. Zum identischen Ergebnis gelangt *Westermann*[877], wenn dieser ausführt, daß derjenige, der von sich aus durch die Pflichtverletzung den „Rechtsfrieden" gestört habe, keinen Anspruch auf schnelle Abwicklung des Geschäfts geltend machen könne. Für die künftige nationale Rechtslage kündigt sich im übrigen ohnehin, was die Verjährungsfrage betrifft, eine weitgehende Entschärfung der Problematik an, da die Richtlinie über den Verbrauchsgüterkauf eine wesentlich längere Frist vorgibt. Danach darf die Verjährungsfrist für die kaufvertraglichen Primärrechtsbehelfe künftig nicht vor Ablauf von 2 Jahren ab dem Zeitpunkt der Ablieferung enden, Art. 5 Abs. 1 S. 2 Richtlinie 1999/44/EG.[878]

Was die Frage des Beginns der Verjährungsfrist anbelangt, so bietet sich für die (nachvertragliche) Schadensersatzhaftung eine flexible, auf den Zeitpunkt des Schadenseintritts bzw. der Erkennbarkeit des Sicherheitsmangels abstellende, Lösung an. Auf diese Weise wird den sich in zeitlicher Hinsicht unterschiedlich realisierenden Entwicklungsrisiken Rechnung getragen. Einen solchen flexiblen Verjährungsbeginn sieht § 852 BGB vor. Nach § 852 BGB verjähren die Ansprüche aus den §§ 823 ff. BGB binnen 3 Jahren ab dem Zeitpunkt der Kenntnis des Geschädigten von dem Schaden und der Person des Ersatzpflichtigen, ohne Rücksicht auf diese Kenntnis, binnen 30 Jahren. Für die analoge Heranziehung des § 852 BGB spricht namentlich, daß es im vorliegenden Kontext, ebenso wie im deliktischen Bereich, um Rechtsgüterschutz des Käufers geht. Soweit die Rechtsgüter Leben, Körper, Gesundheit[879] betroffen sind, entspricht dies auch dem Gesetzesvorschlag des Schuldrechtskommission. Bei Verletzung der genannten Rechtsgüter sieht der Vorschlag eine Verjährungsfrist von 3 Jahren ab dem Zeitpunkt der Kenntnis des Geschädigten, unabhängig von der Kenntnis eine Frist von 30 Jahren ab dem Zeitpunkt, von dem an die Verjährung nach allgemeinen Verjährungsvorschriften beginnt, vor (§ 201 BGB-KE). Nur soweit das Eigentum als Rechtsgut beeinträchtigt wird, soll es nach dem Gesetzesvorschlag bei der 3-Jahresfrist be-

---

[877] Westermann, in: Münchener Kommentar, § 477, Rdn. 28.

[878] Diese Regelung ist bewußt offen formuliert, um den Mitgliedstaaten einen Handlungsspielraum bei der Festlegung des Beginns der Verjährungsfrist einzuräumen. Nur für gebrauchte Güter können die nationalen Gesetzgeber künftig eine kürzere Frist vorsehen, die aber 1 Jahr nicht unterschreiten darf (Art. 7 Abs. 1 S. 2 Verbrauchsgüterrichtlinie).

[879] Als Rechtsgüter sieht der § 201 BGB-KE noch die „Freiheit" vor. Im vorliegenden Zusammenhang kommt diesem subjektiven Recht aber keine Bedeutung zu.

ginnend mit der Übergabe der Kaufsache bzw. der Pflichtverletzung bleiben.[880] Dies soll sowohl für die vertraglichen wie für die quasivertraglichen Ansprüche gelten, §§ 195 Abs. 1, 197 Abs. 2, 196 Abs. 3, 4 BGB-KE.[881] Für die Rechtslage de lege lata ist der § 852 BGB in analoger Anwendung heranzuziehen. Diese Lösung wird auch von Stimmen in der Rechtslehre präferiert.[882]

Der Lauf dieser Verjährung beginnt, sobald der Geschädigte Kenntnis von dem Schaden erlangt. Kenntnis vom Schaden und der Person des Schädigers ist dabei bereits dann gegeben, wenn der Geschädigte Feststellungsklage erheben, d. h. eine solche unter Benennung von Beweismitteln schlüssig begründen könnte. Nicht erforderlich ist in diesem Zusammenhang, daß dem Geschädigten die Einzelheiten des schadensstiftenden Ereignisses und des naturwissenschaftlichen Ursachenzusammenhangs bereits bekannt sind.[883] Ebensowenig müssen dem Geschädigten die zu erwartenden Schäden - namentlich etwaige Folgeschäden - in vollem Umfang bekannt sein.[884] Es genügt, wenn der Geschädigte allgemein Kenntnis von dem Schaden erlangt hat. Wer dieses Wissen erlangt, dem gelten auch solche Folgezustände als bekannt, die im Zeitpunkt der Kenntniserlangung überhaupt nur als möglich voraussehbar waren. Dabei kommt es für die Beurteilung der Voraussehbarkeit nicht stets auf die Sicht des Verletzten, sondern - etwa bei Körperschäden - vielmehr auf die Sicht der medizinischen Fachkreise an.[885]

III. Zusammenfassung

Sofern die Tatbestandsvoraussetzungen vorliegen, also zwischen den Parteien ein nachvertragliches Schutzpflichtverhältnis besteht, der Verkäufer durch ein pflichtwidriges Unterlassen ein (quasi-)vertraglich geschütztes Rechtsgut verletzt hat

---

[880] Der Verjährungsbeginn richtet sich danach, ob die Pflichtverletzung mit einem Mangel in Zusammenhang steht. Ist dies der Fall, so soll gem. § 196 Abs. 4 BGB-KE die Frist mit der Übergabe der Kaufsache beginnen. Liegt kein Zusammenhang mit einem Mangel vor, so beginnt die Verjährung im Zeitpunkt der Pflichtverletzung, § 196 Abs. 3 BGB-KE. Für den vorvertraglichen Bereich gelten diese Regelungen über § 197 Abs. 2 BGB-KE entsprechend.

[881] Hier sollte der § 197 BGB-KE um einen weiteren Absatz ergänzt werden, in dem klargestellt wird, daß die 3-jährige Verjährungsfrist des § 195 Abs. 1 BGB auch für die nachvertraglichen Schuldverhältnisse gilt.

[882] Esser/Schmidt, Schuldrecht, Bd. I, Allg. Teil, Teilb. 2, § 29 III. 5.; Vollert, Nachwirkungen des Kraftfahrzeugkaufes, S. 142 f. Vgl. näher zur Begründung der Analogie: Peters, VersR 1979, 103 (106 ff.).

[883] OLG Karlsruhe, NJW-RR 1999, 35 f.

[884] BGH NJW 1997, 2448 (2449).

[885] BGH NJW 1997, 2448 (2449).

und dem Käufer dadurch ein Schaden entstanden ist, kann dieser die insoweit entstandenen materiellen Einbußen über die c.p.c.f. liquidieren. Ersatzfähig sind dabei sämtliche Einbußen, die aus der unterlassenen Risiko-/Gefahrenaufklärung resultieren, sofern sie noch im Rahmen des Schutzzwecks der verletzten Verhaltensanweisung liegen.

Abweichend von dem allgemeinen Beweisgrundsatz, daß der Kläger die anspruchsbegründenden Tatbestandsvoraussetzungen zu beweisen hat und der Beklagte die ihm günstigen Einwendungen, trifft den geschädigten Käufer nach der hier vertretenen Auffassung nur die Darlegungs- und Beweislast für die zwischen ihm und dem Verkäufer bestehende Sonderbeziehung, der eingetretenen Rechtsgutverletzung und dem dadurch verursachten Schaden. Da die nachvertraglichen Informations- und Wissensgenerierungspflichten einen Erfolgsbezug aufweisen, ist es Sache des Verkäufers darzulegen und zu beweisen, daß er seinerseits der im Verkehr erforderlichen Sorgfalt genügt hat. Insoweit greift hinsichtlich des konkreten Pflichtverstoßes die Beweislastumkehr analog § 282 BGB ein. Wendet der Verkäufer darüber hinaus ein, die Integritätsverletzung wäre auch bei ordnungsgemäßer Warnung eingetreten, so hat dieser den Nachweis zu erbringen, daß sich der Produkterwerber nicht aufklärungsgemäß verhalten hätte. Den Verkäufer trifft also das Risiko der Nichterweislichkeit sowohl hinsichtlich der konkreten Pflichtverletzung wie auch bezüglich des haftungsbegründenden Kausalzusammenhangs.

Nach der hier vertretenen Ansicht verjähren die Ansprüche aus culpa post contractum finitum wegen nachvertraglicher Schutzpflichtverletzung binnen 3 Jahren beginnend ab der Kenntnis des Geschädigten von dem Schaden und dem Schädiger analog § 852 BGB. Dabei beginnt der Lauf der Verjährung schon dann, wenn der Käufer allgemein von dem Schaden Kenntnis erlangt, ohne daß es auf die genaue Kenntnis des Ursachenzusammenhangs ankommt.

§ 7 Zusammenfassung der wesentlichen Ergebnisse der Untersuchung

I. Entwicklungsrisiken lassen sich als „Möglichkeit, daß sich ein Produkt nachträglich als schädlich herausstellt“ definieren. Mit dieser Definition wird zugleich zweierlei zum Ausdruck gebracht: Die Zukunftsgerichtetheit der Entwicklungsrisiken einerseits und die mangelnden Antizipationsmöglichkeiten andererseits. Entwicklungsrisiken realisieren sich erst mit der Zeit und dem fortschreitenden Erkenntnishorizont. Zentraler Beurteilungsmaßstab für die Nichterkennbarkeit der Gefährlichkeit ist dabei der „Stand von Wissenschaft und Technik". Untersuchungsgegenstand sollten zudem nur produktimmanente Sicherheitsdefizite sein, also Sicherheitsabweichungen, die sich durch einen - „ex ante" zu bestimmenden - schädlichen Wirkungszusammenhang kennzeichnen.[886] Für die vorliegende Arbeit wurde des weiteren davon ausgegangen, daß die Schädlichkeit erst nach Vertragsdurchführung erkennbar wird.

II. Im Unterschied zu den klassischen Gefährdungslagen, sind Entwicklungsrisiken nach dem vorherrschenden Wissensstand nicht ermittelbar. Informationen über die Schädlichkeit sind im Ausgangspunkt objektiv weder verfügbar, noch auf der Basis des existenten Wissensstandes ermittelbar. Aufgrund der Ungewißheitsdimension lassen sich Entwicklungsrisiken nur durch ein *aktiv-prospektives Ungewißheits- und Risikomanagement* bewältigen, das auf einer aktiven Fortschreibung des vorherrschenden Erkenntnisstandes fußt. Gefordert ist die aktive Produktion neuen Wissens über die Produktgefahr bzw. das Produktrisiko auf der Basis der sich *im Laufe der Zeit einstellenden Erfahrungen* und/oder der *fortzuschreibenden naturwissenschaftlichen Erkenntnisse und Verfahren*. Inhaltlich geht es also nicht nur um eine am „Stand von Wissenschaft und Technik" institutionalisierte Gefahrermittlung, sondern um einen Erkenntnisprozeß, der auch die Fortschreibung der naturwissenschaftlichen Erkenntnisse bzw. der einschlägigen Verfahren einfordert. Insoweit geht es um Grundlagenforschung.

III. Auf parteilicher Ebene, so hat die Untersuchung gezeigt, führt das soeben skizzierte weitreichende Anforderungsprofil zu einer besonderen Schutzproblematik auf Seiten des Produkterwerbers. Denn läßt sich die von dem Produkt ausgehende Gefahr nur durch die aktive Fortschreibung des vorherrschenden Wissensstandes ermitteln, so ergibt sich für den Käufer regelmäßig keine Erkenntnisoption. Insoweit partizipieren Entwicklungsrisiken an der klassischen marktlichen Asymmetrieproblematik, als sich auch hier die mit der marktlichen Position einhergehenden Nachteile für die defizitären Möglichkeiten des Konsumenten zur Schädlichkeitsergründung verantwortlich zeichnen. Allerdings ist die daraus resultierende Verbraucherschutzproblematik aufgrund der im Ausgangspunkt gegebenen Nichterkennbarkeit der Gefahr noch eine besonders dimensionierte.

IV. Entsprechend dieser Schutzproblematik konnte mit den nachvertraglichen Pflichten zur *empiriegestützten und/oder wissenschaftlichen Gefahrermittlung und -erforschung* und der sich daran anschließenden *Verpflichtung zur War-*

---

[886] Im Unterschied zu den schadensträchtigen Qualitätsabweichungen im engeren Sinne, § 1 I. 3.

nung des Käufers ein problemkomplementäres Schutzprogramm sondiert werden. Eingebunden in die culpa post contractum finitum wurde im folgenden das zur Bewältigung der Entwicklungsrisiken geeignet befundene Pflichtenprogramm begründet. Nachvertragliche Informations- und Erkenntnispflichten der aufgezeigten Art stellen hier die Verlängerung der vertraglichen Sicherheits- und Schutzdimension ins Stadium nach Vertragsdurchführung sicher.

V. Haftungsgrund der nachvertraglichen Schutzpflichten ist das fortbestehende „gesetzliche" Schutzpflichtverhältnis, das schon im Zuge der Vertragsverhandlungen beginnt und über den Zeitpunkt der Leistungsbereitstellung hinaus andauert. Diese Sonderbeziehung besteht solange fort wie die Schädigungsmöglichkeit durch das Produkt eröffnet ist. Insoweit sind namentlich bei den Gebrauchsgütern „Nachwirkungen" in erheblichem zeitlichen Umfang denkbar und zwar grundsätzlich solange wie der Einsatz tatsächlich andauert. Etwas anderes ergibt sich nur dann, wenn der Käufer aufgrund einer Gebrauchs- bzw. Verbrauchsdauerbestimmung des Veräußerers nur in zeitlich begrenzter Hinsicht auf nachvertraglichen Schutz vertrauen durfte.

VI. Die bislang schon dem Grunde nach anerkannten nachvertraglichen Informations- und Produktbeobachtungspflichten, so konnte gezeigt werden, sind Folge des zwischen den Vertragsparteien anzutreffenden Informations- und Kompetenzgefälles. Warnpflichten resultieren aus dem Informationsvorsprung des Verkäufers und sind immer dann begründbar, wenn Integritätseinbußen zu befürchten sind und dem Verkäufer - im Gegensatz zum Käufer - die konkrete Erkenntnismöglichkeit eröffnet ist. Ähnlich sind auch die Produktbeobachtungspflichten Folge der insoweit anzutreffenden asymmetrischen Kompetenzverteilung, als der Verkäufer hier über die überlegenen Zugangs-, Beschaffungs-, Auswertungs- und Überprüfungsmöglichkeiten verfügt. Inhaltlich und umfangmäßig weitergehende Sorgfaltspflichten ergeben sich jeweils dann, wenn der Käufer nach konkreten Umständen, hier vor allem spezifischen Verwendungseinsätzen, gefragt und der Schuldner die Eignung bzw. Unschädlichkeit des Produktes zu dem besonderen Verwendungszweck zumindest konkludent bestätigt hat. Solche „Fortwirkungen" treffen generell den Verkäufer, unabhängig davon, ob es sich dabei um einen Produzenten oder Vertriebshändler handelt.

VII. In diesem Zusammenhang obliegt dem Verkäufer grundsätzlich auch eine Pflicht zur Gefahr- bzw. Risikoerforschung unter Vorantreiben des in den Naturwissenschaften vorherrschenden Erkenntnishorizonts bzw. der jeweiligen Verfahren, sofern bestimmte Risikotendenzen Anlaß dazu geben. Der unternehmensexterne naturwissenschaftliche Forschungsstand wurde vor allem deshalb als kein adäquater Bezugs- und Kontrollmaßstab (mehr) erachtet, weil

Entwicklungsrisiken komplexitäts- und innovationsinduziert sind und der Produkthersteller schon insoweit über (monopolisiertes) Sonderwissen verfügt, das ihn gerade zur Risiko-/Gefahrerforschung prädestiniert. Dies gilt namentlich auch angesichts der dem Verkäufer zugänglichen Produkterfahrungen, auf deren Grundlage produktspezifische Risikoanalyse und -erforschung im besonderen betrieben werden kann. Danach ist der Verkäufer neben der Beobachtung des Erkenntnisfortschritts in der Wissenschaft und Praxis, und ggf. darauf basierender Gefahrermittlung, auch zur Risiko-/Gefahrerforschung unter Vorantreiben der jeweiligen naturwissenschaftlichen Erkenntnisse und Verfahren verpflichtet. Voraussetzung dafür ist allerdings, wie gesagt, das *Offenkundigwerden von Risikotendenzen, die Anlaß zu einer weitergehenden Risiko-/Gefahrerforschung* geben. Aufgrund der überlegenen (Rückgriffs-)Möglichkeiten des Händlers auf den Produzenten wurden identische Sorgfaltsanforderungen an den Händler als Haftungsadressaten gestellt.[887] Inhaltlich und umfangmäßig erweiterte Pflichten ergeben sich zudem wiederum dann, wenn der Käufer etwa nach der Eignung bzw. Unschädlichkeit eines Produktes zu einem spezifischen Verwendungszweck gefragt hat und dieser bestätigt wurde.

VIII. Nachvertragliche Informationspflichten gewährleisten nachvertraglichen Integritätsschutz im umfassenden Sinne, als sie sowohl die qualitäts- wie die allgemein sicherheitsbezogene Ebene mit einschließen. Die Verpflichtung zur nachträglichen Warnung umfaßt daher sämtliche Produktrisiken/-gefahren, unabhängig davon, ob sie von dem Produkt als solchem ausgehen, oder sich im Zusammenhang mit der Einsatzweise, dem Verwendungszweck oder dem Hinzutreten äußerer Umstände einstellen. Im ersteren Fall geht es um die nachvertragliche Fehler-Aufklärung, im letzteren um die nachträgliche Instruktionsverpflichtung. Entsprechend den allgemeinen Grundsätzen richten sich Inhalt und Umfang dieser Informationspflichten nach der Wertigkeit der betroffenen Rechtsgüter und dem drohenden Schadensausmaß. Insoweit sind weitreichende Pflichten insbesondere dann denkbar, wenn mögliche Gesundheitseinbußen oder körperliche Beeinträchtigungen zu befürchten sind. Bei fertigungsbedingten Sicherheitsdefiziten umfaßt die Risiko-/Gefahrenaufklärung, sofern ungeklärt ist, ob das in Rede stehende Produkt tatsächlich das Sicherheitsdefizit aufweist, den Hinweis auf die Überprüfungsnotwendigkeit. Soweit es den nachträglichen gefahrlosen Produkteinsatz sicherzustellen gilt, beinhaltet die Instruktion zudem die Mitteilung der zur Schadensvermeidung erforderlichen Maßnahmen. Maßstab für die Gefahren-/Risikobeurteilung ist der vorhersehbare Verwendungseinsatz im Rahmen der allgemeinen Zweckbestimmung des Produktes oder aber der für den konkreten Vertrag - zumindest konkludent -

---

[887] Dazu § 4 I. 4.

bestätigte. Praktische Relevanz kommt der Verwendungszweckbestimmung namentlich bei den typischen Kombinationsprodukten zu.

IX. Fortbestehende Informationspflichten greifen generell ab dem begründeten Verdacht einer Schädlichkeit ein. Erforderlich dafür ist das Vorliegen eines Verdachtsanlasses wie einer rational nachvollziehbaren Begründung. Basis für die Prognose können entweder die im Umgang mit dem Produkt gemachten Erfahrungen oder aber neue wissenschaftliche Erkenntnisse sein. Ein wissenschaftlich begründeter Verdacht kann dabei bereits dann gegeben sein, wenn die Schädlichkeit von einem einzelnen oder mehreren Wissenschaftler(n) in nachvollziehbarer Weise vertreten wird oder der Verkäufer selbst entsprechende Informationen gewonnen hat. Da die Eingriffsschwelle von dem gefährdeten Rechtsgut und dem drohenden Schadensausmaß abhängt, können Pflichten zur Informationsbereitstellung u. U. schon ab der auf bestimmten Anhaltspunkten beruhenden Möglichkeit einer Schädlichkeit (=Risiko) eingreifen. Es bedarf also nicht stets einer hinreichenden Wahrscheinlichkeit eines schadensträchtigen Ereignisses.

X. Der Verkäufer schuldet mit den nachträglichen Gefahrermittlungs- und -erforschungspflichten ein umfassendes Risikomanagement. Davon umfaßt sind zunächst die klassischen Produktbeobachtungspflichten, die den Verkäufer sowohl zur Verfolgung des Erkenntnisstandes in der Wissenschaft und Praxis verpflichten, wie auch zur eigenständigen Beobachtung der vertriebenen Produkte und einer darauf basierenden Gefahren-/Risikoanalyse. Geschuldet ist - je nach Einzelfall - zudem eine am vorherrschenden Forschungsstand institutionalisierte Schädlichkeitsermittlung. Darüber hinaus ist der Pflichtenschuldner zur Gefahrerforschung unter Vorantreiben der in den einschlägigen Naturwissenschaften existenten Erkenntnisse und Verfahren verpflichtet, wenn hierzu Anlaß besteht. Konkret beinhaltet dies etwa die Fortschreibung bestimmter physikalischer oder chemischer Gesetzmäßigkeiten und zu diesem Zwecke ggf. der Verfahren. Dem wissenschaftlich-theoretischen Erkenntnisprozeß kommt vor allem unter dem Gesichtspunkt der Schadensprävention besondere Bedeutung zu, da sich auf dieser Grundlage Erkenntnisgewinne erzielen lassen, noch bevor sich etwaige (Schadens-)Erfahrungen einstellen.

XI. Derartige Erkenntnispflichten beziehen sich nicht nur auf neu eingeführte, sondern ebenfalls auf schon langjährig auf dem Markt befindliche Produkte. Auch erstrecken sie sich grundsätzlich auf sämtliche Produkte und zwar selbst auf solche, die vordergründig völlig harmlos erscheinen. Die bestehende Prognoseungewißheit führt des weiteren dazu, daß die nachvertraglichen Sorgfaltsanforderungen während des „Nachwirkungsstadiums" im Zweifel in ihrer Intensität gleich bleiben. Sie orientieren sich an der allgemeinen Zweckbestimmung des Produktes und an dem dem Vertrag im Einzelfall zugrunde gelegten Verwendungseinsatz.

XII. Sofern der Verkäufer die Funktion eines Händlers einnimmt, kann das sich sodann einstellende Erfüllungs- und Verschuldensproblem über die *Verpflichtung zur Einschaltung des Herstellers* gelöst werden. An die Stelle der nicht möglichen eigenständigen Erfüllung der Gefahrermittlungs- und -erforschungspflichten durch den Vertriebspartner tritt dann zumindest die Verpflichtung zur Sicherstellung der Bereitstellung neuer Schädlichkeitserkenntnisse durch den jeweiligen Hersteller des Produktes. Die Sicherstellung der Informationsversorgung kann dabei durch vertragliche Vereinbarung oder durch anlaßbezogene bzw. regelmäßige Rückfrage beim Produzenten erfolgen. Soweit der Verkäufer den Hersteller zur Erfüllung seiner Erkenntnispflichten eingeschaltet hat, wird der Hersteller zum Erfüllungsgehilfen des Händlers, so daß sich letzterer sodann auch etwaiges Verschulden des Herstellers als seiner Hilfsperson zurechnen lassen muß. Fremdes Verschulden wird über § 278 BGB zurechenbar. Erfüllt der Händler das ihm obliegende Einschaltungsobligo nicht, so kann ihn eine eigene Pflichtwidrigkeit bzw. eigenes Verschulden treffen.

XIII. Erweist sich das Produkt als schädlich und entsteht dem Käufer in kausaler Weise durch die unterlassene Warnung ein Schaden, so kann er diesen über die culpa post contractum finitum ersetzt verlangen. Die culpa post contractum finitum gewährt einen Anspruch auf Ersatz sämtlicher aus der Pflichtwidrigkeit resultierender Schäden. Der Geschädigte ist so zu stellen, wie er ohne die Pflichtverletzung gestanden hätte.

XIV. Nach der hier vertretenen Auffassung ist der Geschädigte lediglich dafür beweispflichtig, daß ein Schutzpflichtverhältnis existiert, ihm eine Rechtsgutverletzung zugefügt worden ist und er infolge dessen einen Schaden erlitten hat. Der Verkäufer hat sodann darzulegen und ggf. zu beweisen, daß ihn hinsichtlich der eingetretenen Rechtsgutverletzung kein Verschulden im Sinne einer Pflichtverletzung trifft. Für den Fall des Einwandes rechtmäßigen Alternativverhaltens hat er überdies darzutun und nachzuweisen, daß sich der Käufer bei ordnungsgemäßer Information nicht aufklärungsgemäß verhalten hätte.

XV. Der Anspruch aus der culpa post contractum finitum verjährt gem. § 852 BGB analog binnen 3 Jahren ab Kenntnis des Geschädigten von dem Schaden und der Person des Ersatzpflichtigen.

Literaturverzeichnis:

Assmann, Heinz-Dieter; Kirchner, Christian; Schanze, Erich — Ökonomische Analyse des Rechts mit Beiträgen von Calabresi, Coase, Posner und anderen, Tübingen 1993

Ballerstedt, Kurt — Zur Haftung für culpa in contrahendo bei Geschäftsabschluß durch Stellvertreter, AcP 151 (1950/51), 501 ff.

Bar, Christian von — „Nachwirkende" Vertragspflichten, AcP 179 (1979), 452 ff.

Baumgärtel, Gottfried — Handbuch der Beweislast im Privatrecht, Band 1, Allgemeiner Teil und Schuldrecht BGB mit VOB, HOAI, KSchG und ProdhaftG, 2. Aufl., München 1991

Beck, Ulrich — Auf dem Weg in eine andere Moderne, Frankfurt a. M. 1986

Bodewig, Theo — Der Rückruf fehlerhafter Produkte: Eine Untersuchung der Rückrufpflichten und Rückrufansprüche nach dem Recht Deutschlands, der Europäischen Union und der USA, Tübingen 1999

Böhmeke-Tillmann, Jan — Konstruktions- und Instruktionsfehler - Haftung für Entwicklungsrisiken?, Diss. Marburg 1992

Bohrer, Michael — Die Haftung des Dispositionsgaranten. Ein Beitrag zur Lehre von der negativen Vertrauenshaftung, Ebelsbach a. M. 1980

Borer, Peter — Produktehaftung: Der Fehlerbegriff nach deutschem, amerikanischem und europäischem Recht, Diss. Bern 1986

Bössmann, Eva — Information, in: Albers, Willi u.a. (Hrsg.), Handwörterbuch der Wirtschaftswissenschaft, Band 4, Stuttgart 1978, S. 184 ff.

Breidenbach, Stephan — Die Voraussetzungen von Informationspflichten beim Vertragsschluß, München 1989

Brüggemeier, Gert — Anmerkung zu BGH, Urteil vom 7.12.1993 (JZ 1994, 574 ff.), JZ 1994, 578 ff.

ders. — Referat zum Thema: Empfiehlt sich die von der Schuldrechtskommission vorgeschlagene Neuregelung des allgemeinen Leistungsstörungsrechts, der Mängelhaftung bei Kauf- und Werkvertrag und des Rechts der Verjährung?, in: Ständige Reputation des Deutschen Juristentages (Hrsg.), Verhandlungen des Sechzigsten Deutschen Juristentages, Band II/1, München 1994, K 47

ders. — Judizielle Schutzpolitik de lege lata - Zur Restrukturierung des BGB-Deliktsrechts, JZ 1986, 969 ff.

ders. — Produkthaftung und Produktsicherheit, ZHR 152 (1988), 511 ff.

Brüggemeier, Gert; Reich, Norbert — Die EG-Produkthaftungs-Richtlinie 1985 und ihr Verhältnis zur Produzentenhaftung nach § 823 Abs. 1 BGB, WM 1986, 149 ff.

Bruns, Hans-Jürgen — Ungeklärte materiell-rechtliche Fragen des Contergan-Prozesses, in: Festschrift für Ernst Heinitz, Berlin 1972, S. 317 ff.

Bundesminister der Justiz (Hrsg.) — Kommission zur Überarbeitung des Schuldrechts: Abschlußbericht der Kommission zur Überarbeitung des Schuldrechts, Köln 1992

Canaris, Claus-Wilhelm — Schutzgesetze - Verkehrspflichten - Schutzpflichten, in: Festschrift für Karl Larenz, München 1983, S. 27 ff.

ders. — Die Produzentenhaftpflicht in dogmatischer und rechtspolitischer Sicht, JZ 1968, 494 ff.

ders. — Die Vertrauenshaftung im deutschen Privatrecht, München 1971

ders.	Ansprüche wegen „positiver Vertragsverletzung“ und „Schutzwirkung für Dritte“ bei nichtigen Verträgen, JZ 1965, 475 ff.
Christensen, Karl-Wilhelm	Verschulden nach Vertragsende! (culpa post contractum finitum). Ein Beitrag zur Lehre von der positiven Vertragsverletzung, Kiel 1958
Craushaar, Götz von	Der Einfluß des Vertrauens auf die Privatrechtsbildung, München 1969
Damm, Reinhard	Anmerkung zu BGH, Urteil vom 12.11.1991 (JZ 1992, 633 ff.), JZ 1992, 637 ff.
Damm, Reinhard; Hart, Dieter	Rechtliche Regulierung riskanter Technologien. Am Beispiel der Gentechnologie nach Vorlage des Berichts der Enquete-Kommission „Chancen und Risiken der Gentechnologie“, KritV 1987, 183 ff.
Damm, Reinhard; Hart, Dieter (Hrsg.)	Rechtliche Regulierung von Gesundheitsrisiken, Baden-Baden 1993
Darby, Michael R.; Karni, Edi	Free Competition and the optimal amound of fraud, in: The journal of law and economics (16), 1973, 67 ff.
Determann, Lothar	Beweislastumkehr hinsichtlich der Gefährlichkeit neuer Technologien, in: Marburger u. a.(Hrsg.), Jahrbuch des Umwelt- und Technikrechts, Berlin 1997, S. 165 ff.
Dietrich, Martin	Produktbeobachtungspflicht und Schadensverhütungspflicht der Produzenten, Frankfurt a. M. 1994
Dohmeier, Hans-Joachim	Zu den Prozessen wegen Gefährdung und Schädigung durch pentachlorphenol- und lindanhaltige Holzschutzmittel, VuR 1988, 301 ff.
Dölle, Hans	Außergesetzliche Schuldpflichten, ZgesStW 103, 67 ff.

Drews, Bill; Wacke, Gerhard; Vogel, Klaus; Martens, Wolfgang	Gefahrenabwehr: Allgemeines Polizeirecht (Ordnungsrecht) des Bundes und der Länder, 9. Aufl., München 1986
Ehmann, Horst; Rust, Ulrich	Die Verbrauchsgüterrichtlinie, JZ 1999, 853 ff.
Elger, Hermann	Nachwirkungen nach Ende des Rechtsverhältnisses im BGB, Diss. Münster 1936
Emmerich, Volker	Das Recht der Leistungsstörungen, 4. Aufl., München 1997
Erman, Walter (Begr.)	Handkommentar zum Bürgerlichen Gesetzbuch, 1. Band, §§ 1 - 853 BGB, 9. Aufl., Münster 1993
Esser, Josef	Lehrbuch des Schuldrechts, 1. Aufl., Karlsruhe 1949
Esser, Josef; Schmidt, Eike	Schuldrecht, Band I, Allgemeiner Teil, Teilband 1, Entstehung, Inhalt und Beendigung von Schuldverhältnissen, 8. Aufl., Heidelberg 1995
ders.	Schuldrecht, Band I, Allgemeiner Teil, Teilband 2, Durchführungshindernisse und Vertragshaftung, Schadensausgleich und Mehrseitigkeit beim Schuldverhältnis, 8. Aufl., Heidelberg 2000
Esser, Josef; Weyers, Hans-Leo	Schuldrecht, Band II, Besonderer Teil, Teilband 1, 8. Aufl., Heidelberg 1998
Evers, Adalbert; Nowotny, Helga	Über den Umgang mit Unsicherheit: Die Entdeckung der Gestaltbarkeit von Gesellschaft, Frankfurt a. M. 1987
Fahrenhorst, Irene	Instruktionspflichten des Herstellers eines Kindertees - BGHZ 116, 60, Jus 1994, 288 ff.
Finger, Peter	Zur Verpflichtung des Herstellers zur Lieferung von Ersatzteilen, NJW 1970, 2049 ff.
Francke, Robert; Hart, Dieter	Ärztliche Verantwortung und Patienteninformation, Stuttgart 1987

Frost, Marina	„Vorvertragliche“ und „vertragliche“ Schutzpflichten, Berlin 1981
Frotz, Gerhard	Die rechtsdogmatische Einordnung der Haftung für culpa in contrahendo, in: Gedenkschrift für Franz Gschnitzer, Aalen 1969, S. 163 ff.
Gass, Peter	Die Schuldrechtsüberarbeitung nach der politischen Entscheidung zum Inhalt der Richtlinie über den Verbrauchsgüterkauf, in: Festschrift für Walter Rolland zum 70. Geburtstag, Köln 1999, S. 129 ff.
Giesen, Dieter	Arzthaftungsrecht, 4. Aufl., Tübingen 1995
Greulich, H.	Nachwirkungen bei Lieferverträgen, BB 1955, 208 ff.
Grotenhermen, Franjo	EMF-Report, PHI 1997, 128 ff.
Gubernatis, Gabriele	Zur Offenbarungspflicht bei ärztlicher Fehlbehandlung, JZ 1982, 363 ff.
Hager, Günter	Ökologisierung des Verbraucherschutzrechtes, UPR 1995, 401 ff.
ders.	Deutschland: Fehlerbegriff, Entwicklungsrisiko und Produktbeobachtungspflicht bei der Produkthaftung, PHI 1991, 2 ff.
ders.	Umwelthaftung und Produkthaftung, JZ 1990, 397 ff.
Halbe, Sascha; Quante, Frank	Risiko EMF - Die zivilrechtliche Haftungssituation in Deutschland (Teil 2), PHI 1998, 94 ff.
Hart, Dieter	Zur konzeptionellen Entwicklung des Vertragsrechts, AG 1984, 66 ff.
ders.	Sozialschutzbezogene Normbildungsprozesse bei Risikoentscheidungen im Vertragsrecht, KritV 1991, 363 ff.

ders.	Buchbesprechung zu Daniel Vogel, Die Produkthaftung des Arzneimittelherstellers nach schweizerischem und deutschem Recht, RabelsZ 1994, 786 ff.
ders.	Die politische Verwaltung eines Gesetzeszwecks - Zur Entwicklung des Arzneimittelgesetzes von 1976, KJ 1989, 231 ff.
Hart, Dieter (Hrsg.)	Privatrecht im „Risikostaat", Baden-Baden 1997
Hart, Dieter; Hilken, Arnold; Merkel, Harald; Woggan, Olaf	Das Recht des Arzneimittelmarktes, Baden-Baden 1988
Hart, Dieter; Köck, Wolfgang	Zum Stand der Verbraucherrechtsentwicklung, ZRP 1991, 61 ff.
Herholz, Felix	Das Schuldverhältnis als konstante Rahmenbeziehung, AcP 130 (1929), 257 ff.
Hippel, Eike von	Verbraucherschutz, 3. Aufl., Tübingen 1986
Hirsch, Günter; Schmidt-Didczuhn, Andrea	Gentechnikgesetz (GenTG) mit Erläuterungen, München 1991
Hoffman, William C.	USA: EMF - ein elektrisierendes Thema. Neueste Entwicklungen in Wissenschaft, Haftpflicht und Versicherung, PHI 1994, 122 ff.
Hoffmann-Riem, Wolfgang; Schmidt-Aßmann, Eberhard (Hrsg.)	Innovation und Flexibilität des Verwaltungshandelns, Baden-Baden 1994
ders.	Öffentliches Recht und Privatrecht als wechselseitige Auffangordnungen, Baden-Baden 1996
Hoffmans, Helmut	Nachwirkende Nebenpflichten aus Schuldverhältnissen, Diss. Köln 1986
Hohm, Karl-Heinz	Arzneimittelsicherheit und Nachmarktkontrolle: eine arzneimittel-, verfasssungs- und europarechtliche Untersuchung, Baden-Baden 1990

Hopt, Klaus J. — Funktion, Dogmatik und Reichweite der Aufklärungs-, Warn- und Beratungspflichten der Kreditinstitute, in: Festschrift für Joachim Gernhuber, Tübingen 1993, S. 169 ff.

Huber, Joachim — Die analoge Anwendung der vertraglichen Gehilfenhaftungsvorschrift bei Delegation von Verkehrspflichten in Deutschland, der Schweiz und Österreich. Zugleich ein Beitrag zur Entwicklung und zum Stand der deliktischen Gehilfenhaftung in diesen Ländern, München 1997, zugleich Diss. Bayreuth 1997

Huber, Joseph; Thurn, Georg (Hrsg.) — Wissenschaftsmilieus. Wissenschaftskontroversen und soziokulturelle Konflikte, Berlin 1993

Huber, Ulrich — Zur Haftung des Verkäufers wegen positiver Vertragsverletzung, AcP 177 (1977), 281 ff.

Hutter, Michael — Die Gestaltung von Property Rights als Mittel gesellschaftlich wirtschaftlicher Allokation, Göttingen 1979

Jäckle, Christof — Die Produzentenhaftung unter dem Zeitaspekt betrachtet - insbesondere zu den nachträglichen Pflichten des Warenherstellers, Diss. Freiburg im Breisgau 1990

Jauernig, Othmar (Hrsg.) — Bürgerliches Gesetzbuch mit Gesetz zur Regelung des Rechts der Allgemeinen Geschäftsbedingungen, 9. Aufl., München 1999

Joerges, Christian — Rationalisierungsprozesse im Recht der Produktsicherheit: Öffentliches Recht und Haftungsrecht unter dem Einfluß der Europäischen Integration, in: Marburger, Peter u.a. (Hrsg.), Jahrbuch des Umwelt- und Technikrechts, Heidelberg 1994

Johannsen, Dirk; Rademacher, Helmut — Produkthaftungsrisiken im Handel und Lösungsansätze, BB 1996, 2636 ff.

Karus, Michael	Deutschland: Elektrosmog - ein relevantes Risiko? (Teil 3), PHI 1995, 72 ff.
Klees, Hans	Die Verkehrspflicht der Aufklärung. Zugleich ein Beitrag zur Instruktionshaftung bei Produkten, Diss. Freiburg 1976
Kleuser, Michael	Die Fehleroffenbarungspflicht des Arztes: unter besonderer Berücksichtigung der versicherungsrechtlichen Obliegenheiten nach einem Behandlungszwischenfall, Karlsruhe 1995
Knoche, Joachim	Sachmängelgewährleistung beim Kauf eines Altlastengrundstücks, NJW 1995, 1985 ff.
Köck, Wolfgang	Die rechtliche Bewältigung technischer Risiken. Bestandsaufnahme und Ausblick vor dem Hintergrund der Risiko-Debatte, KJ 1993, 125 ff.
ders.	Risikoregulierung und Privatrecht - eine einführende Problemskizze, in: Jahrbuch Junger Zivilrechtswissenschaftler 1993, S. 11 ff.
ders.	Anmerkung zu BayVG Würzburg, Urteil vom 1.8. 1994 (ZUR 1995, 31 ff.), ZUR 1995, 36 ff.
Köck, Wolfgang; Meier, Klaus	Vertragsrechtliche Sicherheitsgewährleistung und „Neue Risiken“ - Bestandsaufnahme und Perspektiven, JZ 1992, 548 ff.
Köhler, Helmut	Vertragsrecht und „Property Rights“-Theorie. Zur Integration ökonomischer Theorien in das Privatrecht, ZHR 144 (1980), 589 ff.
Korbion, Claus-Jürgen	Anmerkung zu BGH, Urteil vom 22.10.1970 (BauR 1971, 58 f.), BauR 1971, 59 f.
Kort, Michael	„Stand der Wissenschaft und Technik“ im neuen deutschen und „state of the art“ im amerikanischen Produkthaftungsrecht, VersR 1989, 1113 ff.
Kötz, Hein	Deliktsrecht, 8. Aufl., Neuwied 1998

Krahn-Zembol, Wilhelm	Deutschland: Produkthaftungsrisiken bei EMF-emittierenden Anlagen und Geräten, PHI 1993, 204 ff.
Kramer, Ernst A.; Mayrhofer, Heinrich	Konsumentenschutz im Privat- und Wirtschaftsrecht, Wien 1977
Kress, Hugo	Lehrbuch des Allgemeinen Schuldrechts, München 1929
Kreyenberg, Joachim Peter	Nachwirkungen von Verträgen, Diss. Hamburg 1958
Kühne, Ludwig-Philipp	Die nachvertragliche Ersatzteilbelieferung, BB 1986, 1527 ff.
Kullmann, Hans Josef	Aktuelle Rechtsfragen der Produkthaftpflicht: Höchstrichterliche Rechtsprechung und Probleme des Produkthaftungsgesetzes, 4. Aufl., Köln 1993
ders.	Die Rechtsprechung des BGH zu den Instruktionspflichten des Warenherstellers und die Fälle des „baby-bottle-syndroms“, in: Festschrift für Hans Erich Brandner, Köln 1996, S. 313 ff.
Kullmann, Hans Joseph; Pfister, Bernhard	Produzentenhaftung. Ergänzbares Handbuch zur gesamten Produkthaftpflicht für die juristische Praxis sowie für Hersteller, Importeure und Exporteure mit Erläuterungen und den einschlägigen Vorschriften und Entscheidungen im nationalen, supranationalen und internationalen Bereich, 2. Band: Internationales Recht im Bereich der Produzentenhaftung, Berlin 1/99
ders.	Produzentenhaftung. Ergänzbares Handbuch zur gesamten Produkthaftpflicht für die juristische Praxis sowie für Hersteller, Importeure und Exporteure mit Erläuterungen und den einschlägigen Vorschriften und Entscheidungen im nationalen, supranationalen und internationalen Bereich, 1. Band, Berlin 1/99

Kutscheidt, Ernst — Die Verordnung über elektromagnetische Felder, NJW 1997, 2481 ff.

Lackum, Eugen von — Verschmelzung und Neuordnung von „culpa in contrahendo" und „positiver Vertragsverletzung" (Zugleich ein Beitrag zur Lehre vom „einheitlichen Schutzpflichtverhältnis"), Bonn 1970

Ladeur, Karl-Heinz — Die rechtliche Steuerung von Entwicklungsrisiken zwischen zivilrechtlicher Produkthaftung und administrativer Sicherheitskontrolle, BB 1993, 1303 ff.

ders. — Risikowissen und Risikoentscheidungen. Kommentar zu Gotthard Bechmann, KritV 1991, 241 ff.

Larenz, Karl — Lehrbuch des Schuldrechts, Band I, Allgemeiner Teil, 14. Aufl., München 1987

Lehmann, Michael — Informationsverantwortung und Gewährleistung für Werbeangaben beim Verbrauchsgüterkauf, JZ 2000, 280 ff.

Littbarski, Sigurd — Herstellerhaftung ohne Ende - ein Segen für den Verbraucher?, NJW 1995, 217 ff.

Loges, Rainer — Die Begründung neuer Erklärungspflichten und der Gedanke des Vertrauensschutzes, Berlin 1991

Lorenz, Werner — Warenabsatz und Verbraucherschutz, in: Karlsruher Forum 1963, S. 8 ff.

Luhmann, Niklas — Soziologie des Risikos, Berlin 1991

ders. — Das Recht der Gesellschaft, Frankfurt a. M. 1995

Mackaay, Evert Johannes Pieter — Economics of information and law, Montreal 1980

Marburger, Peter — Die Regeln der Technik im Recht, Berlin 1979

Medicus, Dieter — Ein neues Kaufrecht für Verbraucher?, ZIP 1996, 1925 ff.

ders.	Schuldrecht I, Allgemeiner Teil, 8. Aufl., München 1995
Meier, Klaus	Umweltproblematiken im Werkvertragsrecht, VuR 1992, 30 ff.
ders.	Ökologische Aspekte des Schuldvertragsrechts, Überlegungen zur vertragsrechtlichen Regulierung von Umweltrisiken, Berlin 1995
Menter, Myriam J.	Die therapeutische Aufklärung als Ausgleich des Spannungsverhältnisses zwischen Heilpflichtprimat des Arztes und Selbstbestimmungsrecht des Patienten, Aachen 1994
Meyer, Justus	Von Saugern und Säften - ein Zwischenstandsbericht zum Kindertee-Komplex, ZIP 1995, 716 ff.
ders.	Instruktionshaftung - Eine Analyse aus der Sicht der Rechts-, Wirtschafts- und Verhaltenswissenschaften, Bielefeld 1992
Micklitz, Hans-W.	Ein einheitliches Kaufrecht für Verbraucher in der EG?, EuZW 1997, 229 ff.
ders.	Anmerkung zu LG Köln, Urteil vom 17.12.1986 (VuR 1987, 168 ff.), VuR 1987, 172 ff.
Möllers, Thomas M. J.	Rechtsgüterschutz im Umwelt- und Haftungsrecht: Präventive Verkehrspflichten und Beweiserleichterungen in Risikolagen, Tübingen 1996
ders.	Verkehrspflichten des Händlers beim Vertrieb von gefährlichen Produkten, JZ 1999, 24 ff.
Nelson, Philip	Information and Consumer Behavior, in: Journal of political economy 78 (1970), 311 ff.
Nickel, Friedhelm; Kaufmann, Lars	Produktsicherheit und Produzentenhaftung - Das Produktsicherheitsgesetz 1997 im System des öffentlichen Rechts, des Haftungs- und Versicherungsrechts, VersR 1998, 948 ff.

Nicklisch, Fritz	Das Recht im Umgang mit dem Ungewissen in Wissenschaft und Technik, NJW 1986, 2287 ff.
Nirk, Rudolf	Culpa in contrahendo - Eine geglückte richterliche Rechtsfortbildung - Quo vadis?, in: Festschrift für Philipp Möhring, München 1975, S. 385 ff.
Ott, Claus; Schäfer, Hans-Bernd (Hrsg.)	Allokationseffizienz in der Rechtsordnung, Beiträge zur ökonomischen Analyse des Zivilrechts, Heidelberg 1989
ders.	Ökonomische Probleme des Zivilrechts, Beiträge zum 2. Travemünder Symposium zur ökonomischen Analyse des Rechts, 21. - 24. März 1990, Heidelberg 1991
Palandt	Bürgerliches Gesetzbuch, 58. Aufl., München 1999
Peters, Frank	Zur Verjährung der Ansprüche aus culpa in contrahendo und positiver Forderungsverletzung, VersR 1979, 103 ff.
Pfeifer, Axel	Produktfehler oder Fehlverhalten des Produzenten: Das neue Produkthaftungsrecht in Deutschland, den USA und nach der EG-Richtlinie, Berlin 1987
Picot, Arnold; Dietl, Helmut	Transaktionskostentheorie, WiSt 1990, 178 ff.
Plagemann, Hermann; Tietzsch, Rainer	„Stand der Wissenschaft“ und „Stand der Technik“ als unbestimmte Rechtsbegriffe, Tübingen 1980
Planck`s Kommentar	Bürgerliches Gesetzbuch nebst Einführungsgesetz, II. Band, 1. Hälfte, Recht der Schuldverhältnisse (Allg. Teil), §§ 241 - 432, 4. Aufl., Berlin 1914
Pohlmann, Andreas	Neuere Entwicklungen im Gentechnikrecht. Rechtliche Grundlagen und aktuelle Gesetzgebung für gentechnische Industrievorhaben, Berlin 1990
Preuss, Volker (Hrsg.)	Risikoanalysen: Über den Umgang mit Gesundheits- und Umweltgefahren, Band 2, Heidelberg 1998

Raab, Thomas	Die Grundlage der Verkehrspflichten des Warenherstellers. Eine Darstellung am Beispiel der Instruktionspflichten in dem Kindertee-Komplex, in: Jahrbuch Junger Zivilrechtswissenschaftler 1996, 137 ff.
Ramm, Peter	Fortwirkungen von Verträgen, insbesondere von Lieferverträgen, Diss. München 1965
Rebmann, Kurt (Hrsg.)	Münchener Kommentar zum Bürgerlichen Gesetzbuch, Band 2, Schuldrecht, Allgemeiner Teil (§§ 241 - 432), 3. Aufl., München 1994
ders.	Münchener Kommentar zum Bürgerlichen Gesetzbuch, Band 3, Schuldrecht, Besonderer Teil I (§§ 433 - 606), 3. Aufl., München 1995
Rehbinder, Manfred; Wlodyka, Stanislaw (Hrsg.)	Die zivilrechtliche Haftung für mangelhafte Waren, Bielefeld 1982
Reich, Norbert	Die Umsetzung der Richtlinie 1999/44/EG in das deutsche Recht, NJW 1999, 2397 ff.
ders.	Schuldrechtliche Informationspflichten gegenüber Endverbrauchern, NJW 1978, 513 ff.
Reinicke, Dietrich; Tiedtke, Klaus	Kaufrecht, 6. Aufl., Neuwied 1997
Rettenbeck, Stephan	Die Rückrufpflicht in der Produkthaftung. Zugleich ein Beitrag zur EG-Richtlinie über die allgemeine Produktsicherheit vom 29. Juni 1992, Baden-Baden 1994
Reuter, Alexander	Anmerkung zu LG Bochum, Urteil vom 13.4.1988 (BB 1989, 651 f.), BB 1989, 652 f.
Richter, Wolfgang	Gentechnologie als Regelungsgegenstand des technischen Sicherheitsrechts, Frankfurt a. M. 1989
Rodig, Hans-Georg	Verpflichtung des Herstellers zur Bereitstellung von Ersatzteilen für langlebige Wirtschaftsgüter und ausgelaufene Serien, BB 1971, 854 f.

Ruhig, Hubert	Die Nebenpflichten im Schuldrecht (Versuch einer Einordnung in das Schuldverhältnis), Diss. Hamburg 1968
Rust, Ulrich	Das kaufvertragliche Gewährleistungsrecht: Eine kritische Untersuchung der Reformvorschläge der Schuldrechtskommission, Berlin 1997
Sack, Rolf	Produzentenhaftung und Produktbeobachtungspflicht, BB 1985, 813 ff.
Saenger, Ingo	Zum Beginn der Verjährungsfrist bei kaufrechtlichen Gewährleistungsansprüchen, NJW 1997, 1945 ff.
Sander, Axel	Arzneimittelrecht. Entscheidungssammlung zum Arzneimittelrecht einschließlich EuGH. Zusatzbände zu Sander, Arzneimittelrecht, Kommentar, Band 2, §§ 28 - 105 AMG, 15. Ergänzungslieferung: Stand November 1997
Schäfer, Hans-Bernd; Ott, Claus	Lehrbuch der ökonomischen Analyse des Zivilrechts, 2. Aufl., Berlin 1995
Schäfer, Peter; Pfeiffer, Karen	Die EG-Richtlinie über den Verbrauchsgüterkauf - Gesetzgeberische Alternativen und wirtschaftliche Folgen ihrer Umsetzung in deutsches Recht, ZIP 1999, 1829 ff.
Scherzberg, Arno	Risiko als Rechtsproblem - Ein neues Paradigma für das technische Sicherheitsrecht, VerwArch 84 (1993), 484 ff.
Schiffer, Hans-Wilhelm; Delbrück, Kilian	Kennzeichnung als Instrument des produktbezogenen Umweltschutzes, DB 1991, 1002 ff.
Schmidt, Eike	Zur Ökonomie ergänzender Vertragspflichten unter besonderer Berücksichtigung von Konkurrenzschutzgeboten, JA 1978, 597 ff.
ders.	Zur Dogmatik des § 278 BGB. Zugleich einige kritische Bemerkungen zur geplanten Reform des § 831 BGB, AcP 170 (1970), 502 ff.

ders. — Schlechtleistung und Händlerrisiko, in: Festschrift für Helmut Heinrichs zum 70. Geburtstag, München 1998, S. 511 ff.

ders. — Von der Privat- zur Sozialautonomie. Vorläufige Gedanken zur abnehmenden Gestaltungskraft konventioneller juristischer Dogmatik im Privatrechtssystem. Josef Esser zum 70. Geburtstag am 12.3.1980, JZ 1980, S. 153 ff.

ders. — Nachwort, in: Neudruck zu Rudolf Jhering, Culpa in contrahendo; Hermann Staub, Die positiven Vertragsverletzungen, Berlin 1969, S. 131 ff.

Schmidt, Jürgen — Steuerung „neuer Risiken“ mit Hilfe des zivilrechtlichen Vertragsrechts, KritV 1991, 344 ff.

Schmidt-Salzer, Joachim — Produkthaftung, Band III/1: Deliktsrecht, 1. Teil, 2. Aufl., Heidelberg 1990

ders. — Produkthaftung im französischen, belgischen, deutschen, schweizerischen, englischen, kanadischen und US-amerikanischen Recht sowie in rechtspolitischer Sicht, Berlin 1975

ders. — Entscheidungssammlung Produkthaftung. Mit einer Einführung und Urteilsanmerkungen, Band II, Berlin 1979

Schreiber, Friedrich — Produkthaftung bei arbeitsteiliger Produktion, Prüfungs- und Hinweispflichten von Endherstellern und Zulieferern, Karlsruhe 1990

Schrupkowski, Reiner — Die Haftung für Entwicklungsrisiken in Wissenschaft und Technik - Eine Analyse der Haftungsanordnungen der Schweiz, Deutschlands, Frankreichs und der USA, Frankfurt a. M. 1995

Schubert, Mathias — Asbestgefahren als rechtliches Ordnungsproblem - Erfahrungen aus den Vereinigten Staaten von Amerika, RabelsZ 47 (1983), 367 ff.

Schubert, W.	Anmerkung zu BGH, Urteil vom 24.11.1976 (BGH JR 1977, 456 ff.), JR 1977, 458 ff.
Schüller, Alfred	Eigentumsrechte, Unternehmenskontrollen und Wettbewerbsordnung, in: ORDO, Band 30 (1979), 325 ff.
Schünemann, Wolfgang B.	Aufklärungspflichten und Haftung. Zum vertraglichen Informationstransfer am Beispiel der Heimtextil-Branche, BB 1987, 2243 ff.
Schwenzer, Ingeborg	Rückruf- und Warnpflichten des Warenherstellers, JZ 1987, 1059 ff.
Siber, Heinrich	Die schuldrechtliche Vertragsfreiheit, IheringsJ, Bd. 70, 223 ff.
Simitis, Konstantin	Verbraucherschutz, Schlagwort oder Rechtsprinzip?, Baden-Baden 1976
Soergel, Hans-Theodor (Begr.)	Bürgerliches Gesetzbuch mit Einführungsgesetz und Nebengesetzen, Band 3, Schuldrecht II (§§ 433 - 515), AGB-Gesetz, AbzG, EAG, Un-KaufAbk, 12. Aufl., Stuttgart 1991
ders.	Bürgerliches Gesetzbuch mit Einführungsgesetz und Nebengesetzen, Band 2, Schuldrecht I (§§ 241 - 432), 12. Aufl., Stuttgart 1990
Spiro, Karl	Die Haftung für Erfüllungsgehilfen, Bern 1984
Stammler, Rudolf	Das Recht der Schuldverhältnisse in seinen allgemeinen Lehren, Berlin 1897
Staudenmayer, Dirk	Die EG-Richtlinie über den Verbrauchsgüterkauf, NJW 1999, 2393 ff.
Staudinger, Julius (Begr.); Beitzke, Günther (Hrsg.)	Kommentar zum Bürgerlichen Gesetzbuch mit Einführungsgesetz und Nebengesetzen, 2. Buch, Recht der Schuldverhältnisse, §§ 433 - 534, 13. Aufl., Berlin 1995

ders.	Kommentar zum Bürgerlichen Gesetzbuch mit Einführungsgesetz und Nebengesetzen, 2. Buch, Recht der Schuldverhältnisse, Einl. zu §§ 241, §§ 241 - 243, 13. Aufl., Berlin 1995
Stoll, Heinrich	Die Lehre von den Leistungsstörungen, Tübingen 1936
ders.	Abschied von der Lehre von der positiven Vertragsverletzung, AcP 136 (1932), 257 ff.
Strätz, Hans-Wolfgang	Über sog. „Nachwirkungen" des Schuldverhältnisses und den Haftungsmaßstab bei Schutzpflichtverstössen, in: FS für Friedrich Wilhelm Bosch, Bielefeld 1976, S. 999 ff.
Taschner, Hans Claudius; Frietsch, Edwin	Produkthaftungsgesetz und EG- Richtlinie, 2. Aufl., München 1990
Taupitz, Jochen	Aufklärung über Behandlungsfehler: Rechtspflicht gegenüber dem Patienten oder ärztliche Ehrenpflicht?, NJW 1992, 713 ff.
Teichmann, Arndt	Nebenpflichten aus Treu und Glauben. 2. Teil: Vertragliche und „nachvertragliche" Leistungspflichten, Schutzpflichten, JA 1984, 709 ff.
Thiele, Wolfgang	Leistungsstörung und Schutzpflichtverletzung, JZ 1967, 649 ff.
Tiedtke, Klaus	Die Haftung des Produzenten für die Verletzung von Warnpflichten, in: Festschrift für Joachim Gernhuber, Tübingen 1993, S. 471 ff.
Tietzel, Manfred	Zur ökonomischen Theorie des Betrügens und des Fälschens, in: Jahrbücher für Nationalökonomie und Statistik 204, S. 17 ff.
ders.	Der Wein-Skandal - ökonomisch betrachtet, WiSt 1985, 633 f.

Tomandl, Theodor (Hrsg.)	Treue- und Fürsorgepflicht im Arbeitsrecht, Stuttgart 1975
Tonner, Klaus; Brieske, Cornelia	Verbraucherschutz durch gesetzliche Kennzeichnungserfordernisse, BB 1996, 913 ff.
Ullrich, Claus; Ulbrich, Thomas	Das Bevorraten von Ersatzteilen, BB 1995, 371 ff.
Ulmer, Peter	Produktbeobachtungs-, Prüfungs- und Warnpflichten eines Warenherstellers in bezug auf Fremdprodukte? Delikts-, wettbewerbs- und kartellrechtliche Bemerkungen zum Honda-Urteil BGHZ 99, 167, ZHR 152 (1988), 564 ff.
Vieweg, Klaus	Zur Einführung: Technik und Recht, Jus 1993, 894 ff.
Vollert, Helmut	Nachwirkungen des Kraftfahrzeugkaufes, Frankfurt a. M. 1984
Wagner, Gerhard	Das neue Produktsicherheitsgesetz: Öffentlich-rechtliche Produktverantwortung und zivilrechtliche Folgen (Teil II), BB 1997, 2541 ff.
Wagner, Hellmut	Die Risiken von Wissenschaft und Technik als Rechtsproblem, NJW 1980, 665 ff.
Wassermann , Rudolf (Hrsg.)	Kommentar zum Bürgerlichen Gesetzbuch, Reihe Alternativkommentare, Band 2, Allgemeines Schuldrecht (§§ 241 - 432), Neuwied 1980
ders.	Kommentar zum Bürgerlichen Gesetzbuch, Reihe Alternativkommentare, Band 3, Besonderes Schuldrecht (§§ 433 - 853), Neuwied 1979
Weilbauer, Arthur	Die ergänzenden Leistungspflichten nach Treu und Glauben, Mannheim 1922
Weimar, Robert	Untersuchungen zum Problem der Produktenhaftung. Ein Beitrag zur soziologischen Rechtsforschung, Stuttgart 1967

Werres, Rüdiger	Aufklärungspflichten in Schuldverhältnissen und deren Grenzen - Eine insbesondere am Kaufrecht dargestellte Auswertung der Rechtsprechung, Diss. Köln 1985
Westphalen, Friedrich Graf von	Das Milupa-Urteil - eine beträchtliche Verschärfung der Produkthaftung, ZIP 1992, 18 ff.
ders.	Anmerkung zu BGH, Urteil vom 5.7.1972 (BB 1972, 1069 f.), BB 1972, 1070 ff.
Westphalen, Friedrich Graf von (Hrsg.)	Produkthaftungshandbuch, Band 1, Vertragliche und deliktische Haftung, Strafrecht und Produkt-Haftpflichtversicherung, 2. Aufl., München 1997
Winter, Gerd	Grundprobleme des Gentechnikrechts, Düsseldorf 1993
Zenz, Eduard	Zur Geschichte und Dogmatik nachwirkender Vertragspflichten, Diss. Freiburg im Breisgau 1975
Zinkann, Reinhard Christian	Die Reduzierung der Produkthaftungsrisiken. Eine technisch-betriebswirtschaftliche Gestaltungsaufgabe, Berlin 1989